요한계시록, 그 궁극적 승리의 보장

요한계시록
그 궁극적
승리의 보장

서문 강 지음

차례 CONTENTS

먼저 하늘에 계신 우리 하나님 아버지께 영광과 찬미를 올립니다.

'성경이 하나님의 말씀이라' 는 사실이 참으로 감사하고 영광스러운 진실입니다. 살아 계시는 하나님께서 침묵하지 않으시고 말씀하시되, 또한 희미하고 모호하지 않고 우리가 읽고 들을 수 있는 분명한 기록인 성경을 통하여 항상 말씀하신다는 사실이 정말 꿈만 같습니다. 그래서 하나님의 사람들은 하나님의 말씀인 성경을 밝히 이해하는 데 온 힘을 기울여야 마땅할 것입니다. 그것은 절대적 의무이자 또한 무엇에 비할 수 없는 특권과 복입니다.

미말에 속한 부족한 종은 교회의 강단은 항상 성경만 강론하고 선파되어야 한다고 믿고 지금까지 주님께서 주시는 은혜의 분량을 따라서 사역해 왔습니다. 그러는 중에 종이 먼저 은혜를 많이 받았습니다. 그것을 "동일하게 보배로운 믿음을 받은"(벧전 1:1) 성도들에게 증거하였을 때에, 당신의 백성들을 살리시고 먹이시고 기르시고 거룩하게 세우시는 성 삼위 하나님의 살아있는 역사(役事)를 체험하는 특권을 누려왔습니다. 아니 제

눈에 보이지 않으나 더 크고 영화로운 변화가 말씀 강론을 통하여 "성령의 능력과 나타남을 따라"(고전 2:4) 말씀을 듣는 회중들 속에서 계속 일어나고 있다고 확신하고 있습니다.

지금까지 교회를 섬기면서 요한계시록을 처음부터 끝까지 강론하기를 두 차례나 해 왔습니다. 그 강론한 것을 정리하여 이렇게 책으로 낼 수 있게 된 것입니다. 이미 수많은 신실한 종들이 주님의 은혜 속에서 이 요한계시록을 강론하거나 주석하여 하나님의 사람들과 교회를 섬겨 나왔습니다. 그래서 이 책이 없어도 될 일이지요. 그러나 하나님의 말씀은 그 깊이와 넓이와 높이가 너무 커서 아무리 많은 주의 종들이 상고하고 강론했다고 해도 또 할 말이 있기 마련입니다. 그래서 감히 이 책을 내려는 용기를 가진 것입니다.

부족한 사람은 늘 요한계시록이 바르지 못한 대우를 받는 것이 안타까웠습니다. 그런 정황의 뒤안길에는 성경의 다른 책들은 의미가 없고 오직 이 요한계시록만 있다는 식의 극단으로 치닫는 이들이 끼치는 나쁜 인상(印象)이 자리하고 있습니다. 곧 요한계시록이 이단(異端)이나 비성경적이고 위협적인 종말론의 산실(産室)인양 생각하는 분위기가 성도들 속에 아주 널리 퍼져 있다는 말입니다. 그와 정반대의 극단은 요한계시록을 성경의 다른 책들과는 다르게 취급해야한다는 선입견으로 아예 교회에서 강론하고 증거할 말씀 목록에서 배제시키는 일입니다. 물론 요한계시록 1-3장이나 마지막 20-22장의 몇 부분은 곧잘 설교나 강론의 기초 본문으로 활용되지만, 나머지 부분들은 거의 다룰 엄두를 내지 못하고 있는 실정입니다. 그 점에 대하여 어느 정도는 이해가 갑니다. 이 요한계시록이 풀기 어려운 난해한 상징과 모형으로 되어 있어 '억지로 푸는 악' 에 빠지기 쉽기 때문입니다.

그러나 요한계시록의 중심 메시지는 성경의 다른 책들과 같이 세상에 있는 성도들(교회)을 위한 '소망과 위로와 궁극적 승리의 보장' 으로 충일합니다. 환난과 박해 속에서도 믿음을 지키는 '전투적 교회' 를 위하시는 하나님의 부성애적인 배려와 격려로 충만한 책이 바로 이 요한계시록이라는 말입니다. 성령께서는 이 책을 통하여 우리 구주 그리스도를 통한 '구속(救贖)의 완전성과 충분성' 을 근거로 교회의 '궁극적 승리' 의 확실성을 확약하고 계십니다. 그러니 요한계시록은 다른 모든 성경과 같이 모든 당신의 사람들을 온전하게 하시려는 성 삼위의 역동적인 행사의 보장이 들어 있는 '거룩한 헌장' 입니다.

"무엇이든지 전에 기록된 바는 우리의 교훈을 위하여 기록된 것이니 우리로 하여금 인내로 또는 성경의 위로로 소망을 가지게 함이니라."(롬 15:4)

지상에 있는 교회의 불완전성과 그 지체들인 하나님의 사람들의 연약에도 불구하고 하나님께서는 당신의 교회의 궁극적인 승리라는 불변의 진리를 이 책을 통하여 확증하여 놓으셨습니다. 그러니 요한계시록은 우리 성도들의 믿음의 길에서 만나는 모든 시련과 환난과 고난과 핍박에도 불구하고 끝까지 인내할 이유와 용기를 충일하게 전달하고 있습니다. 이 저는 이 요한계시록을 강해하면서 성도들이 큰 위로와 격려와 진정한 자유의 영광에 이르게 되는 것을 보았습니다.

이 책은 주석이 아니라 '강해적 설교' 입니다. 그래서 주석이나 다른 주해서가 가지고 있는 참고 서적이나 자료들을 별도로 명시하지는 않았습니다. 다만 논란이 되는 주요한 내용 속에서 참조한 주석가들의 이름을 밝혔을 뿐입니다. 그러니 이 이 책의 내용들은 주님의 말씀에 충실하였던 선진들의 가르침을 안내 삼아 종합되고 용해된 것이라고 보아 무방합니다. 특히 주석가들 중에 박윤선, 이상근, William Hendriksen, A.Criswell을 많이 참조하였습니다. 그래서 내용 중 중요한 해석 부분에서 그들의 도움을 받아 필요하다 여길 때에는 간간히 그들의 이름만 괄호 형식으로 밝혔습니다. 그러나 이 책이 그런 선진들의 연구물들을 앵무새같이 흉내 내거나 이리 저리 모자이크한 것은 아닙니다. 설교자의 길이란 무엇입니까? 제가 보기에는 일단은 성경을 연구하되 선진들의 안내를 주요하게 여겨야 합니다. 성령님의 인도하심을 이해하는 중요한 부분이라고 저는 생각합니다. 성령께서 그들 선진들을 인도하여 가르치신 것을 참조하는 것이 성령님의 인도하심을 받는 데 있어서 중요하기 그지 없다고 저는 확신하기 때문입니다. 그러나 설교자는 과거 선진들의 가르침을 따라서 '고기 잡는 법을 배워 고기를 잡아야 하는 사람' 이지 '선진들이 잡아 놓은 고기만을 받아 먹기만 하는 자는 아니라' 고 생각합니다. 그 말은 이 책이 요한계시록을 연구하고 묵상한 뒤에 회중들의 영혼들을 향하여 강해설교로 전해진 내용이라는 말입니다. 그래서 이 책을 읽으시는 분은 강단에서 강론을 듣고 있다는 생각을 가지고 읽기를 원합니다.

부족한 사람의 이 강해를 책으로 내도록 허락하신 아버지 하나님께 영광을 돌립니다. 이 책은 본래 2001년에 개혁주의신행협회에서 '그 넉넉한 이김의 보장' 이라는 제목으로 나왔던 것인데 새롭게 개정하고 편집하여 나온 것입니다. 제목을 '그 궁극적 승리의 보장' 이라고 한 것은 그 넉넉한 이김의 보장이 있음에도 여전히 갈등의 과정을 거쳐서 승리에 이르게 하시는 하나님의 은혜의 방식을 염두에 두었기 때문입니다.

이번에 개정과 보완을 하면서 다시 요한계시록의 말씀의 영광과 능력이 어떠함을 확인하여 큰 은혜 안에 있게 되었습니다. 그 은혜를 주신 하나님 아버지께 우리 주님의 이름으로 감사와 영광을 돌려 드리는 바입니다. 이 책의 내용으로 강론을 들으며 함께 은혜를 받았고, 또 이 책이 나오면 또 기뻐할 우리 중심교회 성도님들 모두에게 감사합니다. 이 책을 만드는 과정에서 옆에서 계속 격려의 말을 주었던 사랑하는 제 아내의 조력에 크게 감사합니다.

주님, 이 책을 읽는 이들이 요한계시록을 통해서 성령께서 하시는 말씀을 듣고 믿음의 기치를 확고하게 견지하게 하시옵소서. 우리 모두로 하여금 주님께서 보장하시는 궁극적 승리의 개선가를 부를 날을 고대하며, "아멘 주 예수여 오시옵소서"라고 강청하는 기도를 드리게 하시옵소서. 아멘.

2013년 4월 봄의 꽃들이 화려한 대관식을 앞두고 있는 계절에

저자 서문 강

"이 예언의 말씀을 읽는 자와 듣는 자들과
그 가운데 기록한 것을 지키는 자들이 복이 있나니
때가 가까움이라." _ 계 1:3

Blessed is the one who reads the words of this prophecy,
and blessed are those who hear it and take to heart what is written in it,
because the time is near.

1
chapter

서론적 강해
1:1-3

1예수 그리스도의 계시라 이는 하나님이 그에게 주사 반드시 속히 일어날 일들
을 그 종들에게 보이시려고 그 천사를 그 종 요한에게 보내어 지시하신 것이라
2요한은 하나님의 말씀과 예수 그리스도의 증거 곧 자기의 본 것을 다 증거하
였느니라 3이 예언의 말씀을 읽는 자와 듣는 자들과그 가운데에 기록한 것을
지키는 자들이 복이 있나니 때가 가까움이라.

당신의 백성들을 양육하시는 하나님의 방식

하나님께서는 오늘도 당신의 백성들을 구원하시고 양육하시는 일을 성경을 풀어 주시는 일을 통해서 하십니다. 성경은 그 성경이 기록될 때부터 지금까지 언제나 하나님의 말씀으로서의 권위를 가지고 있습니다(요 10:35 ; 딤후 3:14-17). 하나님께서 사도들로 하여금 당신의 복음을 증거하게 하시고 그 증거의 말씀을 기록으로 영구화시키신 이후 '다른 복음'은 결코 주신 일이 없기 때문입니다(갈 1:6).

하나님께서 자기 피로 값 주고 사신 교회에 주신 사자(목사)의 성경 강론, 곧 설교 사역을 통해서 당신의 백성들을 구원하시고 양육하시는 것입니다. 사도 바울이 "**하나님의 지혜에 있어서는 이 세상이 자기 지혜로 하나님을 알지 못하는 고로 하나님께서 전도의 미련한 것으로 믿는 자들을 구원하시기를 기뻐하셨도다.**"(고전 1:21)라고 하였는데, 여기서 '전도'란 바로 교회에 세운 사역자들의 설교 사역을 가리키는 것이라고 보아 무리가 아닙니다. 칼빈이 설교가 없이는 구원도 없다고 한 것은 바로 그러한 맥락에서 이해해야 할 것입니다.

그런 의미에서 교회는 하나님께서 세우신 사역자들을 통한 설교 사역을 가장 우위에 두어야 함은 필연적입니다(D.M,Lloyd-Jones).

설교는 성경을 바르게 해석하는 일과, 그 해석을 통해서 밝혀진 진리 또는 교리를 선포하는 일과 그 진리와 교리를 맡기신 주의 양들의 영혼과 삶에 적용시키는 작업을 수반합니다. 그러한 설교 사역을 통하여 하나님께서는 지금도 당신의 교회를 정결하게 하시고 당신의 백성들을 구원하시고 기르고 계심을 확신해야 할 것입니다.

그런 의미에서 요한계시록을 강해하여 설교하는 일도 이 대열에서 제외될 수 없는 것입니다. 지금도 요한계시록의 바른 강해를 통하여 하나님께서 당신의 백성들을 가르치고 양육하신다는 믿음을 가져야 할 것입니다. 사역자들은 그 일에 힘써야 할 것이고, 회중들은 사역자들의 요한계시록 강해를 통하여 은혜 주심을 믿고 위하여 기도함으로 순종하고 협력하여야 할 것입니다.

성경 강해자가 경계할 일

그런데 성경을 해석하는 일과 관련하여 성령께서는 사도 베드로를 통하여 미리 경계시켜 놓으셨습니다.

"경의 모든 예언은 사사로이 풀 것이 아니니 예언은 언제든지 사람의 뜻으로 낸 것이 아니요 오직 성령의 감동하심을 입은 사람들이 하나님께 받아 말한 것임이라."(벧후 1:20, 21)

"그중에 알기 어려운 것이 더러 있으니 무식한 자들과 굳세지 못한 자들이 다른 성경과 같이 그것도 억지로 풀다가 스스로 멸망에 이르느니라."(벧후 3:16)

이 경계의 말씀은 성경의 어느 대목을 해석하고 풀더라도 적용되어야 합니다. 어느 한 대목도 사사로이 억지로 풀어도 될 만한 대목은 없기 때문입니다. 그중에 요한계시록은 그런 경계가 가장 긴요하게 적용될 책들 중의 하나입니다.

칼빈은 성경에 대한 외경심과 성경을 바르게 해석하지 못하는 것이 하나님 앞에서 얼마나 신성 모독적인 일인지를 절감하고 감히 요한계시록의 해석을 자제하였다는 말이 있습니다. 그러나 그 말이 사실이라도 칼빈에게 더 많은 시간이 주어졌었더라면 요한계시록 주석 작업도 착수하였을 것이라 여겨집니다. 요한계시록은 그 어떤 책보다도 상징과 모형과 비유가 많아 해석상의 여러 난제를 수반하고 있어 함부로 주해하는 것은 앞에서 언급된 그 경계할 일에 대해 실수를 범하기가 아주 쉽습니다. 칼빈은 그 점을 크게 염려하였던 것이 아닐까요.

그러나 칼빈이 이 요한계시록의 주석책을 내놓지 않은 것뿐이지 자기의 개인 경건에서 이 책을 제외시킨 것은 아닐 것이 분명합니다.

요한계시록 강해의 필요성

요한계시록 자체가 증거하듯이 이 책은 "읽는 자와 듣는 자들과 그 가운데 기록한 것을 지키는 자들이 복이" 있게 하는 하나님의 말씀입니다(계 1:3). 그러므로 요한계시록을 강해하는 것은 하나님의 교회와 그 지체들을 위하여 긴요한 것입니다. 만일 사역자가 이 책을 성도들에게 강해하지 않고 제쳐 둔다면 그는 하나님께서 당신의 성도들로 복되게 하시려 주신 것을 나누어 주지 않고 감추어 두는 불충분한 청지기로 책망을 받을 것입니다.

물론 이 요한계시록을 그릇되게 풀어 교회와 성도들을 해롭게 한 이단들 거의가 이 요한계시록을 자기들의 전유물인 양 치부하며 떠들어댔고 그들이 잘못된 자들로 판명된 후로 그런 선입견이 형성된 것입니다. 그러나 그러한 선입견과 부당함을 불식시키는 가장 바른 방식은 바로 요한계시록을 바르게 강해하는 일일 것입니다.

요한계시록의 저자

이 책의 저자는 사도 요한입니다. 여기에 대해 이론(異論)이 없지 않습니다. 그러나 요한계시록 자체의 내적 증거(1:1,49 ; 22:8)와 다른 문건들이나 속사도들(Clement of Alexandria, A. D. 150-213 ; Origen, A. D. 185-254 ; Athanasius, A. D. 293-373)의 글들에 나타난 외적인 증거들이 풍부하게 사도 요한의 저작설을 지지합니다. 소위 제 4복음서로 불리우는 요한복음과 요한의 요한 일, 이, 삼서 등에 나타난 사도 요한 특유의 문체나 사상이 그것을 더욱 뒷받침합니다('사랑', '말씀', '목자', '어린양', '생명', '믿음', '영생' 에 대한 강조가 그러함).

요한계시록의 저작 연대

이 저작 연대에 대한 의견이 분분하지만, 이 책이 격심한 박해기를 배경으로 저술된 것이라는 점을 참고하면 저작 연대를 알아보는 데 유익할 것입니다. 저자 사도 요한이 '밧모' 섬에 있을 때에 이 책의 내용을 계시로 받아 기록하였음을 함께 참고함이 좋을 것입니다.

특히 초대 교회사에 있어서 대표적인 박해기는 네로 황제 시대(A. D. 54-68)와 도미시안 황제 시대(A. D. 81-96)였습니다. 요한 사도가 밧모 섬에 유배되어 있었다는 것은 그런 형벌이 다반사였던 도미시안 황제 시대에 이 책이 기록된 것임을 시사하는 것입니다(박윤선). 바울이 에베소서를 기록할 당시(A. D. 62년경)에는 없었던 니골라 당의 작동이 이 책에 보입니다(2:6). 그러한 모든 것을 종합하여 볼 때 이 책은 주후 90년 이후로 보는 것이 타당하고, 복음주의 학자들 중에서 주후 95년경이라 보는 견해가 우등합니다(박윤선).

요한계시록의 저작 동기

가장 직접적인 저작 동기로 황제 예배의 와중에 처하여 환난을 겪고 있는 소아시아 지방의 교회를 위로하고 격려하기 위해 쓰여졌습니다. 박해의 두려움을 극복하고, 이교도와의 타협을 경계하며, 더 적극적으로 그리스도에 대한 정결한 믿음을 견지하도록 하기 위한 것입니다.

하나님께서는 이 책을 통해 그리스도로 말미암아 주어질 종말과 그에 따른 심판을 예고하시고 그날이 이르기까지 만대 만국 교회와 성도들이 어린양 되신 그리스도의 정결(貞潔)한 신부(新婦)로 있을 것을 권고하십니다(계 21:1-3). 그리스도로 말미암은 종말과 심판은 그리스도 안에 있는 자들에게는 영광스런 궁극적 승리요 그리스도를 대적하는 이들에게는 무서운 심판이 될 것입니다(20:7-15). 그날이 이르기까지 하나님께서는 어린양의 피로 값 주고 사신 교회와 성도들을 보존하실 것이라는 약속을 함께 주십니다.

요한계시록과 성경의 다른 책들과의 유기적 관계

요한계시록은 그 자체로 충분한 하나님의 계시의 말씀이면서도 아울러 통일된 하나님의 계시 진리 체계로서의 전체 성경의 한 부분입니다. 그러므로 이 책은 나름의 독특성을 견지하면서도 성경의 다른 모든 책들과 조화를 이루고 있습니다. 흔히 요한계시록을 해석하면서 이 점을 놓쳐 버림으로 오는 여러 가지의 폐해가 발견됩니다. 이 요한계시록의 내용이 성경의 다른 책들의 해석을 위해 주요한 빛을 주면서도, 여전히 이 책의 바른 해석을 위해서는 다른 책들의 도움을 받아야 합니다. 다시 말하면 이 책의 해석이 다른 책들의 명백한 교훈과 충돌하거나 조화를 이루지 못하게 되면 그 해석은 벌써 정로를 벗어나기 시작한 셈입니다.

요한계시록의 현대적 의미

현대 교회는 요한계시록이 적극적으로 조명하고 증거하는 그리스도의 재림과 대종말의 시점에 더욱 가까이 서 있습니다. 이 책이 기록될 당시와 같은 가시적인 핍박이나 박해가 주어지지 않는다는 생각을 하며 이 책의 메시지를 등한히 할 수 있습니다. 그러나 현 시점에도 어느 지역이나 문화권에서는 초대 교회 못지않는 핍박과 환난의 위협에 처해 있습니다. 우리가 직접 믿음으로 말미암은 박해와 압제를 피부로 느끼든 그렇지 않든간에 영적으로는 우리도 역시 당시의 교회나 성도들이 겪었던 치열한 영적 전투에 싸잡혀 있습니다.

요한계시록의 메시지는 여전히 현대 교회와 성도들에게 경성과 소망의 위로를 줍니다. 곧 그리스도의 나타나심을 기다리는 자가 가져야 할 마땅한 자세를 지시하는 각성과 경계의 효력을 발합니다. 진정 이 책의 말씀들은 "읽는 자와 듣는 자들과 그 가운데 기록한 것을 지키는 자들이 복이 있다."(1:3) 하신 말씀대로입니다. 다른 말로 해서, 이 메시지를 가진 성도들은 세상과 세상의 영인 마귀와 자기 본성의 악을 이겨 나갈 것입니다.

2
chapter

예수 그리스도의 계시
1:1-3

1예수 그리스도의 계시라 이는 하나님이 그에게 주사 반드시 속히 일어날 일들
을 그 종들에게 보이시려고 그 천사를 그 종 요한에게 보내어 지시하신 것이라
2요한은 하나님의 말씀과 예수 그리스도의 증거 곧 자기의 본 것을 다 증거하
였느니라 3이 예언의 말씀을 읽는 자와 듣는 자들과 그 가운데에 기록한 것을
지키는 자들이 복이 있나니 때가 가까움이라.

서두(Prologue)의 중요성

1-3절까지는 본서의 서론으로서 본서의 권위와 관련하여 매우 주요한 요점들을 지시하고 있습니다.

우리가 흔히 책들을 읽어 나갈 때에 서론을 재빨리 지나쳐 버리기를 잘 합니다. 그러나 그것은 책을 대하는 지혜로운 방식은 아닙니다. 어느 책에서도 그 책을 쓴 저자는 독자가 자기의 책을 바르게 읽고 이해하기를 바라며 쓴 안내문과 같은 서론이 있습니다. 그러니 독자는 책 머리에 있는

저자의 말을 유념해야 합니다. 요한계시록이 하나님의 말씀이면서도 여전히 책의 형식을 띠고 있어 이 책의 저자는 그런 서론적 안내를 하고 있는 것입니다.

여기 서두에서는 ① 본서의 성격, ② 본서의 권위, ③ 본서의 진정성, ④ 본서의 효능 등이 적시되어 있습니다. 그럼으로써 본서를 대하는 모든 이들의 영적 시야와 전망을 열어주고 있습니다.

본서의 성격

1절에서 "예수 그리스도의 계시라."고 말하고 있습니다. 이는 이 책이 어떠한 성질의 책인지를 단도직입적으로 지시하고 있습니다. 이 책 속에 들어 있는 모든 내용은 바로 이 세 어휘가 나타내는 바를 집중적으로 조명하고 있습니다.

예수 그리스도는 하나님의 거룩하신 모든 계획과 뜻과 목적의 실천자이십니다. 하나님의 창조와 섭리, 또는 통치와 구원과 심판의 전 역사가 바로 예수 그리스도로 말미암아 실행되기 때문입니다(요 1:1,2 ; 5:19-23 ; 6:39,40 ; 히 1:2,3 ; 엡 1:3-7).

"예수 그리스도의 계시라."는 말은 '예수 그리스도께서 계시하여 주신 것이라.' 는 의미이기도 합니다(박윤선). 또한 그 말은 '예수 그리스도의 나타내심이라.' 는 말도 될 것입니다. '계시(아포칼립시스)' 란 단어는 '열어 보여 준다' 는 의미를 가지고 있습니다. 본래 그 말은 '덮어놓다', '숨겨 놓다' 는 의미를 가진 '카립토(kaluvptw)' 에다가 전치사 '아포' 를 붙여 '덮개를 열어 젖히다' 는 의미를 가지게 됩니다. 그러니 "예수 그리스도의 계시라."는 말은 '예수 그리스도께서 감춰었던 것을 열어 보여 주신 것이라.'는 의미가 될 것입니다.

여기 본서에 들어 있는 모든 내용들이 다 '예수 그리스도께서 열어 보여 주신 일들' 입니다.

그런데 무엇을 예수께서 계시하시는가? "예수 그리스도의 계시라."라는 표현은 계시의 주체가 예수 그리스도시요, 아울러 계시의 대상이 예수 그리스도 자신임을 드러내고자 하는 뉘앙스를 풍깁니다. 여기 본서에서 계시되고 있는 이는 바로 그 영광과 위엄 중에 계신 예수 그리스도 자신입니다(W. A. Criswell).

예수 그리스도는 이 계시록 전체를 통괄하는 주체일 뿐 아니라 계시록 전체가 나타내고자 하는 주인공이십니다.

그리스도는 실로 우리의 "믿음의 주요 온전케 하시는" 이십니다.(히 12:2).

그러니 우리가 계시록을 강해하여 나가면서 우리의 시선을 계속 어린양 되시고 알파와 오메가 되신 하나님의 아들 예수 그리스도께 고정시켜야 합니다. 그 어떤 사유로든지 어떤 부분을 해석하거나 강해하든지 간에 궁극적으로 예수님께 시선을 두지 않고 끝나 버린다면, 이 책의 본질을 간과한 행동이라 어느 구실로도 정당화 될 수 없습니다.

"반드시 속히 일어날 일들을"

이 책에 기록된 것은 반드시 성취됩니다. 그래서 이 책은 '예언의 말씀' 입니다(2절). 때가 되면 예언과 실제는 하나로 통합됩니다. 그 '때' 는 아주 가깝습니다(3절). 여기서 '속히' 란 본질적으로 인간의 시간 개념에서의 '속히' 가 아니고 하나님의 열심과 신실성을 전제로 한 '속히' 입니다. 그러니 '지체하지 않고' (합 2:3,4)라는 의미임이 분명합니다. 그러면서도 여전히 여기 예언된 것이 성취될 날이 아주 가까이 왔음을 지시하기도 합니다. 인간이 시간에 대해 가지는 자세는 '조급'하면서도(더디 이루어진다고 불평합니다-벧후 3:1-9) '낭비적'이고(세월을 아끼지 않습니다.-엡 5:15), '후회적'입니다(시간의 신속함을 당장에는 모르고 지난 다음 한참 만에야 알고 탄식합니다.-시 90:9). 그러나 하나님께서는 예언으로 말씀하신 바를 신실한 특심으로 이루시되, 조금도 지체하시거나 변개치 않으시고 빠르거나 늦지 않고 '때에 맞게' 이루어 내십니다.

본서의 권위

본서의 권위의 원천은 하나님이십니다. 하나님께서 본서를 주신 것입니다. 앞에서 본서의 주체가 예수 그리스도시라고 언급한 바 있습니다. 그러나 이 두 요점 하나님께서 본서를 주셨다는 것과 본서가 예수 그리스도의 계시라는 것은 서로 충돌하지 않습니다. 도리어 하나의 사실을 가리키며 서로의 요점을 지원하고 강화시켜 줍니다.

예수 그리스도는 자기의 뜻을 행하려 함이 아니라 아버지의 뜻을 행하는 것을 목표로 삼으셨습니다.

"내가 하늘로서 내려온 것은 내 뜻을 행하려 함이 아니요 나를 보내신 이의 뜻을 행하려 함이니라."(요 6:39,40)

예수 그리스도께서 열어 보이신 비밀은 '주께서 아버지께 부탁받아 속히 이루실 일들'에 관한 것입니다. 성부께서는 아들 되신 예수 그리스도를 통하지 않고 당신의 뜻을 이루시는 적이 없습니다.(요 5:19-29). 성부께서 계시하려고 하시는 일은 또한 곧바로 당신의 아들 예수 그리스도에 관한 것입니다(롬 1:2).

천사와 요한 사도는 예수 그리스도의 계시를 받아서 전달하는 종들일 뿐입니다.

본서의 진정성

요한은 천사로 말미암아 자기로 보게 하신 것을 가감 없이 증거하였습니다. 거기에 요한의 개인적인 관점이나 견해를 첨가하지 않았습니다. 오직 천사로 말미암아 자기에게 전해진 것만을 증거하는 충성된 사자로서 이 책을 기록하였습니다.

요한은 천사로 말미암아 자기에게 전해져 보게 된 것의 본질을 분명하게 밝히고 있습니다. 그것은 바로 **"하나님의 말씀과 예수 그리스도의 증거"**입니다. 또한 요한은 자기가 본 것을 하나도 빼놓지 않고 "다" 증거하였습니다.

그러므로 이 책에 기록된 것은 하나님의 말씀이요 예수 그리스도의 증거로서 그 진정성을 가집니다.

여기서 우리는 오늘날 이 책을 강론하는 자나 듣는 자가 경계하고 기대할 것이 어떠한지를 배우게 됩니다. 이 책의 강론자는 '이 책을 빌어 자기의 말'을 하지 말고, 이 책에 기록된 바가 무엇인지 가감 없이 나타내야 할 것입니다. 또한 강론을 듣는 자들은 이 책에서 말하는 바가 무엇인지 듣고 순종할 양으로 이 강론을 들어야 할 것입니다. 거기서 조금이라도 벗어나면 이 책을 통해 계시된 하나님의 말씀을 훼손하고 그 진정성을 파괴하는 행위가 될 것입니다.

본서의 효능

"이 예언의 말씀을 읽는 자와 듣는 자들과 그 가운데 기록한 것을 지키는 자들이 복이 있나니 때가 가까움이라."

이 본문 헬라 원어의 어순은 성경에 자주 등장하는 형식을 취합니다. 우리말에는 '복이 있나니'가 문장 후미에 배치되지만 원어에는 "복되도다…"는 표현이 가장 서두에 있습니다(시 1:1 ; 마 5:2-12도 역시 같은 형식을 취하고 있음). 그것은 이 책이 궁극적으로 주의 백성들을 복되게 하려는 것임을 강하게 시사합니다.

"이 예언의 말씀을 읽는 자와 듣는 자들과 … "

당시 교회들에서 행해지던 관습을 투영하는 표현입니다. 회당에서 성경을 한 사람이 읽어 주고 다른 이들이 듣던 관례가 초대 교회에도 그대로 답습되었습니다(Eusebius). 요한은 이 책이 교회들에 전해지게 되면 어떻게 반포될 것인지를 내다보고 그렇게 표현한 것입니다. "이 예언의 말씀을 읽는 자"에서는 단수(單數)이고 "듣는 자들"에서는 복수(複數)임이 그 사실을 확증합니다. 아울러 "그 가운데 기록한 것을 지키는 자들이 복이 있나니"라고 말하고 있습니다.

궁극적으로 이 표현은 이 책이 교회의 공적인 예배를 통해서 반포될 것과 모든 주의 백성들이 이 책을 듣고 배우고, 배운 바를 믿음으로 지켜 실행할 것을 강조하고 있습니다.(물론 개인적으로도 읽혀져야 합니다.) 이 책을 읽고 듣고 강론하고 강론한 대로 믿음으로 지켜 행하는 것이 성도의 바른 자세입니다.

궁극적 승리를 위하여

이 책은 우리의 영광의 주 되신 예수 그리스도로 말미암아 이루어질 하나님 아버지의 영광스러운 뜻의 비밀을 증거하고 있습니다. 우리는 그리스도의 사람으로서 이 책에 기록된 그 하나님의 영광의 뜻(목적)에 싸잡혀 있습니다. 거기에 우리의 위로와 자랑과 영광이 있는 것입니다. 우리의 지상 행로의 의미도 바로 거기서 찾아야 할 것입니다. 하나님께서는 지상 행로 속에서 만날 수 있는 모든 난관과 역경과 곤경을 극복하고 설 수 있는 능력의 복을 이 책을 통해서 우리에게 허락하시는 것입니다. 그러므로 우리는 이 책을 읽고 묵상하고 강론하고, 책 가운데 기록한 것을 지키는 일을 통해서 그 복을 받아야 할 것입니다.

3
chapter

예수 그리스도와 교회
1:4-8

4요한은 아시아에 있는 일곱 교회에 편지하노니 이제도 계시고 전에도 계시고
장차 오실 이시며 그의 보좌 앞에 일곱 영과 5또 충성된 증인으로 죽은 자들 가
운데에서 먼저 나시고 땅의 임금들의 머리가 되신 예수 그리스도로 말미암아
은혜와 평강이 너희에게 있기를 원하노라 우리를 사랑하사 그의 피로 우리 죄
에서 우리를 해방하시고 6그의 아버지 하나님을 위하여 우리를 나라와 제사장
으로 삼으신 그에게 영광과 능력이 세세토록 있기를 원하노라 아멘 7볼지어다
그가 구름을 타고 오시리라 각 사람의 눈이 그를 보겠고 그를 찌른 자들도 볼
것이요 땅에 있는 모든 족속이 그로 말미암아 애곡하리니 그러하리라 아멘 8주
하나님이 이르시되 나는 알파와 오메가라 이제도 있고 전에도 있었고 장차 올
자요 전능한 자라 하시더라.

이 부분은 이 편지의 서두를 장식하는 문안 인사 형식입니다. 그러나 단순한 입에 발린 문안 인사가 아닙니다. 본문에서는 교회와 예수 그리스도의 관계가 아주 극명하게 그려져 있습니다.

물론 이 책의 메시지는 전 우주적인 적용이 가능합니다. 이 책에 기록된 예언이 응할 때에 그것은 전 우주적인 대사변(大事變)을 동반하기 때문입니다. 두 말할 것도 없이 그것은 지상의 모든 인류, 곧 모든 나라와 족속의 역사(歷史)와 관계되는 것입니다.

그러나 여전히 이 책의 초점은, 예수 그리스도와 그 피로 값 주고 사신 지상에 있는 그리스도의 교회와의 관계에 주어져 있습니다. 그 점에 착안하여 이 본문을 탐사해야 할 것입니다.

소아시아의 일곱 교회

"요한은 아시아에 있는 일곱 교회에 편지하노니."(1:4)

당시 많은 교회가 있었지만 소아시아 일곱 교회가 이 책(서신 형태로 된)의 우선적인 수신자였습니다. 그것은 요한 자신의 뜻대로 한 것이 아니라 성령님의 지시하심을 받은 결과입니다.

성령께서는 일곱 교회의 개별적인 영적 상태를 지적하시는 것 자체만을 목적하신 것은 아닙니다. 그 교회들을 들어 말씀하시는 성령님의 의도를 몇 가지 지적해 봅니다.

(1) 그 교회들을 표본으로 하여 예수 그리스도께서는 당신의 피로 값 주고 사신 교회, 곧 지상에 나타날 만대 만국의 모든 교회들에게 말씀하고 계십니다. 그것이 하나님의 계시의 방식 중 하나입니다. 예수님께서는 어떤 경우 제자들에게 물으시거나 명하실 때 한 사람만 상대하여 말씀하시는 적이 있는데, 그것은 그 사람 자신에게만 말씀하시는 것이 아닙니다.

그 사람과 같은 위치에 처한 이들 모두에게 말씀하고 계시는 것입니다. 베드로의 신앙 고백은 가룟 유다를 제외한 다른 열한 제자들의 신앙 고백이었고, 나아가 그들의 증거를 듣고 예수님을 믿게 될 모든 이들의 것입니다(마 16:16-19 ; 요 21:15-17).

판례(判例)를 생각하면 이해에 도움이 될 것입니다. 어떤 법적인 문제에 연루된 사람이 그렇게 판결받았으면 그 판결은 그와 같은 처지에 있는 모든 이들에게 내려진 것이나 마찬가지의 효과를 가집니다.

(2) 교회는 사람이 세운 것이 아니고 예수께서 세우신 것입니다.

(3) 성경에서 '일곱' 이라는 숫자가 가진 영적인 상징성에 대해 무언가 생각할 만합니다. 성경에서 7이라는 숫자가 경우에 따라서 가지는 정결함과 헌신과 완전함의 의미를 가지기도 합니다. 바로 이 본문에서 '성령'을 가리켜 "일곱 영"이라고 한 것은 분명 그 7의 수가 형용적인 모종의 상징성을 띠고 있음을 지시합니다. 그러나 이 경우에도 그러한 상징성이 의도되었는지는 확실하지 않습니다. 다만 여기서는 '일곱' 교회들은 지상에 나타날 모든 주님의 교회들을 대표하여 주님의 계시와 그 계시가 적힌 편지를 받았습니다.

교회의 영광과 영성 : 삼위 하나님의 은혜와 평강

"이제도 계시고 전에도 계시고 장차 오실 이와 그 보좌 앞에 죽은 자 가운데서 먼저 나시고 땅의 임금들의 머리가 되신 예수 그리스도로 말미암아 은혜와 평강이 너희에게 있기를 원하노라."

교회와 성도들은 바로 성 삼위 하나님께로서 오는 은혜와 평강을 힘입고 존재하는 것입니다. 요한은 서신의 서두 형식을 빌리면서도 교회의 영광의 원천이 어디 있는지 시사하는 일은 결코 놓치지 않습니다. 비록 지상에 있는 교회가 환난을 당하고 멸시를 받고 있지만, 그 교회의 뒤에는 성 삼위 하나님께서 계십니다. 사람들의 눈에 어떠할지라도 지상에 있는 하나님의 교회는 하나님께로서 오는 은혜와 평강이 부어지는 곳입니다.

"이제도 계시고 전에도 계시고 장차 오실 이"(1:4)-성부 하나님을 지칭하는 수식입니다. "이제도 계시고 전에도 계시고"는 하나님의 영원성과 불변성을 시사하고 있으며, "장차 오실 이"란 예수 그리스도의 재림을 통해서 그 정하신 뜻을 완성시키실 하나님의 영광을 표현함입니다. "장차 오실 이"라는 표현이 성부에게보다 성자에게 더욱 적절할 것같이 보일 수 있으나, 여기서 사도는 성부에게 그 표현을 쓰고 있습니다. 예수 그리스도의 재림은 곧 성부의 뜻의 완성과 실현이기 때문입니다. 그리스도의 재림의 날에 성부께서 '오시어 당신의 영광을 드러내실' 것입니다. 교회는 바로 그 성부의 뜻의 실현이요, 그 뜻의 완성 속에서 교회는 그 영광의 충일함에 이르게 됩니다. 그러므로 교회의 소망은 바로 "장차 오실 이" 되신 성부의 뜻이 완성되는 그리스도의 재림의 날에 있습니다.

"그 보좌 앞 일곱 영과"(1:4) 성령 하나님을 가리킵니다. 여기서 성령을 가리켜 "일곱 영들"이라고 하였습니다. 그것은 영들이 일곱이나 되었음을 말하는 것이 아닙니다. 성령의 충일성과 완전성을 부각시키고자 하는 표현입니다. 여기서 "일곱"이라고 한 것은 분명히 완전함과 위엄의 충만함의 영광을 나타냅니다. 성령께서는 창조와 구원의 전 영역에서 성부와 성자와 하나로 일하시고 영광을 나타내셨습니다. 성령께서 "성부의 보좌 앞에" 계시다는 것은 의미심장합니다. 성부의 영광을 항상 주목하고 그 영광을 함께 나타내고, 그 성부의 뜻을 헤아리고 살피는 영으로 존재하십니다. 성부의 보좌 앞에 있는 천사들과 24 장로들은 성부의 보좌 앞에서 부복하고 얼굴을 가리고 있는데, 여기 성령께서는 성부의 보좌 "앞에" 있을 뿐입니다. 그 점을 성령께서는 성부와 그 본질의 영광에 있어서 동등되시며 항상 하나가 되심을 보여 줍니다.

"충성된 증인으로 죽은 자들 가운데서 먼저 일어나시고 땅의 임금들의 머리가 되신 예수 그리스도로 말미암아 … "(1:5) 이 대목은 분명 예수 그리스도를 지칭하는 표현입니다. 여기서 "충성된 증인"이라는 것은 성자 예수님께서 성부에게서 본 대로, 들은 대로, 받은 대로 모든 것을 증거하시고 그 증거 때문에 죽으실 것을 나타내는 표현입니다(요 5:19-24 ; 6:37-40). 요한은 그리스도의 죽음을 우리의 구원 측면에서 보지 않고 성부께 보내심 받아 그 뜻을 완성하신 측면에서 보고 있습니다. 그리스도는 성부의 뜻을 위하여 죽기까지 복종하셨습니다(빌 2:6-8). 성부께서는 그를 다시 살리시고 모든 이름 위에 뛰어나게 하시어 모든 입으로 '예수님의 주 되심' 을 시인하게 하셨습니다.

"모든 입으로 예수 그리스도를 주라 시인하여 하나님 아버지께 영광을 돌리게 하셨느니라."(빌 2:11)

예수 그리스도는 교회의 머리만 되실 뿐 아니라 모든 열방, 모든 족속, 주님을 알지 못하는 나라의 임금들까지 다 통치하시는 임금이십니다.

"예수께서 나아와 일러 가라사대 하늘과 땅의 모든 권세를 내게 주셨으니…"

그 성부와 성자와 성령 하나님께로서 오는 은혜와 평강 속에서 교회(성도들)는 존재하고 자라게 되고 진행하여 나갑니다.

"그리하여 온 유대와 갈릴리와 사마리아 교회가 평안하여 든든히 서 가고 주를 경외함과 성령의 위로로 진행하여 수가 더 많아지니라."(행 9:31)

예수 그리스도와 교회

"우리를 사랑하사 그의 피로 우리 죄에서 우리를 해방하시고 그의 아버지 하나님을 위하여 우리를 나라와 제사장으로 삼으신 그에게 영광과 능력이 세세토록 있기를 원하노라 아멘 볼지어다 구름을 타고 오시리라 각 사람의 눈이 그를 보겠고 그를 찌른 자들도 볼 터이요 땅에 있는 모든 족속이 그를 인하여 애곡하리니 그러하리라 아멘."(1:5-7)

요한은 이제 예수 그리스도의 영광을 교회와의 관계 속에서 묘사하고 있습니다. 예수님은 교회를 "사랑하셨습니다." 눈에 보이지 않는 사랑이 우리 대신 피 흘려 죽으시어 죄책과 죄의 왕 노릇 아래 있는 우리를 해방시키신 것으로 눈에 보이게 나타났습니다. 우리 주님은 우리를 "그 아버지 하나님을 위하여 나라와 제사장으로 삼으셨습니다." 하나님의 나라의 백성이 되고 하나님을 섬기는 자로 만드셨다는 것입니다. 우리가 하나님의 나라의 백성이 되고 하나님의 영원한 왕 같은 제사장이 된 것(벧전 2:9)은 오직 그리스도와 그 구속의 피로 말미암았습니다. 그의 영광과 능력이 세세토록 찬미를 받아야 마땅합니다. 교회의 영광은 바로 우리 주 예수 그리스도의 피로 값 주고 사신 바 되었다는 것에 있습니다.

"구름을 타고 오시리라."(1:7) 그리스도의 재림의 충일한 영광을 나타내는 말입니다. "구름"을 문자 그대로 구름을 가리키는 것으로 일단은 보아야 하나, 그 상징적이고 신비적 의미는 가늠하기 힘들 정도로 깊습니다. 구약에서 하나님께서 당신의 영광의 임재를 나타내실 때에 "구름"을 사용하신 적이 있습니다(출 19:9 ; 13:21 ; 16:10). 예수님께서 홀연히 변모하신 그 변화산에서의 "구름"도 연상됩니다(마 17:5).

"각인이 보겠고"(1:7) 초림의 예수님은 제한적으로 체험되었으나 재림의 예수님은 모든 자들이 다 목격되고 경험될 것입니다. 그러나 충일한 영광 중에 재림하실 예수님의 경험이 사람마다 다른 의미로 다가올 것입니다. 그리스도를 믿는 자들에겐 그 체험은 오매불망 고대하던 것입니다. 그들의 주님께 대한 모든 신앙과 소망과 사랑의 초점이 그날 그 영광에 집중되어 있었습니다. 그날 때문에 환난 중에도 기뻐하고 소망 중에 위로받으며 인내할 수 있었습니다(롬 5:1-3). 그러나 그리스도를 믿지 않는 이들에게는 가장 비참한 환난의 날이 될 것입니다.

"그를 찌른 자들도 볼 것이요 땅에 있는 모든 족속이 그를 인하여 애곡하리라."(1:7)

"주 하나님이 이르시되 나는 알파와 오메가라 이제도 있고 전에도 있었고 장차 올 자요 전능한 자라 하시더라."(1:8) 이 책에서 반복적으로 나타나는 진술입니다. 그러나 이 진술은 교회의 지체들에게는 언제 들어도 진부하지 않고 항상 새롭습니다. 항상 힘을 주고 소망의 닻줄을 견고하게 하여 주는 진술입니다. 이 하나님의 진술은 이 책에 기록된 모든 것이 반드시 성취될 하나님의 계획과 뜻임을 거듭 인 쳐 주는 '권위(權威)의 보증'입니다.

궁극적 승리를 위하여

교회는 성 삼위 하나님의 은혜와 평강과 능력과 영광에 뒷받침되어 있습니다. 교회는 예수 그리스도의 피로 사신 바 되어 하나님을 위한 백성과 제사장이 된 자들의 거룩한 모임입니다. 그리고 다시 오실 그리스도로 말미암아 이루어질 성부의 계획 안에 들어 있는 성령의 전입니다.

거기서 교회의 영광과 권위와 능력을 발견해야 합니다. 그리스도께서 다시 오실 때까지 지상에 나타나는 모든 주님의 교회는 그리스도의 재림으로 말미암아 하나님 아버지의 영광의 뜻이 완전하게 성취될 것과 그 영광의 자리에 함께 참여하게 될 소망을 내다보면서, 믿음의 역사와 소망의 인내와 사랑의 수고를 아끼지 말아야 할 것입니다.

"그러므로 내 사랑하는 형제들아 견실하며 흔들리지 말며 항상 주의 일에 더욱 힘쓰는 자들이 되라 이는 너희 수고가 주 안에서 헛되지 않은 줄을 앎이니라."(고전 15:58)

주님을 믿지 않는 자들의 세력이 아무리 강하고 복되어 보인다 할지라도 주님 재림의 날에 애곡하게 될 것입니다. 그러니 세상의 불신앙의 수치와 비극을 보고 더욱 깨어 주의 날을 바라보며 주어진 사명을 감당하여야 할 것입니다.

4

chapter

요한이 본 예수 그리스도의 영광과 권위

1:9-20

9나 요한은 너희 형제요 예수의 환난과 나라와 참음에 동참하는 자라 하나님의
말씀과 예수를 증언하였음으로 말미암아 밧모라 하는 섬에 있었더니 10주의 날
에 내가 성령에 감동하여 내 뒤에서 나는 나팔 소리와 같은 큰 음성을 들으니
11가로되 너 보는 것을 책에 써서 에베소, 서머나, 버가모, 두아디라, 사데, 빌
라델비아, 라오디게아 등 일곱 교회에 보내라 하시기로 12몸을 돌이켜 나에게
말한 음성을 알아보려고 돌이킬 때에 일곱 금 촛대를 보았는데 13촛대 사이에
인자 같은 이가 발에 끌리는 옷을 입고 가슴에 금띠를 띠고 14그의 머리와 털의
희기가 흰 양털 같고 눈 같으며 그의 눈은 불꽃 같고 15그의 발은 풀무불에 단
련한 빛난 주석 같고 그의 음성은 많은 물소리와 같으며 16그의 오른손에 일곱
별이 있고 그의 입에서 좌우에 날선 검이 나오고 그 얼굴은 해가 힘있게 비취
는 것 같더라 17내가 볼 때에 그의 발 앞에 엎드러져 죽은 자같이 되매 그가 오
른 손을 내게 얹고 이르시되 두려워 말라 나는 처음이요 마지막이니 18곧 살아
있는 자라 내가 전에 죽었노라 볼지어다 이제 세세토록 살아 있어 사망과 음부
의 열쇠를 가졌노니 19그러므로 네가 본 것과 이제 있는 일과 장차 될 일을 기

록하라 [20]네가 본 것은 오른손의 일곱 별의 비밀과 일곱 금 촛대라 일곱 별은 일곱 교회의 사자요 일곱 촛대는 일곱 교회니라.

여기 이 본문은 요한이 "주의 날에 성령에 감동하여" 본 예수님의 형용과 그 영광과 권위에 대하여 증거하고 있습니다.

이는 실로 의미심장한 대목입니다. 하나님의 교회는 바로 그로 말미암아 구속(救贖)을 받았습니다. 그리고 교회는 그분께 속하여 있고, 그분께 연합한 운명 공동체입니다. 앞에서 우리는 이미 그 점을 알아보았습니다.

여기서는 특히 예수 그리스도의 영광과 권위가 여러 가지의 형용과 상징을 통해서 계시되고 있습니다. 우리는 본문에서 그것을 살펴봄으로써 교회, 교회의 지체된 우리의 정체성(正體性)을 발견할 것입니다.

요한의 자기 이해

사도 요한이 자기 자신에 대하여 말하는 것을 먼저 주목할 필요가 있습니다.

"나 요한은 너희 형제요 예수의 환난과 나라와 참음에 동참하는 자라 하나님의 말씀과 예수를 증언하였음으로 말미암아 밧모라 하는 섬에 있었더니"(1:9).

요한의 환난과 고통은 그가 사도의 직임을 받은 것과 크게 관련됩니다. 그런데 요한은 자기 자신을 이 편지를 받아 보는 교회의 성도들과 같은 입장에 놓고 있습니다. "나 요한은 너희 형제요"라고 말하고 있기 때문입니다. 여기서 "형제"란 말은 '동일한 믿음의 반열'에 든 것을 강조하는 대목입니다. 그는 자기의 사도직에 대한 언급보다도 '믿음의 동질성'에 대한 것을 먼저 말하고 있습니다. 어떤 이가 직임을 감당하든지 간에 우선적으로 그는 예수님으로 말미암아 구원받은 하나님의 자녀요 성도입니다. 그 어떤 직임이나 그 어떤 체험도 이보다 더 앞서지 못합니다.

그리고 그는 "예수의 환난과 나라와 참음에 동참하는 자라."(1:9) 고 하였습니다. 그는 주님께 대한 믿는 자들이 공통적으로 겪거나 가진 요소를 말하고 있습니다. 예수님을 믿음으로 말미암아 은혜로 구원에 이릅니다. 그러나 지상에서는 그것이 "예수의 환난과 나라와 참음에 동참하는" 것으로 나타납니다. 언뜻 보아 여기서 "예수의 환난과 참음"은 고통을 연상하게 하는 말이고, "나라"는 영광을 연상하게 하는 말입니다. 그러나 이 둘은 지상에서는 별개의 것으로 나타나지 않고 함께 싸잡혀 나타납니다. 교회는 바로 하나님의 나라의 영광에 참여함을 입은 성도들의 모임이요, 그 영광에 참여하였기 때문에 받는 여러 가지의 괴로움과 고통을 감수하는 성도들의 모임입니다.

"그리스도를 위하여 너희에게 은혜를 주신 것은 다만 그를 믿을 뿐 아니라 또한 그를 위하여 고난도 받게 하려 하심이라 너희에게도 같은 싸움이 있으니 너희가 내 안에서 본 바요 이제도 내 안에서 듣는 바니라."(빌 1:29,30)

그러나 사도는 단순한 성도의 자격으로만 아니라 "하나님의 말씀과 예수의 증거를 위하여" 부르심을 받은 자입니다. 이것은 그가 기록한 이 계시록의 권위를 보증하는 것입니다. 신약 시대에 있어서 하나님의 계시를 수령하고 보전하고 기록하는 권위는 바로 그 사도나 사도적인 인물들에게 주어졌기 때문입니다(갈 1:1-7).

계시의 경로와 내용

"주의 날"(1:10) 여기서 우리는 이미 초대 교회에 "안식 후 첫날"을 주님의 날로 인식하고 있었음을 발견합니다. 주일은 정말 주님의 날입니다. 아버지의 뜻이 주님 안에서 완성된 것과 주의 영광을 기념하고 선포하고, 구속받은 백성들이 주님께 대한 믿음을 새롭게 하며 하나님께 영광을 돌리는 날입니다. 하나님께서는 바로 '주의 날'에 성령에 감동받게 하시어 그 계시를 보여 주신 것입니다. 오늘도 '주의 날'은 여전히 그런 특별한 의미를 가지고 있습니다. 주일에 성회로 모여 영광을 돌리는 것은 정말 하나님께서 제정하신 일이고 또 기뻐하실 일입니다. 제 4계명의 정신이 그리스도 안에서 승화되고 완성되었음을 우리는 여기서 확인합니다.

"나팔 소리 같은 큰 음성을 들으니"(1:10) 이 소리의 분량은 소리를 수용할 수 있는 인간의 청각의 한계를 벗어나 있었습니다. 우리에겐 소리가 너무 세미하여도 들을 수 없고 소리가 너무 크고 우렁차도 분간이 되지 않습니다. 이 소리는 '나팔 소리 같은 큰 음성'이었습니다. 위용있고 권세있고 분명한 큰 음성이었습니다. 이 음성은 그저 귓전만을 와글와글 울리게 하는 그런 의미 없는 소리가 아니라 분명한 음성으로서 요한이 완전하게 분간할 수 있는 말이었습니다. 하나님의 계시가 비록 신적인 것이라 할지라도 인간에게 분명하게 전달될 것이므로 명백하게 주어집니다.

"너는 이 묵시를 기록하여 판에 명백히 새기되 달려가면서도 읽을 수 있게 하라."(합 2:2)

"너 보는 것을 써서…일곱 교회에 보내라."(1:11) 사도의 직무는 예수님의 증인으로서 성 삼위 하나님께서 나타내시는 바를 가감 없이 증거하는 것이었습니다. 이 편지는 요한의 인간적인 망상이나 미몽 속에서 오락가락하던 상념의 기록이 아니라, 주께로부터 "분명하고 큰 음성"으로 전달된 계시의 기록이요, 그가 "본 것"에 대한 가감 없는 진술입니다. 요한의 인간적인 사상이나 본성(육체적)의 생각이 유입될 틈이 전혀 없습니다.

요한이 본 것은 예수님의 영광의 형용이었습니다. 곧 하나님께서 성령으로 말미암아 요한에게 보게 하신 것이 바로 예수님의 영광과 권위와 위엄이었다는 말입니다. 예수님은 바로 신구약 성경, 곧 하나님의 계시의 정수(精髓)입니다. 하나님께서는 구약 시대에 당신의 선지자들을 통해서 계시를 주셨는데, 바로 당신의 아들에 관하여 미리 약속하셨습니다. 신약은 그 아들이 오셔서 그 약속을 이루신 것과, 성령께서 그 이루신 것의 효력을 가지고 일하신 것에 대한 기록입니다(롬 1:2-4).

교회(성도들)는 바로 그 머리 되신 예수 그리스도를 바라보는 시선을 놓치지 않아야 합니다. 교회가 머리 되신 예수 그리스도 안에서 자기의 정체성을 항상 의식하고 있어야 합니다. 만일 그러한 일에 교회가 실패하면 그 교회는 그 다음의 모든 국면에서 실패합니다.

하나님께서는 요한의 시선을 성령으로 말미암아 당신의 아들 예수님께 집중시키고 있습니다. 그 다음에 전개될 계시의 파노라마는 전부 다 하나님의 아들 예수 그리스도의 영광과 권위와 연관을 가지기 때문입니다. 이 책은 "예수 그리스도의 계시"이고 "예수 그리스도에 대한 계시"이기 때문입니다(계 1:1).

예수님의 형용

요한이 그 크고 위용 찬 음성의 장본인이 누군지 알아보려고 "몸을 돌이켰다."고 하였습니다. 요한의 눈앞에 전개된 형용은 스스로 감당할 분량을 훨씬 넘어서는 것이었습니다. 금 촛대가 보이고 거기 "촛대 사이에 인자 같은 이"를 목격하게 됩니다.

요한은 예수님의 지상 생애 동안 예수님을 가장 가까이 모신 사람입니다. 그러나 여기 요한의 눈앞에 계시된 예수님의 모습은 공생애 기간 중의 예수님의 인상과는 달랐습니다. 공생애 기간 중에는 "낮은 몸"을 입고 계시었습니다. 우리의 연약에 친히 동참하신 분으로서의 예수님이셨습니다. 온유하고 겸손하신 예수님이셨습니다(마 11:29). 어린아이들도 가까이하기가 어렵지 않으신 분이셨습니다. 그러나 여기 요한이 뵈온 예수님은 '영광과 위엄과 두려움의 형용을 가진 엄위하신' 분이셨습니다. 요한은 지상 생애 기간 중의 예수님을 '감당할 수' 있었습니다. 그때에는 예수님의 품에 의지하여 식사도 할 수 있었습니다. 그러나 이제 요한은 이 예수님을 성령 안에서 뵈옵고 정말 자기의 인지(認知) 수용 능력으로는 '감당' 안 되어 "그 발 앞에 엎드러져 죽은 자같이 되었다."(1:17)고 하였습니다.

"촛대 사이에 인자 같은 이가…" 여기서 말하는 금 촛대는 하나님의 교회입니다. 교회를 촛대로 계시하신 것은 하나님의 빛을 발하는 교회로서의 본무와 사명과 본질을 상징하기 위한 것입니다. 교회가 그 성 삼위 하나님의 빛을 발하지 못하고 꺼져 있다면 그 교회는 벌써 하나님의 교회가 아닙니다. "인자" 되신 예수님께서는 그 촛대 사이에 "계신다."고 했습니다. 예수님께서 당신의 교회의 머리로서 간여하시고 당신의 영광을 나타내시는 것입니다.

"발에 끌리는 옷을 입고"(1:13) 이는 제사장의 권위를 말합니다(박윤선). 교회는 그의 대제사장적인 중보의 사역을 힘입어서 하나님의 교회로서 서 있는 것입니다.

"가슴에 금띠를 띠고"(1:13) 통치자로서의 권위와 영광과 공정성과 엄격성을 나타냅니다. 그는 또한 "머리와 털의 희기가 흰 양털과 같으신"(1:14) 순결하고 정결하신 영원한 존재이십니다. 그리고 그의 눈은 "불꽃 같아"(1:14b) 모르시는 것이나 보지 못하시는 것이 없이 만물을 감찰하시는 분이십니다. 그리고 그는 모든 대적들을 "풀무에 연단한 빛난 주석 같은 발로"(1:15) 여기에 그 대적들을 쳐부수어 제압하고 발등상 되게 하시기까지 심판의 권능을 행하사 복종하게 하시는 주님의 위엄이 나타나 있습니다. 그리고 그의 음성은 "많은 물소리와 같아"(1:15) 그의 창조하신 모든 세계 끝까지 그 소리가 '들리는' 세력있는 소리입니다. 곧 그의 호령의 효력이 모든 피조물에 미친다는 말입니다. 공생애 기간 중에 그의 호령으로 "바람과 바다도" 잔잔하여 졌습니다(마 8:26,27).

그는 지금 온 피조 세계 전체를 호령하며 '다스리십니다.' 그 오른손에는 당신의 권위로 당신의 교회에 파송한 사자(使者)가 붙잡혀 있습니다(1:20). 또한 그분은 그 입에서 나오는 날선 검(劍)을 가지고 계십니다. 그것은 그 입에서 나오는 말씀입니다. 교회의 머리 되시고 목자 되신 그분은 당신의 교회에 당신이 세우신 사자에게 말씀을 주시어 사역하게 하십니다.

"지혜자들의 말씀은 찌르는 채찍 같고 회중의 스승들의 말씀들은 잘 박힌 못 같으니 다 한 목자의 주신 바이니라."(전 12:11)

"나는 처음이요 마지막이니 곧 산 자라 내가 전에 죽었었노라 볼지어다 이제 세세토록 살아 있어 사망과 음부의 열쇠를 가졌노니"(계 1:17,18).

예수님께서는 전 우주와, 영적이고 물질적인 모든 세계, 생명과 사망의 모든 세력을 다 손에 쥐고 계십니다.

궁극적 승리를 위하여

교회는 예수님의 통치와 다스림 속에서 그 본래의 가치와 영광을 보존하고 계발하며 나갈 수 있는 존재입니다. 교회는 단순하게 인간들이 가지고 있는 여러 가지의 기능이나 힘을 모음으로 형성되거나 자라는 것이 아니라, 교회의 머리 되신 바로 그분으로부터 오는 은혜와, 그분의 통치와 위엄에 복종하고, 그분의 말씀을 듣는 것으로 말미암아 자라고 성숙해지는 것입니다(엡 4:15,16).

교회가 촛대로서 빛을 발하기 위하여는 바로 "촛대 사이에" 계신 우리 주님께 대한 바른 이해와 복종과 경외심 어린 충성이 전제되어야 합니다.

우리는 복음서에서 만나는 온유하고 겸손하시고 죽기까지 복종하신 주님의 인상(印象) 속에서는 우리를 대속(代贖)하기까지 위하여 낮아지신 주님의 영광을 보게 됩니다. 그 낮아지심으로 말미암아 우리가 높아지게 되었습니다. 여기 요한계시록에서는 위엄과 권세와 위용과 두려움의 인상을 가지신 예수님이십니다. 아버지의 높여 주심으로 말미암아 영화롭게 되신 주님의 인상입니다(빌 2:10,11).

우리는 예수님께 대한 그 두 인상을 우리의 믿음에 바르게 잘 조화시켜야 할 것입니다. 복음서의 주님의 인상 속에선 하나님의 사랑과 자비하심의 현현으로 스스로 낮아지신 주님의 모습을, 여기 요한계시록에서는 높아지신 하나님의 아들로서의 영광과 권세와 위엄과 두려움과 공의와 순결을 지니신 주님의 모습을 보게 되는 것입니다. 주님께 대한 그 두 인상으로 받쳐진 견실한 믿음의 집은 잘 다듬어진 두 기둥으로 받혀진 집같이 될 것입니다. 그 믿음이 주님의 교회를 섬김으로 아름답게 표현될 수 있습니다.

5
chapter

에베소 교회에 보낸 편지
2:1-7

1에베소 교회의 사자에게 편지하라 오른손에 일곱 별을 붙잡고 일곱금 촛대 사
이를 거니시는 이가 이르시되 2내가 네 행위와 수고와 네 인내를 알고 또 악한 자
들을 용납지 아니한 것과 자칭 사도라 하되 아닌 자들을 시험하여 그의 거짓된
것을 네가 드러낸 것과 3또 네가 참고 내 이름을 위하여 견디고 게으르지 아니한
것을 아노라 4그러나 너를 책망할 것이 있나니 너의 처음 사랑을 버렸느니라 5그
러므로 어디서 떨어졌는지를 생각하고 회개하여 처음 행위를 가지라 만일 그리
하지 아니하고 회개치 아니하면 내가 네게 가서 네 촛대를 그 자리에서 옮기리라
6오직 네게 이것이 있으니 네가 니골라 당의 행위를 미워하는도다 나도 이것을
미워하노라 7귀있는 자는 성령이 교회들에게 하시는 말씀을 들을지어다 이기는
그에게는 내가 하나님의 낙원에 있는 생명나무의 과실을 주어 먹게 하리라.

요한계시록 2장과 3장에서는 일곱 교회에 각각 보낸 주님의 편지가 기록되어 있습니다.

이 교회들이 당시 이 계시록이 기록될 당시의 교회들 전부가 아니었음

은 분명합니다. 또한 이 교회들이, 사람들이 보기에 당시 존재하였던 교회들의 대표적인 위치에 있던 교회들도 아니었습니다. 당시에 소아시아 지방 말고 마게도냐나 아가야나 스바냐 등에 주님의 여러 교회들이 존재하고 있었습니다. 또한 당시 로마에도 교회가 존재하고 있었던 것도 부인할 수 없습니다. 그러니 이 교회들이 사람이 보기에 어떠한 대표성을 가질 수 있을 만큼 독특한 특성들을 지니고 있었던 것도 아니었습니다.

다만 이 교회들이 가지는 의미는 주님의 주권에 의해서 이 주님의 계시를 만국 만대 교회들을 대신하여 수령하게 되었다는 데 있습니다.

그러므로 우리는 이 대목에서, 주님께서 당신의 모든 교회가 어떠하기를 바라시는지를 유추할 수 있게 됩니다. 다시 말하면 주님의 교회의 정형(正形)을 추적할 수 있다는 말입니다.

나름으로 여러 가지의 문제점과 부족들을 지니고 있는 교회들의 실상과 그 정형 사이의 차이에 우리는 시선을 맞추어야 할 것입니다.

주님께서 보시기에 완전한 지상 교회는 논리상 불가능합니다. 지상에 있는 교회 구성원(構成員)들이 완전하게 성화(聖化)되지 못하기 때문입니다. 그러나 그 정형과 실상 사이의 차이를 인식하고 그 간격을 좁히려는 개혁적(改革的)인 열정과 피나는 수고가 있어야 할 것입니다.

에베소 교회에 자신을 소개하시는 예수님의 방식

"에베소 교회의 사자에게 편지하라 오른손에 일곱 별을 붙잡고 일곱 금촛대 사이에 다니시는 이가 이르시되…"

에베소 교회에 대하여 예수님께서는 당신 자신을 요한이 1장에서 본 그 형용으로 나타내십니다.

예수님께서는 당신의 교회의 영적인 실상에 맞게 당신의 '얼굴'을 나타내십니다. 그것은 예수님의 변화무쌍하심을 말하는 것이 아닙니다. 그 교회의 영적인 실상이 예수님의 영광스런 인격과 그 속성 중 어느 면에 저촉되느냐를 보여 줍니다.

여기 에베소 교회에서는 **"일곱 금 촛대 사이에 다니시는 이"**로 자신을 소개하십니다. 곧 교회의 머리요 통치자요 주권자요 주인으로서의 영광을 드러내십니다. **"오른손에 일곱 별을 붙잡고 일곱 금 촛대 사이에 다니시는 이가 가라사대…"**(2:1) 예수님께서 교회의 사역자(使役者)의 파송과, 그의 목회 사역과, 그 교회의 모든 일들을 관할하시고 간섭하시고 함께하심을 보여 주신 것입니다.

에베소 교회의 지체들은 자기 교회에서 행해지는 모든 것들이 다 주님과 연관을 가지고 있다는 것을 알아야 했습니다. 교회의 모든 일들은 다 사람의 활동을 수반하기 마련입니다. 그러나 그 사람의 활동이 진정한 효력과 의미를 가지는 것은 그 속에 주께서 함께하시어 일하신다는 사실 때문입니다.

에베소 교회의 영적 실상

에베소 교회가 설립된 지 40년 정도가 지난 후에 이 주님의 편지를 받았습니다. 이 교회는 바울과 제 3차 전도 여행 때에 설립한 교회입니다(행 19,20장). 3년 간 바울의 에베소 사역은 바울의 전도 여행 중에서는 최장 기간이었습니다.

주님께서 칭찬하신 일

① 에베소 교회의 행실과 수고와 인내 : 교회의 모든 활동을 다 알고 계시고 또한 그 활동을 통해서 일하시는 주님께서 보실 때에 이 교회는 칭찬을 들을 만한 열매를 가지고 있었습니다. 교회가 마땅하게 감당하여야 하는 기능과 사업에 있어서 주님의 인정을 받을 만하였습니다.

"내가 네 행위와 수고와 네 인내를 알고…또 네가 참고 내 이름을 위하여 견디고 게으르지 아니한 것을 아노라."

에베소 교회는 주님의 촛대로서의 교회의 임무와 기능, 주님께 대한 신앙의 정절을 고수한 아름다운 영성을 지니고 있는 교회였습니다.

② 교리적 순전성 : "악한 자들을 용납지 아니한 것과 자칭 사도라 하되 아닌 자들을 시험하여 그 거짓됨을 네가 드러낸 것과…"(2:2) 교리적으로 건전하여 불순한 교훈이 들어와서 영혼들을 노략질하는 것을 훌륭하게 막아낸 교회였습니다. 바울의 고별 설교의 당부를 잘 준행한 교회였습니다(행 20:29-32). 그래서 그 교회에서는 사도적 복음에 입각한 건실하고 견고한 교리적 교훈이 선포되고 있어 다른 교훈들이 침투할 여지를 주지 않았습니다. 그 교회 지체들이 복음적인 바른 교훈 속에서 양육받고 세워질 수 있는 영성을 지니고 있기도 하였습니다. 그러니 이 교회는 본질에 충실하고 건전한 교회였던 것만은 확실합니다.

"오직 네게 이것이 있으니 네가 니골라 당의 행위를 미워하는도다 나도 이것을 미워하노라."

이 교회가 교리적인 순전성을 견지하려고 애를 쓰는 것은 주님께서도 원하시는 바입니다.

주님께서 책망하신 일

"그러나 너를 책망할 것이 있나니 너의 처음 사랑을 버렸느니라. 그러므로 어디서 떨어졌는지를 생각하고 회개하여 처음 행위를 가지라. 만일 그리하지 아니하고 회개하지 아니하면 내가 네게 가서 네 촛대를 그 자리에서 옮기리라."(2:4,5)

우리는 이 주님의 말씀을 들으면서 이러한 의문을 가져 봅니다. 정말 '처음 사랑을 회복하지 못한 교회'는 그 촛대를 옮길 만큼 치명적인 부족을 가지고 있는 교회일까? 교리적으로 건전하고 주님의 이름을 위하여 참고 인내하고, 주님을 위한 사업에 풍성한 교회가 '처음 사랑'이 결여되었다는 이유로 주님의 촛대 - 곧 주님의 빛을 발할 교회로서의 존재-로서의 자리를 박탈당할 수 있는가? 또는 '처음 사랑이 없이' 건전하고 견실한 주의 사업이나 주의 이름을 위하여 인내하고 참는 수고를 감수한다는 것이 가능한 일일까?

우리는 그에 대한 해답을 고린도전서 13장에서 발견합니다.

"또 산을 옮길 만한 모든 믿음이 있을지라도 사랑이 없으면 내가 아무것도 아니요 내가 내게 있는 모든 것으로 구제하고 또 내 몸을 불사르게 내어 줄지라도 사랑이 없으면 내게 아무 유익이 없느니라."(고전 13:2,3)

사랑이 없이도 헌신과 주를 위한 사업과 주의 이름을 위한 인내가 가능합니다. 그러나 그것이 사랑이 없으면 다른 모든 것들에도 불구하고 아무것도 아니게 됩니다. 사랑은 모든 것을 함축합니다. 하나님의 계명은 하나님께 대한 사랑과 하나님의 섭리 속에서 우리와 이웃하게 된 사람에 대한 사랑으로 요약됩니다(막 12:28-34의 선한 사마리아인의 경우처럼). 주님께 대한 진정하고 열심있는 사랑 없이는 주님을 위한 모든 다른 일들에 진심으로 우러나는 전인적인 헌신이나 믿음이 결여되기 마련입니다. 남편이 자기 아내에 대한 '처음 사랑' 이 없이도 남편으로서의 의무와 책임을 성실하게 감당할 수 있습니다. 아내를 사랑해서가 아니라, 그렇게 하는 것이 옳으며 자기 자신에게 진정한 유익이 되고, 자기의 인격적인 자존심을 만족케 해 주기 때문입니다. 그러나 아내 사랑이 빠진 남편의 의로워 보이는 행동은 아내에게 있어서는 의미가 없습니다.

사랑이 없는 헌신은 정말 마음이 빠진 '선물' 과 같습니다. 사랑이 없는 교제는 사실상 빈 교제라고 할 수 있습니다.

주님께서는 당신의 교회가 모든 면에서 정말 '주님을 사랑하기 때문에' 그리하는 것이 되기를 바랍니다. 주님께 대한 사랑이 없는 모든 교회의 사업과 기능은 주님과의 생명있는 교통을 상실한 것들입니다. 생명력을 상실한 교제는 진정한 교통이라고 할 수 없고, 주님의 촛대로서의 역할을 다 감당할 수 없습니다.

주님께서 원하시는 교회, 또는 성도는, ① 복음의 교리에 있어서도 견실하고, ② 주님의 이름을 위한 인내와 수고와 사업에도 풍성하고, ③ 아울러 그 모든 일의 동기가 주님께 대한 진정한 사랑의 발로로서 나타나는 그러한 교회와 성도여야 합니다.

이러한 진정한 교회상을 견지하기 위하여는 육체의 정욕과 세상의 영인 마귀와 싸워 이기는 일이 있어야 합니다. 물론 그 싸움은 주 예수 그리스도를 믿음으로 말미암아 이겨 놓은 싸움입니다. 그러나 지상에 있는 교회와 성도가 그리스도께서 이겨 놓은 싸움에 동참하여 이김을 체험하고 누리는 것은 주님께서 기뻐하시는 일입니다. 주님께서는 이기는 자를 위하여 이미 낙원의 영광을 확보하여 놓으셨기 때문입니다.

"이기는 그에게는 내가 하나님의 낙원에 있는 생명나무의 열매를 주어 먹게 하리라."

6
chapter

서머나 교회에 보낸 편지
2:8-11

8서머나 교회의 사자에게 편지하라 처음이요 나중이요 죽었다가 살아나신 이
가 이르시되 9내가 네 환난과 궁핍을 알거니와 실상은 네가 부요한 자니라 자
칭 유대인이라 하는 자들의 훼방도 아노니 실상은 유대인이 아니요 사탄의 회
라 10너는 장차 받을 고난을 두려워 말라 볼지어다 마귀가 장차 너희 가운데서
몇 사람을 옥에 던져 시험을 받게 하리니 너희가 십일 동안 환난을 받으리라
네가 죽도록 충성하라 그리하면 내가 생명의 면류관을 네게 주리라 11귀 있는
자는 성령이 교회들에게 하시는 말씀을 들을지어다 이기는 자는 둘째 사망의
해를 받지 아니하리라.

서머나 교회가 처한 영적 환경

에베소는 북방에 있는 항구이며 리디아 주의 수도였습니다. 로마의 보호와 호의(好意) 아래서 황제 예배의 중심지가 되기도 한 지역이었습니다. 이것이 서머나 교회에 대한 강력한 압제로 나타났을 것은 쉽게 간파됩니

다. 사도 요한의 제자이며 서머나 교회의 초대 감독이었던 폴리캅이 여기에서 순교하였습니다. 이 교회가 처한 서머나의 영적 환경은 지극히 극심한 환난과 핍박이었을 것임에 분명합니다. 또한 그러한 극심한 환난과 핍박은 분명히 그들의 생활에 심대한 타격을 주어 큰 궁핍에 처하게 만들었을 것입니다. 이 교회는 이러한 성도들의 난제를 안고 있었을 것입니다. 신앙의 정조를 지켜야 하는 당위성과, 심대한 궁핍의 현실 사이의 긴장 속에서 이 교회는 능히 주님의 촛대로서 불을 밝히고 있었던 것입니다.

서머나 교회에 자신을 소개하시는 그리스도의 방식

예수님께서는 당신의 교회들이 처한 영적인 상황에서 힘을 얻고 경계를 삼도록 하는데 적합한 자신의 속성을 드러내십니다. 서머나 교회를 향해 당신을 "처음이요 나중이요 죽었다가 살아나신 이… "라고 소개하십니다. 이는 교회의 머리 되신 이가 "처음이요 나중이신 이", 곧 성부(聖父)와 동등한 신적인 권위를 가지신 분임을 함축하는 언사입니다. 아울러 그는 "죽었다가 다시 살아나신 이"(2:8)십니다. 죽음은 지상에 있는 자들의 시각으로는 모든 것의 끝입니다. 죽음은 그 당사자와 관련된 모든 일의 마감을 선언합니다. 그러므로 절망의 끝은 죽음입니다. 죽임을 당하게 되는 것은 죽인 자의 '확연한 승리'를 보장하는 인표 같은 것입니다. 죽은 자는 말이 없고, 죽은 자는 더 이상 힘을 다시 추스려 재도전의 시도를 할 수 없습니다. 죽음은 '싸움의 판이 끝났음'을 광포하는 것과 같습니다.

이것이 육신적인 시각으로 볼 때에 십자가 상에서 예수님께 일어났었습니다. 그것은 마치 예수님을 잡아서 십자가에 달게 사람들을 부추긴 세상

임금인 사탄의 확정된 승리 같았습니다. 그리고 사탄이 가히 자기의 승리의 기(旗)를 거기 갈보리 언덕에 영구히 펄럭이게 할 것만 같았습니다. 그는 또한 헛소문을 퍼뜨려 확보된 것 같은 승리의 현실에 아무도 흠집 내지 못하게 하려고 무덤에 인봉을 하게 하였고, 무덤 문을 굳게 지키게 하였습니다(마 27:62-65).

그러나 주님은 다시 살아나셨습니다. 십자가의 죽음은 싸움의 끝이 아니라 싸움의 과정에서 아주 결정적인 승리를 위한 발판이었음을 부활의 사실은 드러내었습니다. 사탄이 이겼다고 장담하는 것은 큰 착오였습니다. 예수님께서는 다시 사심을 통해서 증거하셨습니다. 거기 십자가 상의 죽으심으로써 사탄이 더 이상 다시 일어설 수 없게 "그 머리를 상하게 하는"(창 3:15) 치명적 타격을 가하셨음을.

서머나 교회의 영적 현실

"내가 네 환난과 궁핍을 알거니와…자칭 유대인이라 하는 자들의 비방도 아노니 실상은 유대인이 아니요 사탄의 회라."(2:9) 서머나 교회는 굉장한 핍박과 환난과 그에 따른 극한 가난의 고통 속에 처하여 있었습니다. 이 모든 것이 주님께 대한 충성스런 믿음으로 말미암아 왔습니다. 주님께서는 그것을 알고 계셨습니다. 주님의 그 아심은 단순한 전지전능적인 속성만으로서의 아심이 아니었습니다. 그 아심은 구속적인 사랑과 부성애적인 성부의 사랑 가운데서의 아심입니다.

주님께 대한 '내면적인 전인적 신뢰로부터' 나오는 믿음은, 그로 인한 환난과 핍박을 불러왔고, 그것이 '외면적 고통' 속에 그들을 빠뜨렸던 것입니다. 외면적 고통 자체를 원하는 이가 누가 있겠습니까? 그러나 내면의 원리에서 우러나는 주님께 대한 믿음이 그러한 '외면적 고통'을 필연케 하였던 것입니다(딤후 3:12).

이것은 결코 적은 일이 아닙니다. 간단하게 처리될 문제도 아닙니다. 지상에서 육신을 입고 있는 사람은 여전히 아주 큰 난제임에 분명합니다. 그러한 외적인 고통 속에서 주님께 대한 믿음을 순전하게 견지하는 것이 그리 단순한 문제가 아닙니다. 사탄은 자기에게 절호의 기회가 주어진 것을 알고 온갖 술수를 써서 주님의 사람들과 교회를 짓이겨 죽어라 하고 '눌러댑니다.' 그리하여 그들 서머나 교회의 성도들은 외적인 심대한 궁핍에 더욱더 깊이 들어가게 되었습니다. 그리고 그러한 상황은 주님께 대한 믿음의 정조를 더 이상 지킬 수 없는 '정당한 구실'로 이용될 수도 있었습니다. 그러나 이 교회는 그러한 간계를 쓰지 않았습니다. 견고히 주님께 대한 믿음과 사랑과 소망을 견지하였습니다.

주님께서 그것을 '아십니다.'

주님의 위로 방식

"내가 네 환난과 궁핍을 알거니와 실상은 네가 부요한 자니라."(2:9)

지상에 있는 하나님의 사람들과 교회들이 들을 수 있는 가장 영예로운 찬하(讚賀)의 말씀입니다. 이 말씀은 듣는 이로 하여금 모든 환난과 핍박의 검은 먹구름 너머에 여전히 찬연하게 빛난 얼굴로 자신을 보시는 주님을 보게 하는 영적인 시력을 불어넣는 능력의 선포입니다. 그 교회는 '사람'의 시각으로는 아주 '궁핍한 교회'였습니다. 그러나 하나님께서 보실 때에는 아주 '부요한' 교회였습니다. 하나님께 대하여 부요하다는 것은 그 교회가 '하나님의 은혜로 말미암아 교회의 생명력이 풍성하다'는 말입니다(눅 12:15,21).

주님께서는 그 환난과 핍박을 당장에 거두어 주시겠다고 말씀하지 않으십니다. "장차 그들에게 임할 환난"이 아직 남아 있습니다.

"너는 장차 받을 고난을 두려워 말라 볼지어다 마귀가 장차 너희 가운데서 몇 사람을 옥에 던져 시험을 받게 하리니."(2:10)

그들에게 환난과 핍박을 통해 눌러대는 자는 마귀입니다. 아직도 마귀는 자기에게 주어진 기간 동안 그들을 죽어라 '눌러 댈 것입니다.'

그러나 그들은 두려워하지 말아야 합니다. 그들은 우리 주님께서 당하신 고난에 동참하고 있는 영광을 안고 있기 때문입니다. 그들은 그 환난과 핍박을 통해서 '신적인 주님의 은혜와 능력과 권위를 맛보게 될 것이고, 죽은 자 가운데서 다시 사신 자의 능력과 승리의 기쁨을 맛보게 될' 것이기 때문입니다. 그들이 "죽도록 충성하면 생명의 면류관을 받게 될"(2:10) 것입니다. 마귀가 그들을 지독하게 눌러대지만, 그것은 그들을 죽이는 것이 아니라 그들로 '생명의 면류관'을 얻을 기회를 제공할 뿐입니다.

그들이 아직 마귀에게 환난과 핍박을 겪어야 할 시기는 앞으로도 10일 간입니다. 그 "10일 간"은 우리 인간이 참아낼 수 있기에 불가능할 만큼 긴 기간은 아닙니다. 그러나 그 기간은 정말 '죽음의 위협을 무섭게 느낄 만큼'은 긴 기간입니다. 그러면서도 주님의 영 되신 보혜사 성령의 안위와 능력 주심 속에서 능히 견디어 낼 수 있는 기간입니다.

궁 극 적 승 리 를 위 하 여

이 대목 속에서 귀있는 자들이 들어야 하는 성령의 소리는 무엇인가요? 교회는 자기가 처한 영적인 환경에서 주님께 대한 신앙의 정절을 지키며, 모든 환난을 극복하라는 것입니다. 교회의 머리 되신 주님께서는 당신의 교회가 당하는 여러 가지의 고통과 환난과 핍박의 진상을 다 알고 계시며 그에 필요한 능력과 위로를 주시기 때문입니다.

교회가 주님께 대한 신실한 믿음과 소망과 사랑을 견지하고 있으면 비록 외면적으로 여러 가지가 부족함에도 불구하고 주님께서 보시기에 부요(富饒)한 교회입니다.

지상에 있는 교회는 어떠한 영적인 상황 속에서도 영적인 싸움에 처하여 있습니다. 그러한 가운데서도 지상 생애 동안 우리 주님께서 아버지 하나님의 뜻을 성취하시기 위하여 마귀와 싸우사 최후의 승리를 거두신 것을 생각하여야 할 것입니다. 그래서 주님께 "죽도록 충성하게" 되면 생명의 면류관, 생명의 참된 영광을 체험하게 될 것입니다.

오늘날 현대 교회들이 처한 영적인 현실은 어떠합니까? 오늘날 그런 환난과 핍박이 도래하는 중에서도 신앙을 지키고 끝까지 충성할 이들이 얼마나 되겠습니까? 우리는 '오늘'이라는 현실 속에서 우리에게 주어진 사명을 감당하며, 우리 주님께 대한 부요한 믿음으로 정절을 지켜 그런 능력 있음을 보여야 합니다. 그렇게 하면 어떤 경우에도 교회는 영적으로 부요하고 생명력이 넘치게 될 것입니다. 아멘.

7
chapter

버가모 교회에 보낸 편지
2:12-17

12버가모 교회의 사자에게 편지하라 좌우에 날선 검을 가진 이가 가라사대 13네
가 어디 사는 것을 내가 아노니 거기는 사탄의 권좌가 있는 데라 네가 내 이름
을 굳게 잡아서 내 충성된 증인 안디바가 너희 가운데 곧 사탄이 사는 곳에서
죽임을 당할 때에도 나를 믿는 믿음을 저버리지 아니하였도다 14그러나 네게
두어 가지 책망할 것이 있나니 거기 네게 발람의 교훈을 지키는 자들이 있도다
발람이 발락을 가르쳐 이스라엘 자손 앞에 걸림돌을 놓아 우상의 제물을 먹게
하였고 또 행음하게 하였느니라 15이와 같이 네게도 니골라 당의 교훈을 지키
는 자들이 있도다 16그러므로 회개하라 그리하지 아니하면 내가 네게 속히 가
서 내 입의 검으로 그들과 싸우리라 17귀 있는 자는 성령이 교회들에게 하시는
말씀을 들을지어다 이기는 그에게는 내가 감추었던 만나를 주고 또 흰 돌을 줄
터인데 그 돌 위에 새 이름을 기록한 것이 있나니 받는 자밖에는 그 이름을 알
사람이 없느니라.

버가모 교회가 처한 영적 환경

버가모는 해안에서 깊숙이 들어간 가이거스 골짜기의 두 시내가 합류하는 높은 언덕에 자리잡고 있었습니다. 로마는 이 도시를 아시아의 수도로 정했습니다. 많은 미신과 이교도의 제단과 제우스의 대제단이 있었습니다. 가히 이곳은 예수님께서 말씀하신 대로 "사탄의 위(位)"였습니다. 사탄이 권세를 잡고 판을 치며 왕 노릇 하는 곳이었다는 말입니다. 가이사를 섬기기 위한 신당이 세워졌고, 성도들은 그 신당에 세워진 가이사의 흉상 앞에 절하도록 강요당했습니다. 그러한 사탄의 간악한 활동이 제어당함 없이 세력을 떨치고 있었습니다.

그러한 사탄의 권세가 장악하고 있는 곳에도 하나님의 구원의 복음이 증거되고 거기 있는 주님의 백성들이 구원받고 교회를 이루게 되었습니다. 곧, 주님의 피로 값 주고 사신 교회가 탄생한 것입니다. 그것은 거기 모든 영역을 장악하고 권세를 부리고 있는 사탄에게 있어서는 엄청나게 나쁜 사건이었습니다. 사탄이 그 교회의 존재를 너그러이 보아 주었을 리가 없습니다. 갖은 방식을 동원하여 버가모의 하나님 교회를 무너뜨리려 하였을 것입니다.

지상에 있는 주님의 교회들 중에 영적인 전투를 면제받은 교회가 어디 있겠습니까! 그러나 이 버가모 교회는 마치 적진(敵陣)의 사령부에 들어가 진지를 구축하고 작전을 벌이는 것과 비교될 만한 처지였습니다. 그러한 처지에서도 버가모 교회는 주님의 교회이기 때문에 주님의 빛을 꺼뜨리지 않아야 했습니다.

버가모 교회에 당신 자신을 소개하시는 그리스도의 방식

앞의 두 교회의 경우에서 본 바와 같이, 주님께서는 당신의 편지를 받아 보는 교회의 영성이나 그 처한 특성에 부합하게 자신을 계시하십니다. 여기 버가모 교회에서는 자신을 "좌우에 날선 검(劍)을 가진 이"로 계시하십니다. 그 검은 1:16에서 지적된 대로 그의 "입에서" 나옵니다.

"입에서" 나온다는 것은 주님의 입에서 나오는 말씀을 상징함이 분명합니다. 또한 "좌우에 날선 검"(2:12)이란 것은 그 말씀의 권위와 효력을 묘사하는 상징입니다. 주님의 말씀은 "살았고 운동력이 있어 좌우에 날선 어떤 검보다 예리하여 혼과 영과 및 관절과 골수를 찔러 쪼개기까지 하며 또 마음의 생각과 뜻을 감찰하나니 지으신 것이 하나라도 그 앞에 나타나지 않음이" 없습니다(히 4:12,13). 또한 주님의 말씀은 "견고한 진을 파하는 강력이고,…모든 이론을 파하며 하나님 아는 것을 대적하여 높아진 것을 다 파하고 모든 생각을 사로잡아 그리스도께 복종케 하는"(고후 10:4-6) 능력입니다.

예수님께서 당신 자신을 그렇게 소개하신 것은 버가모 교회가 처한 영적인 환경과 영적인 현실 문제 때문이었습니다. 버가모 교회는 영적 싸움의 무기로 이 주님의 "입에서 나오는 좌우에 날선 검"을 사용해야 했습니다. 또한 버가모 교회 내에 영적인 수술이 필요한 부분이 있었습니다. 그것을 진단하고 수술하는 것은 바로 예수님의 입에서 나온 "좌우에 날선 검"으로만 가능하였기 때문입니다.

버가모 교회의 영성(靈性)과 영적 현실

버가모 교회는 주님의 "이름을 굳게 잡은 자들"(2:13)이었습니다. 치열한 영적 전투에서 충성된 증인 안디바가 자기들 앞에서 순교의 죽음을 당하여도, 영적인 전투에서 비겁하게 물러서거나 싸움터에서 도망치지 않았습니다. 끝까지 주님을 "믿는 믿음을 저버리지 아니하였다."(2:13)고 했습니다. 주님을 위한 그들의 영성은 그 기세가 꺾이지 않고 충일한 바로 그런 상태였습니다.

특히 충성된 증인 안디바의 중요한 사역은 주의 말씀을 증거하는 것입니다. 그가 증거한 주님과 그 말씀 진리는 바로 목자되신 주님의 입에서 나온 것이었습니다.

"지혜자의 말씀은 찌르는 채쩍 같고 회중의 스승의 말씀은 잘 박힌 못 같으니 다 한 목자의 주신 바니라."(전 12:11)

그 교회는 복음 진리에 충실한 증거가 있는 교회였고, 그렇게 증거된 주님의 이름을 배반하지 않는 탄탄한 영성을 지닌 견실한 교회였습니다. 사탄은 그 교회의 능력이 바로 그 충성된 증거의 말씀에 있음을 알고 그 증인을 표적 삼고 죽여 제거하려는 간계를 세웠습니다. 그 간계가 성공하면 그 여파가 다른 지체들에게 미쳐 영적 싸움에서 겁을 내고 손을 드는 자들이 있을 것이라고 계산하였을 것입니다. 사탄의 간계는 행동으로 옮겨졌고, 그 간계가 실현되어 '대성공' 을 거두는 것 같았습니다. 그러나 사탄의 그러한 계산은 뜻하는 대로 맞아 떨어지지 않았습니다. 그들 버가모 교회의 지체들이 안디바의 순교의 죽음을 보면서도 두려워하지 않고 주님의 "이름을 굳게 잡고" 주님을 믿는 "믿음을 저버리지 않았기" 때문입니다.

사탄의 그 공격에 대해 교회는 아주 잘 이겨 냈던 것입니다.

사탄이 어떤 공격으로 자기의 꾀를 이루지 못하면 반드시 다른 꾀를 생각해냅니다. 버가모 교회는 사탄의 깊은 것을 미쳐 다 알지 못하였습니다. 사탄의 앞면 공격에 대하여는 능란하게 대처하였습니다. 그러나 후면에서 다르게 하는 공격에 대하여는 방비가 부족하였습니다. 왜냐하면 "발람의 교훈을 지키는 자들", 곧 "니골라 당의 교훈을 따르는 자들"이 거기 그 교회에 있었기 때문입니다(2:14,15).

우리가 구약 민수기 21장에서 보듯이 발람은 한 번도 자기 입으로 '하나님을 대적하거나 저주하는 발언'을 한 적이 없었습니다. 항상 하나님께서 "내게 무어라고 이르시는지 그대로 할 것뿐"이라는 식으로 자기의 충성심을 과시하듯하였습니다. 그러나 그의 행동은 "발락을 가르쳐 이스라엘 앞에 올무를 놓아 우상의 제물을 먹게 하는 것이었고 또 행음하게 하는" 것이었습니다.

거기 니골라 당의 간교한 타협주의는 바로 발람의 그것이었습니다. 우상의 전각에서 치러지는 행사에 참여하지 않거나 수호신들을 섬기는 잔치에 참여하지 않으면 그로 인해 발생하는 사회적인 손해가 여간이 아니었습니다. 사회 구성원 거의 대부분이 다 우상숭배자들이고 이교도의 미신을 숭상하는 이들인데 그들이 크게 여기는 것을 싫어하면 사회에서 성도들이 불이익을 당할 것은 너무나 뻔한 일이었습니다. 그러니 그러한 상황에서 성도는 갈등하지 않을 수 없게 되었습니다. 그 난제를 해결하는 길을 제시하는 자들이 그 교회에 나타났습니다. '몸으로는' 거기 그들 우상숭배자들의 제전에 참여하여 함께 제물을 들고 '마음으로는' 하나님을 찾고 우상을 멸시하면 되지 않느냐는 '묘안'를 제기하여 가르치는 자들이 거기 그 교회 내에서 발생한 것입니다.

버가모 교회는 바로 이 교묘한 타협주의를 배격하지 못하고 사탄의 깊은 꾀에 말려들고 있었습니다. 적은 누룩이 온 덩이에 퍼지는 것은 시간 문제입니다(고전 5:6). 버가모 교회는 바로 바른 말씀으로 그러한 자들의 악랄하고 음흉한 교훈의 거짓됨을 밝혀 내고 수술해야 했습니다. 만일 그 일에 참여한 자들이 회개하지 않고 계속 그 교회에 머물러 있어 영향력을 행사하면 그 교회는 마치 사탄의 전령을 교회의 지체로 받아들인 결과를 맞게 됩니다. 결국 주님의 촛대로서의 지위에 중대한 파국을 맞게 될 판이었습니다.

그 교회는 그 일에 대하여 회개하고 그 교훈을 말하고 그 교훈에 참여하는 자들에 대해 주님께서 주신 교회 권세를 따라 치리해야 했습니다. 만일 그리하지 않으면 주님께서 그들에게 임하실 것입니다. 이것은 그들에게 심판의 벌을 내리기 위한 것입니다. 만일 회개하지 않고 그 악을 고집하게 되면 주님의 **"입에서 나오는 좌우에 날선 검"**은 치료하는 수술 칼이 아니라 **"멸하고 죽이는 칼"**이 될 것입니다(살전 2:8).

궁극적 승리를 위하여

주님의 교회가 영적인 싸움에서 승리하려면 있어서 사탄의 깊은 것을 알아야 합니다. 사탄은 강공(强攻)으로 나와 성도들을 겁주기도 하지만, 은밀한 타협의 제안과 교훈으로 성도들을 넘어지게 하고 교회의 순결성을 저해하여 자기의 목적을 이루려 함을 명심해야 합니다.

교회의 영적인 싸움의 무기는 성령의 검인 주님의 말씀, 곧 성경입니다. 성경을 바르게 강론하면 그것이 사탄의 모든 공략을 알게 해 주고, 그 어떤 강공이나 타협의 제안에도 휘둘리지 않을 것입니다. 주님의 입에서 나오는 "좌우에 날선 검", 곧 하나님의 말씀으로서의 성경에 대한 바른 강론은 사탄의 진을 파하기도 하고 사탄의 깊은 간계를 헤집어 내고 멸하는 능력이 될 것입니다(고후 10:4-6).

이러한 일에 충실하여 이기는 교회와 성도는 주님께서 주시는 **"감추었던 만나와 새 이름을 기록한 흰 돌"**을 받게 될 것입니다. 그것은 그러한 사탄의 공략과 회유를 이기는 성도가 말씀을 통해 그 영혼을 위한 '만나'로 영적 양육을 받고, 받는 자밖에 모르는 이름, 곧 받는 자만이 아는 새 이름이 쓰인 '흰 돌'을 받게 될 것입니다. "흰 돌"은 거룩과 영구함과 영광을 상징합니다(계 3:4 ; 6:2). 그 돌 위에 새 이름, 받은 자만 아는 이름, 곧 그 받은 자 자신의 새 이름이 쓰여져 있습니다. 거기서 성도의 이름이 "새 이름"으로 표시된 것은 주님과의 가진 관계, 곧 이전에 주님 모를 때에 가졌던 불행한 관계에 비하여 새로운 복된 관계를 나타내고자 함입니다.

주님의 이름을 견고히 붙잡고 하나님의 말씀을 견고하게 의지하고 영적 전투를 하여 주님께서 확보하신 승리를 맛보는 자는 그러한 영적인 양식과, 자기가 주님과 영구하고 완전한 관계를 맺은 새로운 이름, 새로운 피조물임(고후 5:17)을 확신하게 될 것입니다. 성도가 지상에서 자신이 주님과 가진 영구한 새로운 관계를 확신하는 것은 지상에서 받을 수 있는 가장 큰 복락 중 하나입니다. 그러니 우리는 주님의 입에서 나온 "좌우에 날선 검"인 성경에 충실한 믿음에 견고히 섭시다.

8
chapter

두아디라 교회에 보낸 편지
2:18-29

18두아디라 교회의 사자에게 편지하라 그 눈이 불꽃 같고 그 발이 빛난 주석과
같은 하나님의 아들이 이르시되 19내가 네 사업과 사랑과 믿음과 섬김과 인내
를 아노니 네 나중 행위가 처음 것보다 많도다 20그러나 네게 책망할 일이 있노
라 자칭 선지자라 하는 여자 이세벨을 네가 용납함이니 그가 내 종들을 가르쳐
꾀어 행음하게 하고 우상의 제물을 먹게 하는도다 21또 내가 그에게 회개할 기
회를 주었으되 자기의 음행을 회개하고자 아니하는도다 22볼지어다 내가 그를
침상에 던질 터이요 또 그와 더불어 간음하는 자들도 만일 그의 행위를 회개하
지 아니하면 큰 환난 가운데 던지고 23또 내가 사망으로 그의 자녀를 죽이리니
모든 교회가 나는 사람의 뜻과 마음을 살피는 자인 줄 알지라 내가 너의 각 사
람의 행위대로 갚아 주리라 24두아디라에 남아 있어 이 교훈을 받지 아니하고
소위 사탄의 깊은 것을 알지 못하는 너희에게 말하노니 다른 짐으로 너희에게
지울 것이 없노라 25다만 너희에게 있는 것을 내가 올 때까지 굳게 잡으라 26이
기는 자와 끝까지 내 일을 지키는 그에게 만국을 다스리는 권세를 주리니 27그
가 철장을 가지고 저희를 다스려 질그릇 깨뜨리는 것과 같이 하리라 나도 내

아버지께 받은 것이 그러하니라 28내가 또 그에게 새벽별을 주리라 29귀 있는 자는 성령이 교회들에게 하시는 말씀을 들을지어다.

두아디라 교회가 처한 영적 환경

이 도시는 번창한 상업 도시였습니다. 이 도시가 위치한 지역은 소아시아의 수도 버가모로 통하는 요충지로서 여기를 방비하지 못하면 버가모가 대번에 적의 수중에 들어가게 되어 있을 정도로 중요하나 천연적인 보호막이 없는 지역이었습니다. 그것이 로마로 하여금 이 지역에 강력한 주둔군을 파견하게 하였고, 그로 인하여 사람들의 왕래가 빈번한 교통의 요지가 되었습니다. 그래서 상업 도시로 발전하였습니다. 그 발전의 정도가 대단하여 거기에 동업자 조합(同業者組合)이 없는 직종이 없을 정도였다고 합니다.

그것이 성도의 신앙 생활에 여러 가지의 함정의 고리를 제공하는 것이 되었습니다. 거기에 사는 자 치고 동업자 조합에 들지 않으면 생업을 영위할 수가 없었습니다. 또한 동업자 조합 회원은 조합이 거행하는 우상에 게 드리는 제사의식에 참여하도록 되어 있었고, 거기 제사드린 음식을 함께 먹어야 했습니다. 그리고 그 제물을 들고 난 후 문란한 음행이 진행되었습니다. 이러한 문화 속에서 성도가 신앙을 지키는 것은 아주 어려운 일이었습니다. 사회 관계 속에서 생업을 영위하고 거기서 오는 불이익을 방지하기 위하여는 그러한 풍습과 관례에 대해 전혀 모른척 할 수 없었습니다. 반면에 주님을 믿는 믿음을 지키기 위해서는 그러한 것에 싸잡혀서는 안 되었습니다. 이것이 두아디라 교회가 처한 영적인 딜렘마였습니다.

두아디라 교회에 자신을 소개하시는 그리스도의 방식

주님께서 이 교회에는 당신 자신을 "그 눈이 불꽃 같고 그 발이 빛난 주석과 같은 하나님의 아들"로 계시하십니다.

여기에 우리가 다른 교회에 자신을 계시하시는 주님의 방식과 차이가 나는 아주 주요한 요점이 있습니다. 예수님께서는 "하나님의 아들"(2:18)로 자신을 부르고 계시는 것입니다. 주님께서 당신을 심판주로서의 신적인 권위를 나타내고자 하신 것입니다(요 5:22,23).

주님은 실로 **"그 눈이 불꽃 같은"**(2:18) 분이십니다. 모든 것을 아시고 살피시는 분이십니다. 그 앞에 숨기운 것이 있을 수 없습니다. 그는 사람의 속과 겉을 다 보시는 분입니다. 그 실상을 완전히 아시는 분이십니다. 그래서 그는 편벽됨 없이 오래 심리하지 않고도 완전하게 판단하시는 재판장이십니다.

"하나님은 사람을 심판하시기에 오래 생각하실 것이 없으시니."(욥 34:23)

"여호와여 주께서 나를 감찰하시고 아셨나이다 주께서 나의 앉고 일어섬을 아시며 멀리서도 나의 생각을 통촉하시오며 나의 길과 눕는 것을 감찰하며 나의 모든 행위를 익히 아시오니 여호와여 내 혀의 말을 알지 못하시는 것이 하나도 없으시니이다."(시 139:1-4)

"그 발이 빛난 주석 같은"(2:18) 주님께서는 당신의 진리를 왜곡시키고 도전하는 악한 원수의 세력을 의로운 판단에 따라 발로 "밟으실 능력과 권위"를 가지신 분이십니다(고전 15:25). 이는 원수들을 위협하는 모습이요, 악을 회개하지 않고 계속 고집을 부리고 있는 자들을 각성시킬 수 있는 거룩하고 엄위에 차신 모습입니다.

두아디라 교회의 성도들은 바로 이 주님의 신적인 심판주로서의 권위와 능력, 그 정당성을 염두에 두어야 했습니다.

두아디라 교회의 영성과 문제점

이 교회는 주님께서 보실 때에 "나중 행위가 처음 것보다 많은" 교회, 곧 영적인 진보가 있는 교회, 성장하는 교회였습니다. 성장이나 진보는 생명과 생명력의 가장 확실한 표증입니다. 그러니 이 교회는 "사업과 사랑과 믿음과 섬김과 인내"에 있어서 진보와 성장을 하는 생명력 있는 교회로서, 주님의 빛을 발하는 촛대였습니다(2:19). 이는 하나님의 교회로서 복된 모습이 아닐 수 없습니다. 정체되고 자라지 않는 교회는 그 교회의 본질과 생명력에 있어서 문제가 있는 교회임에 분명합니다.

그러나 이 교회는 영적으로 치명적인 문제점을 가지고 있었습니다. 치명적이라 함은 그 교회의 생명력을 저해하여 주님의 촛대로서의 교회의 본질과 생명력을 완전하게 먹어 버릴 수 있는 문제점이었습니다. 그것은 "자칭 선지자라 하는 여자 이세벨을 용납하고 있는 것"이었습니다.

'이세벨'(2:20)이란 이름은 구약의 이스라엘 왕 아합의 왕비로서 바알 신을 이스라엘에 도입하여 백성들의 마음을 하나님께로부터 떼어 내고 거짓된 신을 섬기게 한 악녀였습니다(왕상 16:31 ; 왕하 9:7). 여기서 두아디라가 용납하고 있던 이단적이고 마귀적인 교훈을 은근히 유포하던 자는 주의 종들을 꾀어 악에 빠지게 하고 있었던 것입니다. 그래서 그를 가리켜 '이세벨' 이라고 하였습니다. 구약의 이세벨이 하던 일과 같은 악한 성질의 일을 하고 있었기 때문입니다.

여기 두아디라에 있던 '이세벨'은 우상이 실상은 아무것도 아니라는 것을 내세워(고전 8:4), 우상의 제물을 먹거나 우상 숭배자들이 흔히 행하는 음행에 참여하는 것이 그리 큰 문제가 아닌 양 주의 종들을 회유하였던 것입니다. 그리하여 사회적인 불이익을 당할 어려움에 처한 성도들의 난제를 풀어 주는 듯하였습니다. 우상은 아무것도 아니니, 우상의 제단에 참여하거나 우상의 제물을 먹는다고 해서 실은 전혀 문제가 될 수 없다는 식으로 회유하였던 것입니다. 그래서 두아디라 교회의 성도들이 그리스도께 대한 신앙고백을 하면서도 우상의 제물을 먹고 행음하고도 원통하게 생각하거나 모순되게 생각하지 않았습니다. 그리하여 어떤 이는 담대하게 그 일에 참여하였을 것입니다.

그것은 마치 바알을 섬기게 하던 이세벨 당시의 상황과 아주 흡사하였습니다. 바알 숭배를 주장하는 이세벨 측에서 내건 논리도 바로 그와 유사하였을 것입니다. 당시 바알을 섬기는 자들이 안식일에도 여전히 하나님을 섬기는 일에 참여하였고, 또 안식일에 하나님을 예배하는 일에 참여하고도 주간에 바알을 섬기는 일에 참여하기도 하였던 것입니다. 그래서 엘리야가 "너희가 어느 때까지 두 사이에서 머뭇머뭇하려느냐 여호와가 만일 하나님이면 그를 좇고 바알이 만일 하나님이면 그를 좇을지니라."(왕상 18:21)고 다그쳤던 것입니다.

회개를 촉구하시는 그리스도의 거룩한 위협

주님은 그들에게 "회개할 기회를 주셨었습니다." 그러나 그들은 그 악한 음행을 회개하지 않으려 했습니다. 그에 대하여 주님께서는 더욱 강하게 회개를 촉구하십니다.

"볼지어다 내가 그를 침상에 던질 터이요 또 그로 더불어 간음하는 자들도 만일 그 행위를 회개하지 아니하면 큰 환난 가운데 던지고 또 내가 사망으로 그의 자녀를 죽이리니 모든 교회가 나는 사람의 뜻과 마음을 살피는 자인 줄 알리라 내가 너희 각 사람의 행위대로 갚아 주리라."(2:22, 23)

주님께서는 그 교훈과 행위가 얼마나 악한 것인지를 말씀하시는 것입니다. 구약의 이세벨로 인하여 백성이 지은 죄와, 그로 인하여 당한 하나님의 무서운 징벌이 얼마나 무서웠던가를 연상하게 하는 말씀입니다. 회개할 기회를 주었으되 회개하지 않는 그들에게 환난이 주어질 것입니다. 또 그래도 회개치 아니하면 큰 환난 중에 그들을 몰아넣으실 것입니다. 그리고도 여전히 회개치 아니하면, 자녀를 죽음에 던지시게 될 것입니다. 그리하여 주님께서 "불꽃 같으신 눈으로 사람의 뜻과 마음을 감찰하시고 살피시는 하나님이심"을 알게 하실 것입니다.

궁 극 적 　승 리 를 　위 하 여

주님께 대한 신앙으로 인하여 올 수 있는 불이익을 줄이려는 노력 끝에 하나님께 대한 믿음의 정절을 손상시키고, 세상적인 정신과 타협하여 두 사이를 오가는 것은 정말 하나님께서 가장 싫어하시는 영적 음행입니다.

오늘 현대의 그리스도인은 하나님께 대한 믿음의 정절을 세상과의 타협으로 손상시키는 일을 별로 크게 생각하지 않습니다. 세상 속에서 결코 손해를 당하지 않는 것과, 주님께 대한 믿음의 정절을 지키는 것 둘 모두를 충족시킬 수 있는 묘안을 찾아내려고 애를 쓰고 있습니다. 이 두아디라 교회에 보낸 편지는 그것이 가능하지 못하다는 것을 말하고 있습니다. 그 둘을 다 충족시키는 일은 없습니다. 주님께 대한 믿음의 정절을 지키기 위해서는 세상적인 손해를 감수할 각오가 되어 있어야 합니다. 현대 교회는 마땅히 그러한 각오를 하도록 성도들을 지도할 책임이 있는 것입니다. 설교자는 그 일에 대하여 강력한 대응을 해야 할 것입니다.

당시 두아디라 교회의 성도들이 처한 가장 곤란한 현실은 동업조합원들에게 소외를 당하지 않고도 하나님께 대한 믿음을 순전하게 지킬 수 있는 방안을 찾는 일이었습니다. 그러한 긴장과 갈등 속에 있는 성도들을 편안하게 해 줄 '거짓된 논리' 가 이세벨에 의해서 제기되었던 것입니다. 그래서 그 논리에 따라서 많은 이들이 '편안한 마음' 으로 동업 조합의 우상숭배의 제전에도 참여하고 하나님의 교회에도 참여하는 이중성을 정당화시키고 있었습니다.

그러나 이러한 것을 깜박 속아 넘어가실 주님이 아니십니다. 그는 각 사람의 마음의 깊은 목적과 동기와 그 의중을 다 살피시는 분이십니다.

주님께서는 거기 그 교회에 아직도 이 교훈에 물들지 않고 있는 자들에게 그 순전을 계속 지킬 것을 권고하십니다.

"다만 너희에게 있는 것을 내가 올 때까지 굳게 잡으라."(2:25)

그들은 사탄의 깊은 것을 알지 못하는 이들입니다. 곧 사탄의 깊은 것에 참여하지 않은 자들입니다. 그들에게는 아무 "다른 짐"을 요구하지 않으십니다. 그들은 마땅하게 믿음의 정절을 지키기 위해 자신을 온전하게 주님께 드리고 있는 자들이기 때문입니다.

그렇게 자신의 믿음을 지키고 사탄의 제안과 육체의 생각을 이겨 "끝까지 주님의 일을 지키는 자들"에게는 "만국을 다스리는 권세를" 받게 된다고 주님께서 약속하십니다(2:26). 또한 그 만국을 다스리는 권세는 최후 심판에 주님과 동참하게 되는 일을 수반합니다(고전 6:2).

"그가 철장을 가지고 저희를 다스려 질그릇 깨뜨리는 것과 같이 하리라 나도 내 아버지께 받은 것이 그러하니라."(2:27)

그리고 주님께서는 그들에게 "새벽별"(2:28)을 주실 것입니다. 여기서 '새벽별' 은 그리스도와 같은 영광에 처하게 될 것을 상징하는 말입니다. 그리스도께서 친히 새벽별이십니다(계 22:16). 그러니 그리스도께 충성하여 자신을 지키는 자들은 그리스도를 선물로 받고 아울러 그리스도의 영광에 참여하게 될 것입니다. 이 영광을 소망하고 우리의 믿음을 지켜야 할 것입니다. 아멘.

9
chapter

사데 교회에 보낸 편지
3:1–6

1사데 교회의 사자에게 편지하라 하나님의 일곱 영과 일곱 별을 가지신 이가
이르시되 내가 네 행위를 아노니 네가 살았다 하는 이름은 가졌으나 죽은 자로
다 2너는 일깨워 그 남은 바 죽게 된 것을 굳건하게 하라 내 하나님 앞에 온전
한 것을 찾지 못하였노니 3그러므로 네가 어떻게 받았으며 어떻게 들었는지 생
각하고 지켜 회개하라 만일 일깨지 아니하면 내가 도적같이 이르리니 어느 시
에 네게 이를는지 네가 알지 못하리라 4그러나 사데에 그 옷을 더럽히지 아니
한 자 몇 명이 네게 있어 흰옷을 입고 나와 함께 다니리니 그들은 합당한 자인
연고라 5이기는 자는 이와 같이 흰옷을 입을 것이요 내가 그 이름을 생명책에
서 결코 지우지 아니하고 그 이름을 내 아버지 앞과 천사들 앞에서 시인하리라
6귀있는 자는 성령이 교회들에게 하시는 말씀을 들을지어다.

사데 교회의 영적 환경

사데는 두아디라에서 남동쪽으로 48km 아래에 위치한 도성으로서 난

공불락의 옛 루디아 왕국의 수도였습니다. 이곳 사람들은 거만하고 지나치게 자부심이 강했습니다. 자신들을 공략하여 탈취할 이들이 없다고 생각할 만큼 그들은 천혜(天惠)의 안전 보장의 절벽의 보호를 받고 있었습니다. 또 이곳에는 염색 공장이 많고 그로 인해 많은 부를 축적할 수가 있었습니다. 그래서 여기에는 사치와 향락과 부도덕이 흥행하였습니다.

그러나 그들은 역사 속에서 많은 "도적같이 임하는 재난"의 무서움을 보았습니다. 그들은 천혜의 절벽이 자신들을 지켜줄 것이라고 생각하고 있었으나 그것이 그들을 지켜 주는 완전한 조건은 될 수 없었습니다. 그들이 안심하고 있는 사이에 적군이 절벽의 틈으로 군사를 투입하여 그 거처를 황폐화시킨 적이 있었던 것입니다. 그 곳은 주전 549, 218년 등에 적군에게 점령당하는 아픔을 겪었던 곳이었습니다. 주후 17년에 그곳이 지진에 의해 부분적으로 파괴되는 아픔도 있었습니다. 이 편지가 보내질 때에 그곳은 여전히 황폐화되는 기색이 분명하게 드러나고 있었습니다. 그곳 거민들은 그 어느 것도 자기들을 끝까지 지켜 주거나 보장해 주는 안전막은 될 수 없다는 것을 경험하였습니다. 그들은 그 천혜의 보장 속에서도 **"밤의 도적 같은"** 방식으로 임하는 재난의 위협이 항상 도사리고 있는 세상의 성격을 경험하였던 것입니다.

그러한 환경 속에 하나님의 백성들이 복음으로 구원을 받아 교회를 이루고 있었던 것입니다. 주님의 빛을 발하는 촛대로서의 역할을 해야 할 교회가 그 지역에서 어떻게 하고 있었는지 주목하는 것은 의미심장합니다.

사데 교회에 자신을 소개하시는 그리스도의 방식

주님께서는 **“하나님의 일곱 영과 일곱 별을 가진 이”**로 자신을 소개하십니다. **“하나님의 일곱 영”**(3:1)은 하나님의 성령, 또는 그리스도의 영이십니다. 성령께서는 그리스도의 영으로서 아버지의 뜻대로 성취하신 그리스도의 구속의 효력과 그 영광을 가지고 주님의 백성들에게 보혜사로 임하시어 함께 계시는 하나님이십니다(요 16:14,15). **“일곱 별”**(3:1)은 주님의 교회에 파송된 교회의 사역자입니다. 주님께서는 성령으로 말미암아 보내신 사역자를 통해서 역사하시는 분이십니다.

사데 교회에 자신을 그런 방식으로 계시하신 것은 의미심장합니다. 사데 교회는 알아야 했습니다. 교회가 사람의 교회가 아니고 주님의 교회이며, 교회가 사람의 지성적 힘이나 노력에 의해서 존재하고 보전되는 것도 아니고, 거기 일하는 사역자가 우연하게 거기 있지 않고 하나님의 보내심을 받았음도 알아야 했습니다. 또한 그 사역자를 통해서 전파되는 메시지는 바로 주님께서 성령으로 말미암아 그 교회에 공급하시는 것임을 알아야 했습니다. 곧 교회가 단순하게 그 교회를 이루고 있는 눈에 보이는 지체들의 힘의 규합으로 지탱되는 것이 아니라, 하나님의 영이시고 그리스도의 영이신 성령의 역사 속에서 지탱되는 ‘신적인 생명의 유기체’ 임을 알아야 했습니다. 그 교회는 인간의 지적인 능력으로가 아니고 하나님께로서 오는 능력과 말씀으로 말미암아 다시 새롭게 되어야 했습니다. 곧 성령과 말씀으로 말미암아 생명에 필요한 힘을 공급받아야 했습니다.

사데 교회의 영성(靈性)과 영적 현실

그 교회의 영성은 실로 급전직하(急轉直下)의 위기를 맞고 있었습니다. 그 교회는 주님께서 보실 때에 "살았다 하는 이름은 가졌으나 실상은 죽은 것"이나 다름이 없었습니다(3:1b). 곧 그들이 주님께 대한 신앙을 고백하고 여러 가지의 주님을 위한 종교 활동을 하고 있는 것은 사실입니다. 그것은 하나님께 대하여 살아 있는 모습으로 보일 수도 있습니다. 그러나 경건의 능력이 거의 다 소진된 상태였습니다. 그래서 주님께서 "너는 일깨워 그 남은 바 죽게 된 것을 굳건하게 하라."(3:2)고 급하게 다그치지 않으면 안 되었습니다. 만일 그들이 꺼져가는 생명의 남은 것을 굳게 잡지 못하면 주님의 촛대로서의 교회의 존재나 사명과는 전혀 관계없는 교회가 될 판입니다. 교회가 그러한 영광을 상실하면 그 교회는 더 이상 하나님의 교회가 아닙니다.

그러면 그들이 조금만 남겨 놓고 거의 죽게 된 것은 어찌된 연유입니까? 그들은 자기들의 존재의 진정한 원리를 하나님께 찾고 있지 않았음이 분명합니다. 곧 그들은 자기들의 생명의 원천이신 '성 삼위 하나님과의 진정한 교통의 필요성' 을 망각하고 있었던 것입니다. 다시 말하면 주님과의 생명력 있는 교통이 단절되어 있는 상태였다는 것입니다. 그리되면 그 어떤 것으로도 그 치명적 결함을 상쇄시키지 못합니다.

교회가 자기의 생명력을 어디서 얻어 보전하게 되는 것입니까? 오직 성 삼위 하나님께로부터가 아닙니까? 다른 그 어디에서도 생명과 그에 필요한 능력을 얻어낼 수 없습니다. 이 일에 다른 대안이 있을 수 없는 것입니다.

그 교회는 주님께서 보실 때에 "내 하나님 앞에 네 행위의 온전한 것을 찾지 못한"(3:2) 교회였습니다. 그와같이 그 교회가 자기의 모든 존재와 자기의 모든 활동을 하나님과의 교통 속에서 찾지 않았습니다. 그 말은 하나님을 경외하는 믿음으로 하지 않았다는 것을 의미하는 것입니다. 주님께서는 믿음없이 행하는 그 어떤 것도 온전한 것으로 보지 않으시는 것입니다.

이 교회는 그 어떤 환난이나 핍박에 대한 언급이 없었습니다. 그러니 아주 '평안한 중에' 믿음을 가질 수 있는 조건을 누리고 있었던 것입니다. 그러나 그들은 그 조건을 자기들의 안일의 조건으로 잘못 사용하고 있었던 것입니다. 하나님과의 교통의 절실성을 망각하고 눈에 보이는 평안이 곧 진정한 평안 자체인 양 착각하고 있었던 것입니다. 금방 자기들 눈에 보기에 자기들은 부족한 것이 없어 보였습니다. 그래서 하나님을 찾고 갈망할 절실성이 보이지 않았을 것입니다. 그래서 그들은 믿음과 그에 속한 여러 가지의 행사들을 하면서도 하나님을 필요로 하지 않았고, 하나님의 은혜와 성령의 인도하심과 하나님의 말씀의 원리를 따라서 행할 절대적인 긴요함을 의식하지 못한 채 교회 생활을 해 나갔던 것이 분명합니다.

그러한 과정 속에서 교회의 생명력과 교회의 영성은 점점 더 나락으로 떨어져 내려갔고 급기야 완전하게 그 생명이 거의 끊어질 아주 절박한 위기의 상태에 처하게 되었던 것입니다.

사데 교회에 주신 주님의 처방

그 교회는 그러함에도 여전히 주님의 교회입니다. 주님께서는 당신의 피로 사신 그 교회가 거의 죽을 지경에 처한 것을 그냥 방관하고 계시지 않으셨습니다. 주님께서는 그 교회에 대하여 아주 긴급한 처방을 요구하고 계십니다.

"너는 일깨어 그 남은 바 죽게 된 것을 굳건하게 하라."(3:2)

아직도 그 교회에 죽지 않고 살아 있는 부분이 없지 않았습니다. 마치 재 속에 묻혀 있는 작은 불씨같이 말입니다. 그러나 만일 생명있는 조처를 취하지 않으면 그 남은 것도 죽게 될 것입니다. 그러니 그것을 위하여 그 교회는 깨어야 합니다. 자신의 처지에 대한 인식을 하고, 아직은 생명력이 남은 부분을 보존하고 그것을 불러일으켜 다시 교회 전체의 생명력을 회복하여야 합니다.

아직은 죽지 않았으나 그 "**죽게 된 것**"은 무엇을 가리키는 말씀일까? 아마 3장 4절에서 언급되고 있는 것일 겁니다. "**그러나 사데에 그 옷을 더럽히지 아니**한 **자 몇 명이 네게 있어 흰**옷을 **입고 나와 함께 다니리니**" 하셨습니다. 그러한 자가 많지는 않았습니다. 그러나 그들이 그 교회의 생명력, 그 교회의 존재의 의미를 붙잡고 있었습니다.

그 교회 지체들 속에 자기 자신의 믿음을 견실하게 가지는 자를 통해 주님께서는 다른 죽어 가는 영혼을 살리십니다. 교회가 그러한 상황 속에서 주님의 살아 있는 촛대로서 자신의 정체성을 다시 회복하기 위해 취할 방도는 무엇입니까?

주님께서는 "**그러므로 어떻게 받았으며 어떻게 들었는지 생각하고 지키어 회개하라.**"(3:3)고 말씀하십니다.

그 말씀은 복음의 말씀으로 다시 돌아가라는 것입니다. 그들이 들은 복음은 인간의 복음이 아니었습니다. 사도의 복음은 인간의 복음이 아니었습니다. 하나님의 복음이요, 그 복음은 세상적인 평안을 약속한 것이 아니라 영원한 하나님의 안식의 복을 약속한 것입니다. 그 복음이 절실하게 필요한 것은 하나님의 진노 아래 멸망의 선고를 받고 있는 긴급한 현실 때문입니다. 복음은 살아 계신 하나님과 그 엄위하신 심판의 정당성을 전제하고 있는 것입니다. 그리고 그러한 정황 속에서 반드시 심판을 당하게 되어 있는 인간을 구원하시는 하나님의 긍휼 어린 행사, 바로 그것이 복음입니다. 복음은 사람으로 하여금 살아 계신 하나님을 경외하게 하고, 성 삼위 하나님과의 정상적인 관계와 생명의 교통을 불러옵니다. 교회는 바로 그러한 은혜를 받은 자들의 모임이어야 합니다.

그러니 이 교회가 죽었다 하는 것은 이 교회가 들었던 복음의 말씀을 망각하고 인간적인 교훈으로 내려가 있었음에 분명합니다. 예수님 당시의 서기관들이나 바리새인들이 다 하나님께 대하여는 열심이 있었으나 그들은 영적으로 죽은 외식자들이었습니다. 그것은 그들이 하나님의 율법과 계명의 진정한 의도를 알지 못하고, 하나님의 계명과 교훈을 인간의 교훈과 전통으로 뒤바꿔 놓았었기 때문입니다. 율법이든 복음이든 하나님의 모든 말씀은 우리로 하여금 하나님을 경외하게 하고 하나님과의 생명있는 관계의 절실성을 인식하게 합니다. 그런데도 교회가 인간적인 수준으로 내려가면 반드시 그 생명력을 상실하기 마련입니다.

인간적인 그 어떤 능력이나 지성적인 힘이나 결의에 찬 의지나 뜨거운 정서로도 생명의 기운을 감돌게 할 수 없습니다. 사람에게서 나는 것은 항상 죽어 있는 것입니다. "육신의 생각은 사망"입니다. 진정한 생명과 평안은 "영의 생각", 곧 영적으로 생각되어지는 것 속에 있습니다. 예수님 안에서 성령으로 말미암은 하나님과의 생명의 교통 속에서만 참 '생명과 평안' 이 주어지는 것입니다(롬 8:5,6).

궁극적 승리를 위하여

교회사적으로 볼 때에 교회나 성도가 살아있는 모습을 보일 때가 언제였습니까? 하나님의 성령의 인도하심을 따라서 하나님의 말씀인 성경으로 돌아가 복음에 충실할 때였습니다. 그러나 그 정반대의 길로 교회는 여지없이 그전에 가지고 있던 생명력과 능력과 권위를 상실해 버리고 말았습니다. 1천여 년 간의 중세 교회가 그러하였고, 19세기 말 자유주의 신학이 덮쳐 왔을 때에 그러하였습니다.

그러다가 영적 각성이나 진정한 하나님의 부흥이 일어났던 때에는, 하나님의 복음의 말씀이 가장 신실하게 전파되기 시작하되, 인간의 지혜의 권하는 것으로가 아니고 "성령의 나타남"을 따라서 전파되기 시작하였습니다(고전 2:1-5).

지금도 그 원리는 여전히 살아 있습니다. 교회가 하나님의 말씀을 성령의 인도하심을 따라서 신실하게 증거하며, 그 말씀에 순종하며 성삼위 하나님을 온전하게 경외하게 될 때에, 그 교회에 하나님의 영광이 나타납니다. 주님의 촛대로서의 빛을 발산하게 되는 것입니다. 그리고 그 교회에서 행해지는 모든 활동이 하나님과의 살아 있는 교통 속에서 행하는 일이 되어 **"온전하게"** 되는 것입니다.

그러니 하나님 앞에서 '온전한 일' 은 하나님의 진리의 복음 말씀과 성령의 인도하심과, 기도 속에서 진행되기 마련입니다. 그러는 것이 더러운 옷을 입지 않고 **"흰옷 입고 주님과 동행하는"** 것이요, 그러한 경우에 진정한 이김의 역사가 나타나고, 확신에 이르게 될 것이다. 곧 그리스도 안에서 자기 이름이 "주님의 생명책에 지워지지 않을 이름으로 기록된 것"으로 확신하게 될 것입니다.

"너는 말씀을 전파하라 때를 얻든지 못 얻든지 항상 힘쓰라."(딤후 4:2)

아멘.

10
chapter

빌라델비아 교회에 보낸 편지
3:7-13

7빌라델비아 교회의 사자에게 편지하라 거룩하고 진실하사 다윗의 열쇠를 가
지신 이 곧 열면 닫을 사람이 없고 닫으면 열 사람이 없는 그가 이르시되 8볼지
어다 내가 네 앞에 열린 문을 두었으되 능히 닫을 사람이 없으리라 내가 네 행
위를 아노니 네가 작은 능력을 가지고도 내 말을지키며 내 이름을 배반하지 아
니하였도다 9보라 사탄의 회당 곧 자칭 유대인이라 하나 그렇지 않고 거짓말하
는 자들 중에서 몇을 네게 주어 그들로 와서 네 발 앞에 절하게 하고 내가 너를
사랑하는 줄을 알게 하리라 10네가 나의 인내의 말씀을 지켰은즉 내가 또한 너
를 지키어 시험의 때를 면하게 하리니 이는 장차 온 세상에 임하여 땅에 거하
는 자들을 시험할 때라 11내가 속히 임하리니 네가 가진 것을 굳게 잡아 아무도
네 면류관을 빼앗지 못하게 하라 12이기는 자는 내 하나님 성전에 기둥이 되게
하리니 그가 결코 다시 나가지 아니하리라 내가 하나님의 이름과 하나님의 성
곧 하늘에서 내 하나님께로부터 내려오는 새 예루살렘의 이름과 나의 새 이름
을 그이 위에 기록하리라 13귀 있는 자는 성령이 교회들에게 하시는 말씀을 들
을지어다.

빌라델비아 교회의 영적 환경

빌라델비아는 사데 동남쪽 약 50km 지점의 계곡과 붙어 있는 지점에 위치한 도성이었습니다. 주전 2세기 버가모 왕조에 의해서 세워진 도시로서 버가모 왕 앗탈루스 2세가 자기의 왕권에 대하여 자기 형이 충성을 다하자 이를 기념하고 치하하기 위해 세운 도성이었습니다. 그래서 이 도성의 이름이 '형제 사랑' 이라는 의미를 지닌 빌라델비아가 된 것입니다.

이 편지가 주어질 당시 이곳에서 주로 숭배되던 신(神)은 디오니수스였습니다. 지금도 그 신전(神殿)의 기둥이 남아 있습니다. 그러니 그 신전의 기둥이 얼마나 잘 다듬어지고 잘 건조되었는지 짐작이 갑니다. 그것은 마치 그 신에 대한 충성의 강직함과 영구성을 상징하기라도 하듯 견고한 모습을 띠고 있었던 것입니다. 본문에서 우리 주님께서 그 교회의 이기는 자에 대한 약속에서 **"이기는 자는 내 하나님 성전에 기둥이 되게 하리니 그가 결코 다시 나가지 아니하리라."**(3:12)고 말씀하십니다. 그 말씀을 들었을 때에 이 교회의 성도들은 아마 그 말씀이 의도하는 영광과 복됨의 풍성을 더욱 잘 인식하였을 것입니다.

지금은 이곳이 터키의 한 마을로 남아 있습니다. 이곳에 어떤 거센 핍박이나 환난이 있었다는 확증을 여기 본문의 말씀을 통해서 우리는 짐작할 수 있습니다. 즉, 복음을 반대하는 유대인의 집단, 곧 사탄의 회(會)가 있어서 그들의 믿음을 시험하고 주님을 배반하도록 여러 모로 작용하였을 것이라는 추측이 어렵지 않습니다. 또한 다른 지역에 비하여 나타난 결신자들의 수가 희박하여 그 교회의 외적인 규모는 크지 않았을 것이라는 점도 이 말씀을 통해 쉽게 유추할 수 있습니다.

빌라델비아 교회에 당신을 소개하시는 그리스도의 방식

예수님께서는 이 교회에 대하여 당신 자신을 "거룩하고 진실하사 다윗의 열쇠를 가지신 이"로 계시하십니다. 또한 그들의 행실에 대하여 말씀하시기 전에 "내가 네 앞에 열린 문을 두었다." 하시어 그 교회에 대한 주님의 정서가 어떠함을 드러내십니다.

여기 "거룩하고 진실하사"라고 하는 말씀은 주님의 인격의 본질을 계시하는 것이고, "다윗의 열쇠를 가지신 이"라는 말씀은 주님의 왕적인 권세를 나타냅니다(3:7). 특히 하나님 나라를 다스리는 최고의 권위를 아버지께로서 위임받은 자로서의 영광을 드러내는 말씀입니다. 구약에서 다윗은 하나님의 나라 임금이신 그리스도를 예표하였고, 다윗의 왕조는 인간적인 차원에서 가장 왕다운 자질을 갖추고 시작된 사울의 왕조와 아주 대조적이었습니다. 다윗의 왕조는 '하나님께서 그 마음에 합하신 대로' 세운 왕조였습니다. 다윗의 왕권은 그리스도의 왕권을 상징하였습니다.

교회의 머리 되시는 주님께서는 "거룩하고 진실하시어" 그 어떤 불의나 죄와도 타협을 하실 수 없는 분이십니다, 그러므로 그의 몸된 교회가 어떠한 본질을 견지해야 하는지는 너무나 명백합니다. 그 머리가 '진실하고 거룩하면' 그 몸도 '거룩하고 진실하여야' 합니다. 이것은 지상에 있는 하나님의 교회가 항상 견지하고 있어야 하는 영적 특성입니다. 세상적인 특성과 정반대가 되는 것입니다. 세상의 특성은 죄와 불의와 사망과 파멸입니다. 하나님을 거슬러 제자리를 상실한 사탄 마귀가 역사하여 자기의 뜻을 이루려고 두루 다니는 장(場)입니다. 그러한 세상 속에서 하나님의 교회는 '거룩과 진실'을 자기의 표지로 삼아야 할 것입니다. 그것을 상실하게 되는 날에는 "맛 잃은 소금"이 되는 것입니다(마 5:13).

그리고 그분이 임금이신 하나님의 나라 역시 "거룩하고 진실하다."는 사실은 당연합니다. 하나님의 나라는 "성령 안에서 의와 희락과 평강"을 그 특성으로 지니고 있습니다(롬 14:17).

빌라델비아 교회의 영성

빌라델비아 교회의 겉모양은 여러 가지 면에서 "작았다"는 것을 주님의 말씀으로 유추하게 됩니다. 물론 어떤 면에서 "**작은 능력**"을 가졌다고 하는지에 대해서는 분분한 이견이 나올 수 있습니다. 그러나 여기서 "작다"는 것은 외견적인 견지에서 그랬다는 말임에 분명합니다. 사람들이 보기에 아마 그 교회는 보잘것이 없었던 것 같습니다. 흔히 사람들의 눈에 보기에 "크다"는 느낌을 받기 위해서는 교회의 모이는 수가 많아야 할 것입니다. 또한 교회의 사업이나 외적인 재정이나 사업 규모가 커야 합니다. 그러할 때에 사람들은 그 교회가 "큰 힘"을 가지고 있는 것으로 판단합니다.

우리 주님의 "**네가 작은 능력을 가지고 있다.**"(3:8)는 말씀은 아마 그러한 면에서 규모가 작았다는 뜻일 것입니다. 그러니 그 교회에 주어진 은사(恩賜)도 적었을 것으로 보입니다(고전 1:5,6에 보이는 대로 고린도 교회는 은사가 많은 교회라서 정말 모든 은사에 부족함이 없는 교회로 평가되고 있었던 것과는 대조적으로). 많은 열매와 큰 사역 뒤에는 하나님께서 성령으로 말미암아 주신 은사가 있음에 분명하기 때문입니다. 하나님의 주권 속에서 그 교회는 은사적인 측면에서 부요하지 못하였습니다. 그러니 그 교회의 지체의 수도

적었고, 사업 규모나 나타난 열매도 많아 보이지 않았습니다.

그러나 그 교회는 결코 '작은 교회' 가 아니었습니다. 주님의 **"말씀을 지키며 주님의 이름을 배반치 않는"** 교회였습니다(3:8). 은사적인 측면에서 **"작은 능력"**을 가지고 있다 할지라도 그들은 '주님 자신의 영광을 바라고 그 주님과 신실한 관계의 본질을 지키며 주님의 능력 자체를 의뢰하는 법' 을 배우는 교회였습니다. 그 교회는 **"작은 능력"**만 주어진 교회였습니다. 그러하나 그 교회는 '능력의 원천이신 주님' 자신에게 충성하며 그 주님 자신의 능력을 힘입는 법을 배운 '큰 능력' 의 교회였습니다.

그래서 그 교회는 교회의 머리 되신 주님과의 생명있는 교통과, 거기서 주어지는 거룩과 진실을 견지하고, 하나님 나라의 권세의 위엄이 항상 상존하는 교회였습니다. 주님의 이름을 배반하도록 하는 여러 가지의 시험이 있었겠지요. 그러나 그 교회 성도들은 그 '작은 능력' 속에서 '능력의 원천' 되시는 이를 항상 의지하여 그 모든 시험을 이겨 주님께 대한 변치 않는 사랑과 충성을 견지하였습니다.

그 교회에 대한 주님의 격려와 상급의 약속

주님께서는 그 교회를 향하여 큰 상급을 허락하십니다. 먼저 당신 자신을 소개하시면서 **"내가 네 앞에 열린 문을 두었으되"**(3:8)라고 하십니다. 그 말씀은 그 교회의 영적 진로를 막을 자가 없게 하실 것이라는 약속입니다. 그것은 개인적으로 말하면 하늘가는 그들의 믿음의 행로를 막아 그 순례길을 중단하게 할 자가 없게 하실 것이라고 말씀하십니다. 그들의 행사가 하나님 앞에서 합당하여 하나님의 전폭적인 지원을 받게 하시겠다는 말씀입니다. 그 구체적인 면모에 관해 말씀하시는 주님의 약속에 귀를 기울입시다.

(1) "보라 사탄의 회당 곧 자칭 유대인이라 하나 그렇지 않고 거짓말하는 자들 중에서 몇을 네게 주어 그들로 와서 네 발 앞에 절하게 하고 내가 너를 사랑하는 줄을 알게 하리라."(3:9)

지상에 있는 교회가 누릴 수 있는 상급 중에서 크고 영화로운 일이 무엇일까요? 주님을 대적하던 무리에 속했다 회심하여 주님을 위하여 충성하는 반열에 가입하는 자들이 나타나는 것입니다. 그것은 사람의 힘으로 되는 것이 아닙니다. 오직 하나님의 전적 은혜의 소산입니다. 지상에 있는 교회가 핍박의 세력에 속하여 있던 자들 중 얼마를 주님을 위하여 얻게 되는 일은 얼마나 크고 영화롭고 기쁜 일이랴!(행 9:20,21 ; 고전 9:19-27) 교회는 그러한 일을 통하여 주님께서 자기들과 함께하심을 확인하고, 자기들이 믿고 전파하는 것이 바로 살아 계신 하나님의 복음의 말씀이라는 확신을 가지게 됩니다. 지상에 있는 교회나 성도 개인이 살아 계신 하나님께서 자기들과 함께하시며 사랑하신다는 확신, 그리고 지금 자기들이 가고 있는 믿음의 걸음이 옳다는 확증을 주님께로부터 받는 것만큼 큰 위로와 상급이 어디 있으리요!

(2) "네가 나의 인내의 말씀을 지켰은즉 네가 또한 시험의 때를 면하게 하리니 이는 장차 온 세상에 임하여 땅에 거하는 자들을 시험할 때라."(3:10)

이 말씀은 마치 이렇게 들립니다. '네가 작은 능력을 가지고도 이미 나를 신실하게 믿는 믿음을 나타냈으니 네 믿음의 진위를 가늠할 더 이상 다른 시금석(test)을 부과할 필요가 없다. 네 믿음의 진실성이 확증되었기 때문이다. 그러니 땅에 있는 다른 모든 이들이 자기들의 믿음의 신실성을 증험받기 위해 겪어야 할 시련의 때를 네게는 부과하지 않으리라.'

그리고 주님께서는 주마가편(走馬加鞭) 격으로 그들이 지금까지 달려온 믿음의 경주를 계속 일관성 있게 지속할 것을 촉구하십니다.

(3) **"내가 속히 오리니 네가 가진 것을 굳게 잡아 아무도 네 면류관을 빼앗지 못하게 하라."**(3:11)

지금까지 달려온 길로 내쳐 달려가라는 것입니다. 주님께서는 **"내가 속히 오리니"**라고 하십니다. 그것은 그 선한 싸움과 믿음의 경주가 감당하기에 너무 길고 지루하여 버텨 내기가 힘들 정도가 되지 않게 하시리라는 주님의 약속입니다. 그러시면서 주님께서는 **"네가 가진 것을 굳게 잡아 아무도 네 면류관을 빼앗지 못하게 하라."**고 하십니다. 이미 그들은 "면류관"을 가진 자들입니다. 참으로 영광스러운 영성의 소유자들입니다. 그러나 이 지상 생애 속에서는 항상 그 "가진 것"도 빼앗으려고 하는 외부적인 악의 세력, 곧 사탄의 세력이 있습니다. 또한 자신의 인격의 지체 속에 아직도 남아 있는 죄의 본성, 또는 '육체의 원리'가 있어 하나님께서 주신 좋은 것을 빼앗으려고 합니다. 그러니 악한 것에 대하여는 경계를, 이미 가진 선한 것에 대하여는 빼앗기지 않으려는 주밀한 자세가 필요합니다. 물론 궁극적으로 우리 주님께서는 그러한 세력으로부터 그들을 끝까지 보전하실 것입니다. 그러나 견인케 하시는 주님의 사랑하심과 능력의 영광은 우리로 하여금 방종케 하거나 우리의 자유를 육체의 기회로 삼게 하는 '안전핀'이 아닙니다(갈 5:13 ; 약 2:12). 오히려 하나님의 선하신 목적과 의

도에 따라서 자신들을 드리도록 격려하는 위로로 그 보장을 사용하여야 할 것입니다.

(4) **"이기는 자는 내 하나님 성전에 기둥이 되게 하리니 그가 결코 다시 나가지 아니하리라 내가 하나님의 이름과 하나님의 성 곧 하늘에서 내 하나님께로부터 내려오는 새 예루살렘의 이름과 나의 새 이름을 그의 위에 기록하리라."**(3:2)고 말씀하십니다.

"성전의 기둥"은 솔로몬 성전의 두 기둥, '야긴'과 '보아스'를 연상하게 합니다(왕상 7:15-22). 또는 그 말을 듣는 자들로 당시 거기 그 교회가 서 있던 지역에 있던 우상의 신전(神殿)의 아름답고 웅장하고 잘 꾸며진 기둥을 연상하게 하였을 것입니다. 기둥은 건물을 붙잡고 있을 뿐 아니라 아울러 건물의 위용과 상징성을 나타냅니다. 성전의 기둥으로 삼겠다 하심은 그들로 하나님의 성전, 곧 하나님의 나라에서 견고하고 부동의 위치를 차지하게 하시고, 아울러 하나님의 나라의 영광을 드러내는 상징적 존재로 있게 하시겠다는 말씀입니다. 가히 그 말씀은 지상 교회가 들을 수 있는 가장 영화로운 찬사요 약속입니다. 당시 그 지역에 있던 우상의 전각의 기둥이 아무리 아름다워도 그것은 거짓과 파멸의 상징입니다. 그 기둥이 아무리 그 자리에 무수한 세월을 지키고 서 있다고 해도 무익한 것입니다. 그러나 하나님의 성전의 기둥은 '진리와 거룩과 영광'의 하나님 나라의 상징입니다. 그 성전의 기둥은 영원합니다. 끝까지 믿음을 지키고 주님의 이름을 배반치 않고 있는 자는 **"하나님의 이름과 하나님의 성 곧 하늘에서 내 하나님께로부터 내려오는 새 예루살렘의 이름과 나의 새 이름"**을 각인(刻印) 받게 될 것입니다.

궁극적 승리를 위하여

빌라델비아 교회에 보낸 주님의 편지는 오늘날 지상 교회가 진정으로 추구하고 있어야 하는 것이 무엇임을 보여 줍니다. 교회가 크든지 작든지, 그 교회에 하나님께서 주권적으로 허락하신 은사가 많든지 적든지, 그 교회가 외견적으로 볼 때 "작은 능력"을 가지고 있든지 "큰 능력"을 가지고 있든지 간에, 교회는 머리되신 주님과의 온전한 관계를 추구해야 할 것입니다. 주의 말씀을 지키고, 주의 이름을 배반치 않는 진실하고 거룩하고 충성된 교회로서 서 있기를 바라야 합니다.

오늘날 교회 성장 신학(Theology of Church Growth)의 진정한 방향 설정이 어디에 있어야 하는가? 교회 성장 신학이 자기 논리의 함정에 빠지지 않도록 경계할 필요가 있습니다. 그 신학의 신봉자들의 논리는 이러합니다.

"교회는 생명의 유기체다. 생명은 자라기 마련이다. 자라지 않는 것은 그 생명의 체계에 있어서 문제를 가지고 있는 것이다. 그러니 교회는 자라야 한다. 교회가 자라기를 추구해야 한다. 자라는 교회는 생명있는 증거이다. 그러니 생명있는 증거를 나타내기 위하여 자라야 한다. 교회는 자라기 위한 각종 계획과 프로그램을 계발하여야 한다."

일면 의미있는 논리요 크게 틀려 보이지 않습니다. 그러나 자라기 위한 '계획과 목회 프로그램을 계발하여 적용함으로 자라게 되면 비로소 생명이 거기 있음을 확인하게 된다' 는 식은 생명의 원리에 합당한 논리는 아닙니다. 자라기 전에 생명이 있어야 합니다. 생명이 있기 전에는 진정한 성장은 없습니다. 어느 정도 자라나야 거기서 생명이 생기고 풍성해지는 것이 아닙니다. 그러니 교회 성장 신학이 간과하고 있는 듯한 '진정한 생명' 의 우선성에 대한 강조가 있어야 합니다.

교회의 지체들이 인간들이기 때문에 그 모임이 '생명의 유기체' 로서의 결격 사유를 가지고 있음에도 불구하고 그 모임이 '자랄 수 있는 가능성' 이 있음을 항상 염두에 두어야 합니다. 중세의 교회는 정말 '자라서 세속권까지 장악하는 교회가' 되었습니다. 그러나 중세의 교회는 생명에 있어서 '파리하기 짝이 없는' 교회였습니다(사 10:16).

빌라델비아 교회에 보내신 주님의 편지는 당신의 교회와 그 지체들이 빠져 들어갈 수 있는 자기 논리의 함정을 피하도록 경계시키고 있습니다. 우리는 항상 물어야 합니다. 우리 교회들의 외적인 세력이 얼마나 되든지 간에, 그 교회의 지체들의 사회적인 지위가 어떠하든지 간에, 그 지체들의 육신적인 환경과 조건이 어떠하든, '우리는 교회의 머리 되신 주님, 진실하고 거룩하시고 다윗의 열쇠를 가지신 그분께 대하여 어떠한가? 그분의 말씀을 지키고 있으며 그의 이름을 배반치 않고 있는가?' 라고 말입니다. 그러한 대답에 정직하게 "예"라고 대답하고 있을 때에만 우리는 주님께서 주신 "열린 문"을 향하여 내달아 갈 수 있는 것입니다.

11
chapter

라오디게아 교회에 보낸 편지
3:14-22

14라오디게아 교회의 사자에게 편지하기를 아멘이시요 충성되고 참된 증인이
시오 하나님의 창조의 근본이신 이가 가라사대 15내가 네 행위를 아노니 네가
차지도 아니하고 더웁지도 아니하도다 네가 차든지 뜨겁든지 하기를 원하노라
16네가 이같이 미지근하여 차지도 아니하고 뜨겁지도 아니하도다 네가 차든지
뜨겁든지 하기를 원하노라 17네가 말하기를 나는 부자라 부요하여 부족한 것이
없다 하나 네 곤고한 것과 가련한 것과 가난한 것과 눈먼 것과 벌거벗은 것을
알지 못하도다 18내가 너를 권하노니 내게서 불로 연단한 금을 사서 부요하게
하고 흰옷을 사서 입어 벌거벗은 수치를 보이지 않게 하고 안약을 사서 눈에
발라 보게 하라 19무릇 내가 사랑하는 자를 책망하여 징계하노니 그러므로 네
가 열심을 내라 회개하라 20볼지어다 내가 문밖에 서서 두드리노니 누구든지
내 음성을 듣고 문을 열면 내가 그에게로 들어가 그로 더불어 먹고 그는 나로
더불어 먹으리라 21이기는 그에게는 내가 내 보좌에 함께 앉게 하여 주기를 내
가 이기고 아버지 보좌에 함께 앉은 것과 같이 하리라 22귀 있는 자는 성령이
교회들에게 하시는 말씀을 들을지어다.

라오디게아 교회의 영적 환경

라오디게아는 부근에 온천을 가지고 있었습니다. 또한 약한 시력을 회복시키는 데 필요한 의약을 생산하는 의학교도 위치하여 있었습니다. 또한 계곡에 검은 양떼를 많이 가지고 있어서 염색할 필요가 없을 정도의 좋은 모피를 얻을 수 있었고, 그것으로 여러 가지의 옷을 만들어 입을 수 있었습니다. 또한 그 지역은 상업과 경제적인 중심지로 급부상한 곳이었습니다. 여러 가지 위락 시설과 목욕탕이나 극장이나 여러 은행가들이나 부를 가지고 있는 재벌들도 있었습니다(William Hendricksen).

이러한 환경 속에 있는 이 라오디게아 교회가 외부로부터 믿음을 시험하는 핍박이나 환난 같은 거센 도전을 받았다는 흔적이 보이지 않습니다. 오히려 그 교회의 성도들은 외면적인 면에서의 성장을 경험하고, 여러 가지의 진보를 거듭하고 있었습니다. 경제적이고 물질적인 부요 속에 처한 지역에 사는 이들은 자기와 종교를 달리하는 이들로부터 받는 핍박이나 고통에 대해 첨예하고 신경질적인 반응을 나타내지 않을 수 있습니다. 그들 생활이 안정이 되어 있고, 주어진 부요한 조건 속에서 부족함을 알지 못하고 외부로부터 오는 자극도 적어서 대단히 만족한 상태에 있었습니다. 자기들을 공격하거나 비난하는 외부적인 자극이 주어지지 않으면 다른 이들에 대한 경계의 자세를 취할 필요를 느끼지 못합니다. 자만과 안일감 속에서 자기들의 좋은 조건을 어지럽히는 일을 스스로 하려 들지 않고, 그저 기존의 상태에 대하여 만족하고 있을 수 있습니다. 그들은 하나님의 교회에 대하여도 여전히 그러한 자세였을 것입니다.

그러니 그 교회는 다른 지역에 있는 교회가 겪는 외적인 고통이나 환난의 고통을 겪지 않았을 것입니다. 그들 중에는 교회에 출석한다는 것이 모든 이들이 각자마다 가지고 있는 종교적 본성의 계발 행위 정도로 밖에 보이지 않는 자들도 있었을 것입니다.

라오디게아 교회에 자신을 소개하시는 그리스도의 방식

주님께서는 이 교회에 대하여 자신을 소개하시되, **"아멘이시요 충성되고 참된 증인이시요 하나님의 창조의 근본이신 이"**(3:14)라고 소개하십니다.

"아멘이시요 충성되고 참된 증인이시요" 하나님 아버지와의 관계에 있어서 주님께서는 항상 "예와 아멘"이셨습니다. 항상 그는 성부의 뜻에 온전하게 복종하시되, 죽기까지 복종하시고 아버지의 뜻을 증거하십니다(빌 2:6-9).

"하나님의 창조의 근본이신 이" - 창조주이신 성부의 창조 사역의 원리요 시행자이신 주님의 권위를 말합니다.

라오디게아 교회는 머리 되신 주님께서 그러하신 분이심을 기억해야 했습니다. 성부 하나님께 대한 성자 예수님의 진실성을 기억하고, 머리 되신 주님께 진실하고 충성하되, 순교할 각오로 주님을 증거해야 함을 상기할 필요가 있었습니다.

그렇게까지 하는 것이 정말 정당한 일인가? 그가 누구이길래 그러한 충성을 드려야 하는가? 그분은 "창조의 근본"이시기 때문입니다. 모든 존재의 근본이요, 창조 세계 전체 질서의 중심이시기 때문입니다. 그분에게서 모든 것이 지음이 되었고, 그분에게서 모든 존재들이 그 존재 가치를 얻게 됩니다. 그분에게 사람의 생명과 빛이 달려 있습니다(요 1:1-4).

교회는 그가 아버지께 충성한 것같이 머리 되신 주님께 충성해야 하고, 그분 안에서만 교회의 진정한 부요와 영광을 발견하여야 합니다. 이 점에서 빗나가 있으면 그 어떤 것으로도 그 빗나간 것을 대신 보충할 수 없습니다.

실로 주님께서 당신을 소개하시는 방식은 그 라오디게아 교회로 하여금 자신을 탐사하게 하는 탐조 등불을 발하는 것이었습니다.

라오디게아 교회의 영성

영성의 진상은 스스로 자기를 어떻게 평가하느냐에 달려 있는 것이 아니라 주님께서 어떻게 보시느냐에 달려 있습니다. 이들은 스스로 **"나는 부자라 부요하여 부족한 것이 없다."**(3:17)고 하였습니다. 그들은 자신들의 영성에 대하여 만족하고 있었습니다. 이만하면 하나님께서도 기뻐하실 것이라고 자부하고 있었다는 말입니다. 앞에서 지적한 것처럼 그들로 하여금 그러한 생각을 하게 하는 여러 가지의 조건이 있었던 것입니다. 이 교회에는 환난이나 핍박의 바람이 거세게 불어오지 않았고, 그 교회 성도들이 가지고 있는 삶의 외면적 조건들도 좋았을 것 같습니다. 교회의 모임도 좋았고, 다른 교회가 겪는 어떠한 이단의 공략도 없었던 것으로 보입니다. 아마 교리적으로도 안정된 교회가 아닌가 하는 추측도 해 봅니다. 마치 이 교회는 외적으로 볼 때에는 순풍에 돛을 달고 유유히 가는 배와 같은 느낌을 주는 교회였고, 그래서 그 교회의 지체들 모두가 '평안함' 을 누리고 있었을 것입니다.

그러나 그들 자신이 자기의 영성에 대하여 생각하는 것과 주님께서 그들을 보시며 판단하시는 것과는 정말 차이가 있었습니다. 주님께서는 그들의 영적 상태의 가증스러움을 지적하셨습니다.

"네가 차지도 아니하고 뜨겁지도 아니하도다 네가 차든지 뜨겁든지 하기를 원하노라."(3:15)

일설에 의하면 거기 부근의 온천에서 나는 뜨거운 물을 끌어 와서 쓰는 일이 있었는데, 그 수로를 거치는 동안에 그 뜨거운 것이 식어져 미지근하게 되고, 그 물은 입에 넣으면 역겨워 구역질을 유발하였다는 것입니다.

본래의 '뜨거움'을 상실하고 '미지근'해져 있는 물의 상태와 같이 그들의 영적인 상태가 본래의 왕성한 생명력을 상실하고 미지근하여 세속과의 분명한 차별성을 보이지 않고 있었던 것입니다. 주님께 대한 충성과 죽기를 각오한 뜨겁고 확실한 자세는 어디로 가고 열심을 상실한 미온적인 모습이 되어 버리고 말았습니다. 그러함에도 불구하고 그 지체들은 자신들을 **"부요한"** 자들이라고 뽐내고 있었습니다. 주님께서는 그것을 참아내실 수가 없었습니다.

"영적 부요"란 바로 **"아멘이시요 충성되고 참된 증인이시요 하나님의 창조의 근본이신"** 예수 그리스도와의 진정한 교제로 말미암아서만 오는 것입니다. 그것을 상실하면 그 어떤 조건으로도 영적 부요에 이를 수가 없는 것입니다. 이 교회는 그 점을 망각하고 있었습니다. 그 교회는 정말 그 시금석으로 가늠해 볼 때에 아주 **"가련하기 짝이 없는"** 부끄러운 교회였습니다.

라오디게아 교회에 대한 주님의 처방

주님께서는 이 교회의 영적 곤고함을 ① "가난한 것"과, ② "눈먼 것"과, ③ "벌거벗은 것"으로 표현하십니다(3:17). 그렇게 나누어 표현하신 것은 그들이 써야 할 영적 대응책을 선명하게 인식하게 하려 하심입니다.

그들은 영적으로 그런 상태에서 벗어나야 합니다. 곧 그들은 가난한 것에서 벗어나 부요한 자가 되어야 하고, 영적으로 눈먼 것을 고쳐야 합니다. 그리고 벌거벗은 수치를 가리어야 합니다.

그 모든 영적 처방이 예수님께 있습니다. 주님께서는 그 당신께 대한 믿음, 복음적 신앙의 진정성을 회복하라고 촉구하십니다. 그로 말미암아 영적 생명의 풍성함을 다시 찾으라고 하십니다.

예수님께서는 그들의 부요를 위해서 ① "불로 연단한 금"을 사라고 하시며, ② "흰옷을 사라"고 하시며, ③ "안약을 사서 눈에 바르라."고 하십니다(3:18). 여기서 그 "불로 연단한 금"이 무엇이냐고 한다면, 하나님의 말씀과(시 19:9,10 ; 18:30), 그 말씀에 대한 단련된 믿음일 것입니다(벧전 1:7). 하나님과 진정한 교통을 회복하기 전에는 영적으로 부요함을 다시 찾기가 불가능합니다. 그리고 주 하나님과 영적인 교통은 바로 오직 말씀과 기도, 그 말씀을 통한 순전한 믿음으로 말미암는다.

"흰옷"은 "예수의 피로 씻김을 받음"을 의미하는 것입니다(계 7:14). 또는 죄된 우리를 가리는 "하나님의 의"(롬 1:17 ; 3:21-24)를 가리킵니다. 또한 더 나아가서 복음에 합당한 의의 열매로서의 선한 행실을 함께 말합니다(골 1:10).

"안약을 사서 눈에 발라 보게 하라."는 말씀은, 자신의 옛 사람, 곧 육체에 속한 자원으로가 아니고, 그리스도의 영이신 보혜사 성령을 의지하여 하나님께 속한 영적 진리와 그 영광의 비밀에 대한 안목을 다시 회복하라는 것입니다. 영적 부요를 다시 회복하기 위해 다른 대안은 없습니다.

주님께서는 그들 라오디게아 교회를 책망함과 동시에, 그들이 그 주님의 말씀을 듣고 너무 심하게 낙담하지 않게 하시려고 '위로' 의 '안전핀' 도 채우십니다.

"무릇 내가 사랑하는 자를 책망하여 징계하노니 그러므로 네가 열심을 내라."

정말 주님의 사랑은 너무나 크고 위대하고 섬세하십니다. 책망하시면서도 너무 낙담하여 당신의 사랑을 의심할까 보아 위로의 샘도 함께 마련해 놓으십니다. 만일 그런 것이 없다면 마귀가 주님의 책망을 이용하여 그들로 낙담하게 하는 시험을 주어 이 편지를 받아 보기 전보다 더 악한 상태로 떨어지게 할 수도 있습니다.

회개하는 자에 대한 주님의 약속

회개는 영적인 회복의 문입니다. 예수님께서는 당신의 음성을 듣고 회개하는 자에 대하여 영적 생명과 부요의 회복을 확약하십니다.

"내가 문밖에서 두드리노니."(3:20) 회개를 촉구하시는 주님의 도전적인 말씀을 상징화한 묘사입니다. 마땅하게 주님께서 신자들 안에 들어가 그 가장 좋은 자리에 계시어 그들의 인격의 모든 활동에서 높임을 받으셔야 합니다. 그러나 지금 주님께서는 문밖에 서 계십니다. 그것은 신자가 믿음으로써 주님을 마음에 모시지 못하고 있는 모습에 대한 상징적인 묘사입니다(엡 3:17). 그러나 주님께서는 신자의 인격 속에서 계속 왕 노릇 하시며, 그의 순종을 받기 원하시고, 그의 인격의 모든 활동에 함께하시기를 원하시어 계속 회개하기를 촉구하십니다.

"누구든지 내 음성을 듣고 문을 열면"(3:20) '회개를 촉구하시는 주의 말씀을 듣고 순종하면' 이라는 의미입니다. 주님을 마음으로 순종하기를 싫어한 것은 정말 가증한 일입니다. 그러나 다시 잘못을 깨닫고 통회하는 마음으로 주님께 순종하는 것은 아름답습니다. 그것이 주님께서 다시 그 사람 속에서 당신의 영광을 나타내시고 은혜의 영광을 보여 주시기 위한 공로는 아니지만, 그러기 위한 통로와 방편입니다.

"내가 그에게로 들어가 그로 더불어 먹고 그는 나로 더불어 먹으리라." (3:26) 주님께서 그의 인격의 모든 활동 속에 늘 함께 동행하시는 영광을 보여 주실 약속을 하신 것입니다. 그것이 바로 영적 생명의 건강이요, 영적 부요의 본질 자체입니다.

"대저 생명의 원천이 주께 있사오니 주의 광명 중에 우리가 광명을 보리이다."(시 36:9)

"이기는 그에게는 내가 내 보좌에 함께 앉게 하여 주기를 내가 이기고 아버지 보좌에 함께 앉은 것과 같이 하리라." 지상 순례 길에서 주님께 대한 순전한 믿음을 지킨 자들은 결국 예수 그리스도 우리 주님과 함께 영광의 보좌에 함께 앉는 영광을 누리게 됩니다.

궁 극 적　승 리 를　위 하 여

주님께서는 당신의 교회를 사랑하십니다. 라오디게아 교회에 보낸 편지 속에서 우리는 책망하시고 질책하시는 주님의 음성을 듣지만, 여전히 그 음성은 사랑에서 우러나는 책망입니다.

당신의 피로 값 주고 사신 교회가 영적인 궁핍함에 처하여 있으면서 스스로는 자신이 부요한 줄로 착각하고 있을 때, 주님께서 깨우쳐 주시지 않으면 사망의 깊은 잠에 빠질 것을 주님은 너무나 잘 아십니다.

"나의 눈을 밝히소서 두렵건대 내가 사망의 잠을 잘까 하오며…"(시 13:3)

주님의 책망은 당신과 당신의 복음에 대한 진정한 믿음에로의 회복의 필연성을 강조하십니다. 주님께서는 교회와 지체된 성도들이 범사에 주님과 영적 교통 속에서 동행하기를 원하십니다. 그 동행의 순례길이 마쳐지면 하늘에 있는 영광의 보좌가 기다리고 있습니다. 성도들이 이 세상의 좋은 것들에 취하거나 그 매력에 이끌려 자신을 상실할 위기에 얼마든지 처할 수 있습니다. 그런 경우라도 교회(성도들)가 그 하늘의 영광을 바라보고 있으면, 세상을 놓고 주님께 대한 믿음의 영광을 위해 고난을 각오하게 됩니다. 그 소망에 대한 바른 인식은 주님과 그 복음에 대한 순전하고 진정한 믿음의 영광을 항상 견지하게 할 것입니다.

"생각건대 현재의 고난은 장차 우리에게 나타날 영광과 족히 비교할 수 없도다."(롬 8:18)

12
chapter

하늘 보좌寶座의 정경과 그 위용
4:1-11

1이 일 후에 내가 보니 하늘에 열린 문이 있는데 내가 들은 바 처음에 내게 말
하던 나팔 소리 같은 그 음성이 가로되 이리로 올라오라 이 후에 마땅히 일어
날 일들을 내가 네게 보이리라 하시더라 2내가 곧 성령에 감동하였더니 보라
하늘에 보좌를 베풀었고 그 보좌 위에 앉으신 이가 있는데 3앉으신 이의 모양
이 벽옥과 홍보석 같고 또 무지개가 있어 보좌에 둘렸는데 그 모양이 녹보석
같더라 4또 보좌에 둘려 이십사 보좌들이 있고 그 보좌들 위에 이십사 장로들
이 흰옷을 입고 머리에 금 면류관을 쓰고 앉았더라 5보좌로부터 번개와 음성과
뇌성이 나고 보좌 앞에 켠 일곱 등불 켠 것이 있으니 이는 하나님의 일곱 영이
라 6보좌 앞에 수정과 같은 유리 바다가 있고 보좌 가운데와 보좌 주위에 네 생
물이 있는데 앞뒤에 눈들이 가득하더라 7그 첫째 생물은 사자 같고 그 둘째 생
물은 송아지 같고 그 셋째 생물은 얼굴이 사람 같고 그 넷째 생물은 날아가는
독수리 같은데 8네 생물이 각각 여섯 날개를 가졌고 그 안과 주위에 눈이 가득
하더라 그들이 밤낮 쉬지 않고 이르기를 거룩하다 거룩하다 거룩하다 주 하나
님 곧 전능하신이여 전에도 계셨고 이제도 계시고 장차 오실 자라 하고 9그 생

물들이 보좌에 앉으사 세세토록 살아계시는 이에게 영광과 존귀와 감사를 돌릴 때에 [10]이십사 장로들이 보좌에 앉으신 이 앞에 엎드려 세세토록 살아계시는 이에게 경배하고 자기의 관을 보좌 앞에 드리며 이르되 [11]우리 주 하나님이여 영광과 존귀와 능력을 받으시는 것이 합당하오니 주께서 만물을 지으신지라 만물이 주의 뜻대로 있었고 또 지으심을 받았나이다.

하늘에 열린 문

지금까지 요한은 주님의 피로 값 주고 사신 교회들을 향한 주님의 편지를 받았습니다. 그 교회들은 지상에 있습니다. 그 교회들은 지상 가운데 영적 싸움의 현장에서 주님의 빛을 발하며 하나님을 대적하는 원수의 세력을 대항하여 승리하여야 하는 책무를 가지고 있습니다. 그 교회들의 승리는 머리 되신 그리스도와의 영적인 연합과 성령의 교통으로 말미암아 하나님께서 주시는 능력을 힘입고 그 본질을 견지하는 데 있습니다. 그래서 실로 지상에 있는 교회는 성 삼위 하나님의 거룩하신 처소요 영광의 현현입니다(엡 2:21,22 ; 5:27 ; 3:10).

주님과 지상 교회 사이의 영광의 교통은, 땅에서 하늘까지 선 거룩한 사닥다리의 형용입니다. 야곱은 꿈에 본 땅 위에 섰고 그 꼭대기가 하늘에 닿았던 그 사닥다리를 보았습니다. 그 위에서 하나님의 사자들이 오르락내리락하였습니다. 그 정경은 바로 지상에 있는 교회와 주 하나님과의 교통을 보여 준 것입니다(창 28:12-19). 예수님께서는 나다나엘을 만난 자리에서 제자들에게 말씀하셨습니다.

"진실로 진실로 너희에게 이르노니 하늘이 열리고 하나님의 사자들이 인자

위에 오르락 내리락 하는 것을 보리라."(요 1:51)

인자의 영광의 어떠함을 체험하게 될 것을 의미합니다. 하나님과 인자 되신 그리스도의 교통을 그렇게 말씀하십니다. 바로 인자(人子) 되신 그리스도의 영광은 하나님과의 교통의 실제를 통해서 확인될 것을 말씀하십니다. 그와 같이 교회의 영광도 하늘에 계신 하나님과의 교통에 의해서 확인되고 보전되는 것입니다. 요한계시록 1-3장은 바로 그 전제를 기초로 주어진 계시입니다.

이제 성령께서는 사도 요한의 시선을 지상에 있는 교회를 바라보는 데서 그 교회의 영적 원천이자 본영(本營)인 하늘을 향하도록 하십니다. "하늘"은 하나의 관념이 아닙니다. 하늘이 관념에 불과하다면 하나의 허구적 상상의 소산에 불과할 것입니다. "하늘"은 분명한 실체입니다. 그리고 우리의 오감으로나 그 어떤 것으로도 감지되지 않는 '영광스럽고 신령한 장소' 입니다. 거기에 하나님의 보좌가 있습니다.

"하늘에 열린 문"(4:1)이라고 하는 것은 하늘의 영광을 계시하여 주시기 위하여 제한적으로 열려진 문입니다. 계시는 하나님의 모든 것을 보도록 활짝 열려진 문이 아닙니다. 하나님께서 당신의 영광과 우리의 유익을 위하여 '제한적' 으로 열어 보여 주신 '비밀의 창' 입니다. 그러나 그 '열려진 문' 을 통해 허락하시는 계시는 조금도 부족함이 없습니다.

여전히 그 문을 바라보고 있는 요한에게 들린 음성은 1장에서 처음 언급된 바로 그 "나팔 소리 같은 음성"이었습니다. 이는 계시의 일관성을 보증하는 것입니다. 하나님의 계시의 신비로운 방식이 사람인 요한에게는 감당하기 쉬운 것이 아니었습니다. 사람은 신비로운 것에 익숙하지 못하기 때문입니다. 요한이 그 신비로운 하나님의 방식에 대해 일관성 있는 의식을 유지한다는 것이 불가능합니다. 성 삼위 하나님께서 그렇게 연약한 요한을 그러한 점에서 감안하셔야 합니다. 같은 음성의 소유자가 여전히 계속 이후의 계시도 말씀하십니다. 또한 성령의 동일한 감동하심 속에서 계시를 받게 하십니다. 성 삼위 하나님의 보장이 요한에게 주어진 것입니다. 그러한 경우에만 요한은 주님께서 보여 주시는 계시를 온전하게 받아 바르게 증거할 수 있습니다.

하늘의 보좌와 그 위에 앉으신 이

요한이 '하늘에 열린 문'(4:1)을 통해서 가장 먼저 본 것, 곧 주님께서 성령으로 말미암아 요한으로 하여금 가장 먼저 주목하게 하신 것은 바로 "하늘에 있는 보좌"와 "그 위에 앉으신 이"였습니다(4:2). 요한이 가장 먼저 본 것은 지상에 있는 사람들이 흔히 하늘에 대하여 생각할 때에 상상의 날개를 펼치어 그려 보는 어떤 몽롱한 신비경이 아니었습니다. "보좌와 그 위에 앉으신 이"였습니다. 이것은 하늘이 무엇인지, 그 하늘의 중심이 어디에 있는지, 하늘의 가치와 그 영광이 어디에 있는지를 확인해 주는 결정적인 요점입니다. 하늘은 "하나님께서 좌정하신 보좌가 있는 곳"입니다. 하나님의 보좌가 베풀어진 곳이 하늘이고, 바로 그 때문에 하늘은 영광스러운 장소가 되는 것입니다. 지상에 있는 교회가 지향하여야 할 그 '저 높은 곳' 이 바로 그 하늘입니다.

"보좌"는 왕이 앉아 통치의 영을 발하는 구별된 의자입니다. 그 "보좌"에서 왕의 모든 권세가 운용되는 것입니다. 그 "보좌 위에 앉으신 이"가 임금이십니다. 여기 요한의 거룩한 경외심과 거룩한 호기심을 자극하는 것은 거기 "앉으신 이"였습니다. 그가 "임금"이시기 때문입니다. 그가 모든 것을 호령하시고 통치하시고 당신의 뜻을 펼치시어 이루시고, 그 보좌 아래 있는 자들은 바로 그 보좌에 앉으신 이의 "입"에서 나오는 말씀을 받들기 위해 대령하고 있습니다. 거기 그 보좌에 모든 만유의 존재들의 흥함과 패함이 달려 있습니다.

"여호와께서 그 보좌를 하늘에 세우시고 그 정권으로 만유를 통치하시도다 능력이 있어 여호와의 말씀을 이루며 그 말씀의 소리를 듣는 너희 천사들이여 여호와를 송축하라 그에게 수종들며 그 뜻을 행하는 모든 천군이여 여호와를 송축하라 여호와의 지으심을 받고 그 다스리시는 모든 곳에 있는 너희여 여호와를 송축하라 내 영혼아 여호와를 송축하라."(시 103:19-22)

보좌와 그 보좌에 앉으신 이에 대한 요한의 인상

요한이 본 거기 보좌에 앉으신 이의 형용은 그 모양이 "벽옥과 홍보석 같았다."(4:3)고 했습니다. "같다"고 한것은 요한이 받은 인상을 보여 주는 표현입니다. 여기서 "벽옥과 홍보석 같다"라고 한 것은 "벽옥과 홍보석이다"라고 하는 것과는 천양지차입니다. 주님께서는 성령에 감동된 요한으로 하여금 하나님의 영광을 보게 하신 것이지 하나님의 본체(本體) 자체를 목격하게 하신 것은 아닙니다. 유한한 인간이 무한하신 하나님의 본체를 직시한다는 것은 그 자체가 논리적인 모순입니다. 요한이 본 것은 성부 하나님의 영광의 일부일 것입니다. 그러면 여기서 요한에게 "벽옥과 홍보석"과 같이 느껴지게 한 그것은 하나님의 영광 중에 어떠한 국면을 가리키는가? "벽옥"은 푸르름의 느낌을 머금은 빛을 발하는 보석이니, 그것은 결국 정결하신 하나님의 속성과 그 거룩하신 성품을 반영하는 것으로 보입니다. 그리고 "홍보석"은 붉은 색깔을 띤 영롱한 빛을 발하는 보석이고, 이것은 성부의 왕적 권위, 그중에서 최고 심판자로서의 권위를 상징하는 것입니다. 요한이 이 계시를 받았을 당시에는 왕은 입법권과 사법권을 다 통합하여 가지고 있었기 때문입니다(박윤선).

그리고 **"무지개가 있어 보좌에 둘렸는데 그 모양이 녹보석 같더라."** 무지개는 성경에서 특별한 의미를 가집니다. 그것은 하나님의 언약을 상징하되, 하나님의 무서운 진노가 더 이상은 내려지지 않을 것을 나타내는 징표로 세워졌습니다(창 9:13 ; 겔 1:28). 그런데 그 무지개가 "녹보석" 같은 인상을 가지게 한 것은 그 신실성과 그 언약에 참여한 자에게 '생명의 소망'을 연상하게 합니다.

"보좌로부터 번개와 음성과 우렛소리가 나고 보좌 앞에 일곱 등불 켠 것이 있으니 이는 하나님의 일곱 영이라 보좌 앞에 수정과 같은 유리 바다가 있고 보좌 가운데와 보좌 주위에 네 생물이 있는데 앞뒤가 눈들이 가득하더라." (4:5, 6)

"보좌"에서 번개와 뇌성과 음성이 발합니다. 이는 그 보좌에 앉으신 이의 위엄과 그 보좌로부터 나오는 명령의 권위를 상징합니다. 모세가 백성을 대표하여 하나님의 계명과 율법을 받을 때에 하나님께서는 당신의 위엄과 그 영광과 권세를 시내산 위에 나타내셨습니다. 그때에 흑운이 산을 덮고 연기가 자욱하고 뇌성과 나팔 소리가 났고 그것을 주목하는 자들이 두려움에 떨었습니다(출 19:16,26).

보좌 앞에 일곱 영 되신 성령께서 계십니다. 성부와 성자와 본체로는 하나이신 하나님이신 성령께서는 성부의 영광의 보좌 앞에서 그 성부의 영광을 위해 항상 완전하고 충만한 빛을 밝히고 계십니다. 보좌는 항상 그 빛에 비추임을 받습니다. 성부의 영광의 뜻을 온전하게 밝혀 주고 계시하는 이는 바로 일곱 영 되신 성령이십니다.

"보좌 앞에 수정과 같은 유리 바다가 있고"(4:6) 이는 맑고 투명하고 변치 않는 공의를 상징합니다. 성부의 보좌 앞에서는 그 어떠한 불의나 거짓이나 외식이나 악이나 더러움이 조금도 용납되지 않습니다.

"여호와의 산에 오를 자 누구며 그 거룩한 곳에 설 자가 누군고 곧 손이 깨끗하며 마음이 청결하며 뜻을 허탄한 데 두지 아니하며 거짓 맹세치 아니하는 자로다."(시 24:3,4)

"보좌 주위에 네 생물이 있고"(4:6) 이 네 생물에 대한 해석이 분분하나, 분명 이 생물(生物)은 하나님의 보좌 주위에서 하나님의 영광을 찬미하고 그 영(令)을 들어 섬기려고 항상 대기하고 있는 충직한 실존하는 영(靈)들입니다. 지상의 왕의 보좌 가까이에도 신하들이 있어 그 왕명을 받들어 섬기려고 항상 대기하고 있습니다. 이것을 피조물계를 대표하는 상징성을 가지고 있는 존재로 해석하는 이들도 있으나 논리가 약합니다. 여기서 이 네 생물의 모양이 지상에 있는 여러 동물들의 모습을 연상하게 하는 속성을 가진 영들이라고 하는 것이 더 타당할 것입니다. 이 네 생물들의 모양이 각각 사자와 같고, 송아지 같고, 사람 같고, 날아가는 독수리 같습니다. 그리고 이 생물들이 여섯 날개를 가지고 있습니다. 이는 이사야 6장에 기록된 이사야의 환상에서 보이는 스랍들의 경우와 흡사합니다. 그러니 이 생물들은 하늘에서 하나님의 영(令)을 받들어 섬기는 영적 존재들인 천군 천사들을 대표하는 영적인 존재로 보아야 할 것입니다. 다만 지상에 있는 요한의 입장에서 이들의 속성이 어떠함을 알릴 필요성 때문에 그런 인상을 받게 하셨을 것입니다. 곧 하늘에서 하나님의 뜻을 받들어 섬기는 영들은 그 섬김에 있어서 하나님의 뜻을 받들 때에 사자같이 용맹하여 물러서지 않고, 송아지같이 충성되고, 사람같이 지혜롭고, 독수리같이 민첩하고 신속한 특성을 드러냅니다(박윤선). 이들은 그러한 특성의 섬김을 보좌에 앉으신 성부께 드립니다. 그들은 여섯 날개가 있습니다. 이사야 6장에 보면 스랍들이 "둘로는 날며", "둘로는 얼굴을 가리우고", "둘로는 발을 가리었다."고 했는데, 이는 신속함과 겸손함으로 섬기고 자기를 온전하게 부인하고 오직 성부 하나님만 영화롭게 하는 이들의 속성을 상징합니다. 여기 네 생물들로 대표된 하늘의 영들은 오직 하나님의 영광만을 늘 찬미하고 경배하고 섬김으로 자기들 존재의 가치를 찾는 자들입니다(8,9절).

24 보좌와 거기 있는 24 장로들

성부의 보좌 주위에 24 보좌들이 있고 그 보좌에 24 장로들이 "흰옷을 입고 머리에 금면류관을 쓰고 앉아"(4:4) 있습니다. 참으로 기묘한 형국입니다. 성부의 보좌 가장 가까이에 24 장로들의 보좌가 있다는 것은 정말 의미심장한 상징적 뜻을 가지고 있습니다. 지상에서도 왕의 보좌에서 얼마나 가까이 앉아 있느냐가 그 신하의 위치와 영광을 결정합니다. 이들은 정말 영화로운 자들입니다. 이들은 '보좌'에 앉아 있으니 제한된 의미에서 모종의 '왕 노릇'의 영광을 누리고 있음을 의미합니다. 그들이 "금면류관"을 쓰고 있다는 것이 그것을 더욱 확증하여 줍니다.

그들은 누구인가? 그들이 누구인가에 대하여 결정적인 단서를 제공하는 묘사는 “그들이 흰옷을 입고” 있었다는 것입니다. “흰옷”은 ‘더러웠으나 정결하게 된’이라는 의미일 것입니다. 그러니 이것이 분명 죄로부터 정결함을 입었다는 것을 상징함이 분명합니다. 이미 3:18에서 “흰옷 입은 자들”이라는 표현을 주님께서 친히 쓰셨습니다. 또한 7:13,14에서 “흰옷” 입은 자들은 “어린양의 피에 그 옷을 씻어 희게 하였다.”는 진술이 나옵니다. 그러니 여기 24 장로는 구속받은 주님의 백성들을 대표하는 자들입니다. 에베소서 2:6에 “또 함께 일으키사 그리스도 예수 안에서 함께 하늘에 앉히시니”라는 말씀이 있습니다. 그러니 분명 구속받은 그리스도의 사람들을 대표하는 장로들입니다. 24는 12의 배수이니, 신 · 구약 시대의 모든 성도들을 대표하는 장로들일 것입니다.

이 장로들이 성부의 보좌에 가장 가까이 앉아 있는 것은 궁극적으로 그들 자체의 왕적 권위와 그 영광을 뽐내려 함이 아니라, 중심 보좌에 앉으신 성부 하나님께 “엎드려 세세토록 사시는 이에게 경배하고 자기의 면류관을 보좌 앞에 던지며” 모든 영광과 찬미와 능력과 감사를 올리고자 함입니다(10,11절). 그 장로들이 24 보좌들에 앉을 수 있었던 것은 그들 자신들의 의(義)나 덕을 인함이 아닙니다. 오로지 중심 보좌에 앉으신 성부 하나님의 주권적 선택의 은혜와, 성부의 뜻을 받들어 그 뜻을 완성하신 성자의 구속하심과, 성부와 성자로부터 보내심을 받아 그 성부와 성자의 뜻을 따라 그 구속의 효력을 끼치기 위해 모든 성도에게 보혜사로 와 계시는 성령의 역사로 말미암은 것입니다. 그래서 그들은 자기들의 면류관을 그 성부의 보좌 앞에 던지며 모든 영광을 오직 그 하나님께만 돌리고 있습니다(10,11절).

궁극적 승리를 위하여

① 우리가 예수님께 대하여 가진 믿음을 세상은 조소(嘲笑)합니다. 그러나 우리가 예수님을 믿는 믿음이 완전 충분한 정당성을 가지는 것은 바로 여기 요한이 본 하늘의 보좌에 "벽옥과 같으시고 홍보석 같으신"이가 앉아 계시기 때문입니다. 모든 만상과 모든 인생이 바로 그 보좌에 앉으신 이의 통치를 받습니다. 그분의 거룩하심과 위엄과 공평과 거룩하심과 전능하심과 신실하심과 자비와 사랑과 긍휼 속에 모든 존재의 의미와 가치가 달려 있는 것입니다.

② 우리 믿음의 능력도 거기 그 보좌에 계신 이의 다스리심 가운데서 주어지는 것입니다. 우리 개인 성도나 교회는 항상 자신들이 그 보좌에 앉으신 이 앞에 있음을 기억해야 할 것입니다. 절망과 낙담을 이길 힘의 원천도 거기에 있고, 우리의 죄악에 대한 징치(懲治)도 바로 거기서 주어지는 것을 알아야 할 것입니다.

③ 또한 우리 교회와 믿음의 성도들이 얼마나 귀중히 여김을 받고 있는지 알아야 할 것입니다. 성부의 보좌 바로 주위에 24 장로의 보좌가 둘러 있음은 하나님께서 자녀 된 우리 구속받은 백성들을 참으로 존귀하게 여기심을 보여 주기 때문입니다.

④ 거기 있는 장로들이 그렇게 자기의 면류관을 벗어서 그 보좌에 던지는 것은 모든 것이 다 하나님의 은혜였음을 고백하는 것입니다. 하늘에서 그리하는 것이 보이는 것은 땅에 있는 우리가 어떻게 해야 하는지를 보여 줍니다. 우리는 이 땅에 주의 은혜를 의지하고 살고 있습니다. 우리는 항상 하나님께 모든 영광을 돌려야 합니다.

⑤ 거기 모셔 섰는 네 생물과 24 보좌에 앉은 24 장로들이 항상 보좌에 앉아 계시는 하나님을 향하여만 있고 찬미와 경배를 드리고 있음을 요한으로 보게 하신 목적이 무엇입니까? 우리가 이 지상에서 무엇을 하든지 항상 그 보좌에 앉으신 주 하나님을 향하여 경배하고 복종하고 감사하는 가운데서 행하게 하려 하심입니다.

13
chapter

보좌에 앉으신 이의 오른손에 들린 인봉된 책과 어린양
5:1-14

1내가 보매 보좌에 앉으신 이의 오른손에 두루마리가 있으니 안팎으로 썼고 일
곱 인으로 봉하였더라 2또 보매 힘있는 천사가 큰 음성으로 외치기를 누가 그
두루마리를 펴며 그 인을 떼기에 합당하냐 하니 3하늘 위에나 땅 위에나 땅 아
래에 능히 펴거나 보거나 할 이가 없더라 4그 두루마리를 펴거나 보거나 하기
에 합당한 자가 보이지 아니하기로 내가 크게 울었더니 5장로 중의 한 사람이
내게 말하되 울지 말라 유대 지파의 사자 다윗의 뿌리가 이기었으니 이 두루마
리와 그 일곱 인을 떼시리라 하더라 6내가 또 보니 보좌와 네 생물과 장로들 사
이에 어린양이 서 있는데 일찍 죽임을 당한 것 같더라 일곱 뿔과 일곱 눈이 있
으니 이 눈은 온 땅에 보내심을 입은 하나님의 일곱 영이더라 7어린양이 나아
와서 보좌에 앉으신 이의 오른손에서 두루마리를 취하시니라 8두루마리를 취
하시매 네 생물과 이십사 장로들이 어린양 앞에 엎드려 각각 거문고와 향이 가
득한 금 대접을 가졌으니 이 향은 성도의 기도들이라 9그들이 새 노래를 노래
하여 가로되 책을 가지시고 그 인봉을 떼기에 합당하시도다 일찍 죽임을 당하
사 각 족속과 방언과 백성과 나라 가운데서 사람들을 피로 사서 하나님께 드리
시고 10그들로 우리 하나님 앞에서 나라와 제사장들을 삼으셨으니 그들이 땅에

서 왕 노릇 하리로다 하더라 11내가 또 보고 들으매 보좌와 생물들과 장로들을
둘러선 많은 천사의 음성이 있으니 그 수가 만만이요 천천이라 12큰 음성으로
이르되 죽임을 당하신 어린양이 능력과 부와 지혜와 힘과 존귀와 영광과 찬송
을 받으시기에 합당하도다 하더라 13내가 또 들으니 하늘 위에와 땅 위에와 땅
아래와 바다 위에와 또 그 가운데 모든 만물이 가로되 보좌에 앉으신 이와 어
린양에게 찬송과 존귀와 영광과 능력을 세세토록 돌릴지어다 하니 14네 생물이
이르되 아멘 하고 장로들은 엎드려 경배하더라.

5장의 중심점

요한계시록 제 4장에서는 성부(聖父)의 보좌의 엄위와, 위용과, 모든 만유의 중심성을 계시하였습니다. 그 보좌를 중심하여 경배와 찬미와 영광을 세세토록 돌리고 있는 24 장로와 네 생물들은, 하나님의 신민들 전체를 대표하는 자들입니다. 24 장로는 구속받은 자들을 대표하고, 네 생물은 하나님의 명을 받들어 섬기려고 항상 부복하여 대기하고 있는 천군 천사들을 대표하며 생명있는 모든 피조계 전체를 상징적으로 대표하고 있다 하겠습니다. 하여튼 4장은 성부의 보좌의 영광과 그 중심성을 강조하고 있습니다.

그러나 이제 제 5장에서는 성부의 계획과 뜻을 완성하는 성 삼위의 제 2격위인 성자의 권위와 영광에 시선을 모으게 합니다. 그러한 시각으로 5장을 보면 이 본문의 메시지가 확연하게 드러날 것입니다.

보좌에 앉으신 이의 오른손에 들린 책

요한이 보니 "보좌에 앉으신 이의 오른손에 두루마리가 있으니"(5:1)라고 하였습니다. 그 성부의 손에 들린 그 두루마리 책은 무엇일까? 두말할 것도 없이 '성부의 통치백서(統治白書)' 입니다. 성부께서 세우신 계획과 그 모든 시행 방식과 과정이 그 "책" 안에 다 들어 있습니다. 성부께서는 만물을 지으시고 다스려 나가실 때에 당신이 세우신 분명한 목적과 계획과 뜻을 따라 하십니다. 임기응변적으로 아무렇게나 하시는 일은 완전하신 하나님의 성품상 있을 수 없습니다. 전 우주(宇宙) 안에서 일어나는 모든 일은 결코 다 그 성부의 정하신 계획과 뜻과 연관되어 있습니다.

"참새 두 마리가 한 앗사리온에 팔리는 것이 아니냐 그러나 너희 아버지께서 허락지 아니하시면 그 하나라도 땅에 떨어지지 아니하리라."(마 10:29)

"들의 백합화가 어떻게 자라는가 생각하여 보라 수고도 아니하고 길쌈도 아니하느니라 그러나 내가 너희에게 말하노니 솔로몬의 모든 영광으로도 입은 것이 이 꽃 하나만 같지 못하였느니라 오늘 있다가 내일 아궁이에 던져지는 들풀도 하나님이 이렇게 입히시거든…"(마 6:28-30).

그 성부의 오른손에 들려 있는 "두루마리 책" 속에 우주와 그 안에 존재하는 모든 만상을 운용하시고 주장하시고 다스려 나가시는 하나님의 거룩한 계획과 뜻이 들어 있습니다. 우주 안에 일어나는 모든 일은 아주 미세한 부분에까지 바로 그 책 속에 써 있는 것의 실현일 뿐입니다. 그 책은 "안팎으로" 무엇인가 가득 기록되어 있습니다. 그 기록된 것이 하나님의 지으시고 통치하시는 우주 안에서 실현이 되는 것입니다.

그러나 그 책은 "일곱 인(印)으로 봉하여" 있습니다(5:1). "일곱 인"이란 완전한 인을 말하는 것입니다. 그 책의 내용은 아무도 넘겨다보지 못하게 완전한 '비밀'로 봉하여져 있습니다. 그 책의 인을 떼서 그 책에 쓰여져 있는 내용과 그 비밀을 읽어 내서 알아낼 만한 권위와 능력과 자격을 갖추고 있는 자가 누구인가?

"또 보매 힘있는 천사가 큰 음성으로 외치기를 누가 그 두루마리를 펴며 그 인을 떼기에 합당하냐?"고 묻고 있습니다. 그러나 "하늘 위에나 땅 위에나 땅 아래에 능히 그 두루마리를 펴거나 보거나 할 이가 없더라."(5:3) 곧 그 책에 기록되어 있는 성부의 의중을 알아낼 만한 능력과 권위를 가지고 있는 자는 피조물 속에서는 없습니다. 하늘에도 없고 땅에도 없고 땅 아래에도 없습니다. 그 어느 피조물도 성부의 뜻을 헤아려 알아낼 만한 권위와 지혜와 영광과 능력을 가지지 못하였습니다.

요한의 울음

요한 사도는 울었습니다. 그 울음은 그 보좌에 앉으신 이의 손에 있는 두루마리 책의 인봉을 떼기에 합당한 자가 피조물계 전체에서 보이지 않기로 울었습니다(5:4). 곧 그 책의 인을 떼기에 합당한 자가 전 피조계에 전혀 없다는 천사의 큰 소리를 들었기 때문입니다.

그러면 어째서 그것이 그리도 울 일인가요?

아마 그 요한의 정서가 이러하였을 것입니다. 그 보좌에 앉으신 이의 손에 들린 인봉된 두루마리 책을 보았을 때 거룩한 호기심이 발동하게 되었을 것입니다. 그 성부의 손에 들린 책 속에는 그분의 뜻, 곧 그분이 행하실 일, 또는 그분의 통치 백서가 들어있습니다. 그 책에 기록된 대로 모든 일이 이루어 갈 것입니다. 그러니 그 책에 쓰인 그 비밀을 알고 싶은 거룩한 호기심이 발한 것은 너무나 당연한 일입니다. 하나님을 경외하는 자에는 그 하나님의 뜻이 무엇이냐보다 더 크고 중하고 가치있고 전심으로 알고 싶어할 것이 무엇이겠습니까! 그 성부의 손에 들린 바 일곱 인(印)으로 인봉된 책을 볼 때에 그 "책"의 비밀을 알고 싶은 거룩한 호기심이 그 속에 불같이 일어났을 것입니다. 또한 그 비밀이 자기 앞에 이제 열려질 것이라는 기대감이 아울러 크게 일어났을 것입니다. 그러나 천사가 큰 음성으로 "누가…그 인을 떼기에 합당하냐?"고 물었습니다. 그러나 피조계 전체에서 그 인을 떼겠다고 나설 만한 자가 전혀 없었습니다. 그래서 그 뜻의 비밀을 알지 못하게 되었다는 절망감에 빠져 울었습니다.

성도에게 있어서 마땅히 하나님의 뜻을 알아야 하는 데 그 뜻이 무엇인지 알지 못할 때에 그 답답함과 그 좌절감이란 어떠하겠습니까! 요한은 땅에 있는 모든 신실한 성도들의 정서를 대표하여 울음을 터뜨린 것입니다.

유다 지파의 사자 다윗의 뿌리

그러나 경외심으로 우는 성도의 거룩한 "울음"은 '하늘의 위로를 불러오는 통로' 와도 같습니다.

"애통하는 자는 복이 있나니 저희가 위로를 받을 것임이요."(마 5:4)

"장로 중에 하나가 내게 말하되 울지 말라 유대 지파 사자 다윗의 뿌리가 이기었으니 이 두루마리와 그 일곱 인을 떼시리라 하더라."(5:5) 성도의 진정한 위로는 피조계 전체 어디서도 얻을 수 없습니다. 성도의 위로는 언제나 바로 "유대 지파의 사자 다윗의 뿌리"되신 그리스도이십니다. 요한은 잠깐 동안 그 사실을 잊고 있었습니다. 구속받은 자들을 대표하는 장로 한 사람이 그 사실을 다시 그 요한에게 상기시켜 줍니다.

그 말을 들은 요한이 다시 눈여겨보니 "보좌와 네 생물과 장로들 사이에 어린양이 섰는데 일찍 죽임을 당한 것 같더라."(5:6) 성부의 손에 들린 그 일곱 인으로 인봉된 책을 펴서 보거나 할 오직 유일한 분은 바로 "어린양"으로 일찍 죽임을 당한 바로 그분이십니다. 그분은 고난을 당하고 죽으셨다 다시 사신 분입니다.

중보자의 위치

여기서 성 삼위의 제 2격위이신 그분이 "보좌와 네 생물과 장로들 사이에" 계셨다는 것은 의미심장합니다. 그것은 성부와 그 장로들과 네 생물들 사이에 '중보자(仲保者)' 로서 서 계시는 것을 의미합니다. 만일 4장에서 성부의 지존 어린 보좌 주위에 24 장로들의 보좌가 '가까이' 둘려 있다는 것만 나타나 있고 이 5장에 진술된 바 "보좌와 장로들과 네 생물들 사이에 계신 어린양"에 대한 언급이 없었다면 어떠할까요? 성경의 다른 책에서 그토록 강조되어 온 바, 어느 피조물도 가까이하지 못할 성부의 위엄과 영광과 권위에 대해 무엇인가 석연치 않은 느낌을 갖게 되었을 것입니다. 그러나 "보좌와 장로들과 네 생물들 사이에 어린양이 서 계신 것"으로 그 모든 오해가 불식됩니다. 그가 중보로서 "보좌와 네 생물과 장로들 사이에 서 계시기" 때문에 장로들과 생물들이 거기 보좌 가까이에 설 수 있는 것입니다.

'어린양' 되신 그분은 "일곱 뿔과 일곱 눈"(5:6)을 가지고 계십니다. 곧 당신 자체의 완전한 권능으로 친히 일하시면서도 완전한 하나님의 영이신 성령으로 일하시기도 합니다. 그래서 그분만이 성부의 완전한 뜻을 "완전하게" 이루실 오직 유일한 분이시오, 성부와 구속받은 자들 사이의 오직 유일한 중보로서 죽임을 당하신 분이십니다. 그러므로 성부의 손에 들린 그 책의 인을 떼시고 그 책에 쓰여진 것을 온전하게 이해하고 밝히시기에 합당하신 오직 유일한 분은 '어린양' 되신 그리스도뿐입니다.

"유대 지파의 사자요 다윗의 뿌리이신" 어린양 되신 예수 그리스도의 영광과 존귀함과 높으심을 바르게 이해하는 것이야 말로 성부의 영광과 권위를 이해하는 것과 아울러 우리 믿음의 체계에 있어서 진수적 요소입니다. 성부께서는 성자 예수님을 통해서 천지를 창조하시고, 구속의 일을 완성하시고, 당신의 통치 전반을 주장하여 나가십니다. 성자 예수님께서는 어린양으로서 피를 흘려 구속을 완성하사 중보자의 사역을 완성하신 분이십니다. 정말 그분만이 성부 하나님의 뜻을 이해하고 성령과 함께 그 뜻을 완성하시는 분이십니다.

우리의 믿음의 진수란 성부 · 성자 · 성령 성 삼위께서 본체(本體, substance)로는 하나이심을 믿고, 각 위의 영광과 권위와 능력이 동등되고 하나임을 믿고 아는 지식 안에 서 있는 것입니다.

세계의 역사는 성부(聖父)의 손에 들린 책에 기록된 대로 진행해 나갈 것입니다. 또 우리를 위해 죽으신 어린양 되신 예수님을 통해서 그 모든 것이 완성될 것입니다. 그는 왕이십니다. 예수님은 바로 하나님의 교회의 머리요 영광입니다.

우리는 성부 하나님 아버지의 뜻이 그리스도 안에서 성취되고 완성된다는 것을 기억하고 거기서 위로와 소망의 이유를 발견하여야 할 것입니다. 역사는 성부의 뜻을 따라 성자 하나님이신 어린양 예수 그리스도의 손안에 있습니다. 그분이 바로 교회의 머리 되십니다. 거기서 우리는 위로와 믿음의 완전하고 충분한 정당성을 발견합니다.

14
chapter

책을 취하신 어린양에게 돌려지는 존귀와 영광
5:7-14

7어린양이 나아와서 보좌에 앉으신 이의 오른손에서 두루마리를 취하시니라
8그 두루마리를 취하시매 네 생물과 이십사 장로들이 어린양 앞에 엎드려 각각
거문고와 향이 가득한 금 대접을 가졌으니 이 향은 성도의 기도들이라 9그들이
새 노래를 불러 이르되 두루마리를 가지시고 그 인봉을 떼기에 합당하시도다
일찍 죽임을 당하사 각 족속과 방언과 백성과 나라 가운데서 사람들을 피로 사
서 하나님께 드리시고 10그들로 우리 하나님 앞에서 나라와 제사장들을 삼으셨
으니 저희가 땅에서 왕 노릇 하리로다 하더라 11내가 또 보고 들으매 보좌와 생
물들과 장로들을 둘러선 많은 천사의 음성이 있으니 그 수가 만만이요 천천이
라 12큰 음성으로 이르되 죽임을 당하신 어린양이 능력과 부와 지혜와 힘과 존
귀와 영광과 찬송을 받으시기에 합당하도다 하더라 13내가 또 들으니 하늘 위
에와 땅 위에와 땅 아래와 바다 위에와 또 그 가운데 모든 만물이 가로되 보좌
에 앉으신 이와 어린양에게 찬송과 존귀와 영광과 권능을 세세토록 돌릴지어
다 하니 14네 생물이 가로되 아멘 하고 장로들은 엎드려 경배하더라.

어린양의 행보

"어린양이 나아와서 보좌에 앉으신 이의 오른손에서 두루마리를 취하시니라."(5:7)

우리는 이 어린양의 거동을 유의하여야 합니다. 지금 어린양이 **"나아간"** 곳은 바로 **"보좌에 앉으신 이"** 곧 하나님 아버지입니다. 그런데 그가 나아가시는 모습을 그 앞에 모셔 섰는 천사들과는 달리 얼굴도 가리지 않으시고, 발도 가리지 않으십니다. 또한 그의 행동에 어떤 제한적인 수식이 붙어 있지도 않습니다. 그냥 **"어린양이 나아와서 보좌에 앉으신 이의 오른손에 두루마리를 취하시니라."**로 묘사되어 있습니다. 그래서 이 대목은 그냥 흘려 보내지 말고 유념해 볼 대목입니다.

어째서 유념할 대목이란 말인가? 다른 24 장로나 천사들은 얼굴을 가리거나 경배하는 모습이 없이는 보좌에 앉으신 이께 나아가지 않습니다. 어느 피조물이 그 보좌에 앉으신 이의 앞에 가면서 얼굴을 바로 세워 보좌에 앉으신 이를 똑바로 응시하면서 나아갈 수가 있겠습니까? 땅에서도 백성이 왕 앞에 나아가면서 머리를 쳐들고 정면으로 나아가지 않습니다. 그것은 마치 작열하는 태양을 맨눈으로 정면으로 응시하고 있는 사람과 같습니다. 어떻게 그 가까이하지 못할 빛에 거하시는 분을 정면으로 응시할 수 있겠습니까? 그 어떤 피조물도 그분의 보좌에서 비추는 빛의 광선 하나마저도 감당할 수 없습니다. 그래서 그 앞에 모셔 섰는 스랍들이 여섯 날개 중 둘로는 얼굴을, 둘로는 발을 가리고, 둘로는 날고 있는 것입니다.

그런데 어쩐 일인지 어린양 되신 이는 보좌에 앉으신 이의 오른손에 들린 두루마리를 그냥 거리낌없이 취하십니다. 그것은 무엇을 말함인가요? 어린양이 보좌에 앉으신 이에 대해 예의 없이 행동하는 것을 의미하는 것인가요? 아닙니다.

① 그보다는 그 보좌에 앉으신 이와 어린양 되신 이의 영광과 권위와 능력이 동등되고 하나임을 여실히 시사하는 장면입니다.

② 보좌에 앉으신 이와 어린양 되신 이 사이에는 그 행동 이전에 조금도 어긋나지 않는 완전한 교통과 친밀함이 있음을 시사하는 것입니다. 하나님 아버지의 엄위와 생각과 영광은 곧 아들이신 어린양의 것이고, 그러한 조건 속에서 성부와 성자가 성령과 함께(어린양 되신 이가 성령과 함께 계시다. 6절) 영원히 교통하여 오신 것입니다.

③ 그러니 그 아버지는 어린양이신 그 아들에게 당신을 온전하게 열어 놓으신 상태에 있습니다. 그러하여도 아들이 아버지의 권위를 찬탈하거나 업신여길 가능성이 없습니다(사람들 중에서는 그러한 일이 있습니다. 친밀한 사이가 나중에는 원수가 되는 경우가 많고, 믿고 온통 맡겨 놓았다가 배신당하는 경우가 많습니다. 그것은 사람의 죄악적인 불의와 악함 때문입니다). 그래서 아버지께서는 아들의 하는 일에 대해 조금도 경계의 눈초리를 보내실 필요가 없습니다. 아들은 아버지의 기뻐하시는 일이 아니면 하지 않으십니다(요 5:26-32).

④ 성령께서 요한으로 하여금 성부께서 오른손에 인봉된 두루마리를 가지신 것을 보이게 하신 것은, 궁극적으로 아들이신 그분의 권위를 부각시

키기 위함입니다. 아버지 자신의 권위를 드러내심과 함께 아들의 권위를 드러내려 하심입니다. 대속주요 어린양이신 분이 아버지의 나라의 임금이시고, 세상과 열방과 모든 우주, 하늘과 땅 모두의 권세를 운용하시는 만유의 주가 되심을 강조하려 하심입니다. 아버지께서 당신의 뜻을 따라서 대속을 완성하신 어린양이신 그분께 그와 같은 권위를 새롭게 부여하신 것입니다(마 28:16-19). 아울러 그분이 교회의 머리이십니다. 교회의 머리이신 그분이 만유의 주가 되신다는 것은 교회들에게 있어서는 정말 사람의 말로 다 묘사할 수 없는 위로입니다.

그래서 어린양이신 그분이 "보좌에 앉으신 이의 오른손에서" 당당히 "두루마리를 취하신" 것입니다.

어린양께 대한 네 생물과 24 장로들의 자세

두루마리를 취하시는 어린양의 모습을 곁에서 경외심을 가지고 지켜본 "네 생물과 24 장로들이 어린양 앞에 엎드렸다."(5:8) 당연한 일입니다. 그들은 아버지의 손에서 그 "두루마리를 취하시는" 그분의 권위와 영광과 엄위를 보고 더 이상 가만히 서서 볼 수만 없었습니다. 그분은 바로 보좌에 앉으신 이와 같은 영광과 권위와 위엄을 가지고 계십니다. 만일 그러한 면에서 조금이라도 모자라거나 열등한 점이 있었다면, 그렇게 하지 못하였을 것입니다. 그런 경우가 아닌데도 성부께만 드릴 예를 그분께 드린다면, "보좌에 앉으신 분에 대한" 은근한 도전이 될 것입니다. 왕 앞에서 신하들이 왕에게 하는 예를 다른 어떤 자에게 갖추어 부복한다면 그것은 큰 반역이요 역모일 것입니다. 그래서 우리는 오직 하나님 한 분께만 경배와 찬미를 드려야 하는 것입니다. 그런데 이들은 "보좌에 앉으신 이" 앞에서 "어린양 앞에 엎드려…" 그리하여도 아무런 문제가 없었습니다.

그들 보좌 주위에 있는 24 장로와 네 생물은 영적인 존재들이기 때문에 그것을 너무나도 잘 압니다. 자기들이 누구에게 어떤 행동을 취하여야 할지 너무나도 잘 압니다. 그런데 이들이 "보좌에 앉으신 성부"께 드리는 예(禮)를 어린양에게 드리는 것은 까닭 없는 충동 때문이 아닙니다. 오직 합당한 이유에서입니다. 오직 그분 어린양이 보좌에 앉으신 이와 본체(substance, 본질)로는 "하나"이시기 때문입니다. 속성과 성품과 존영과 엄위와 능력이 조금도 차이가 나지 않고, 그러시면서 성부와 성자 사이에 하등의 갈등이나 라이벌의 다툼이 없이 완전한 조화와 연합과 일치와 희락과 사랑만이 존재하기 때문입니다.

그래서 성부를 향해 경배하는 이는 아들이신 예수님께 대해서도 같은 경배를 하기 마련입니다. 성령의 인도하심을 받는 자는 그렇게 하게 되어 있습니다. 이단은 그렇게 하지 않습니다. '여호와의 증인' 이란 이단은 성부와 성자를 차등화시키고 성부만 하나님이시고 성자는 피조물 중 으뜸으로 봅니다. 그들은 성령의 인도하심을 따른 것이 아니라 다른 영에 의해서 움직이는 자들입니다.

기도의 향과 찬미의 제물

24 장로와 네 생물들은 어린양 되신 이에게 "엎드려 각각 거문고와 향이 가득한 금 대접을 가졌으니 이 향은 성도의 기도들이라."(5:8) 여기서 어린양이신 그리스도께 대해 "기도의 향"을 드리는 모습은 의미심장합니다. 아기

예수님께 동방 박사들이 경배하면서 황금과 유향과 몰약을 드렸습니다. 그것은 아기 예수님을 자기들의 왕으로 모신다는 증표요, 충성과 애정의 표시였습니다. 여기서 24 장로들과 네 생물들은 **"기도의 향"**을 드려 자기들의 구주요 임금 되신, 그리고 어린양이신 그리스도께 예를 표합니다.

특하 기도는 성부에게 드려지는 것인데, 여기서는 어째서 그리스도께 기도를 드리는가하는 의아심이 생길 수 있습니다. 여기서 우리는 그 점에 대해 두 가지로 접근할 수 있습니다.

① 예수님께서 기도를 받으실 만한 권위를 가지고 계십니다. 그리스도께서는 구속(救贖)의 역사를 완성하심으로 말미암아 기도를 받아 응답하시는 권위를 하나님 아버지께 받은 것입니다(요 14:12,13).

② 모든 성도의 기도가 예수님의 이름으로 아버지께 드려지는 것입니다. 예수님의 이름으로 드려지지 않는 모든 기도는 다 하나님께 상달되지 못합니다. 기도는 예수님의 이름으로만 아버지께 올려지는 것입니다. 여기 24 장로들과 네 생물들이 **"금 대접에 가진 향"**은 성도들이 아버지께 올리는 기도들입니다. 그러나 어린양이신 예수님의 이름으로 드려지는 것이니, 기도는 일단 아버지께 올려지기 전에 어린양에게 먼저 보여지는 것입니다. 기도는 아버지께 올려지는 거룩한 향임과 동시에 아들도 흠향(歆饗)하시는 거룩한 향입니다.

특히 기도를 **"향"**으로 상징한 것은 하나님께 예수님의 이름으로 올려지는 기도가 성 삼위 하나님께 기쁨의 제물임을 보여 줍니다. 아울러 우리의 기도를 점검하게 하는 표현이기도 합니다. 우리의 기도가 하나님께 향내

낼 만한 것인가? 아니면 예수님의 이름으로 올려질 만한 가치가 있는 기도인가? 우리의 기도가 향이 되지 못하고 눈물을 자아내게 할 만한 가증하고 싫은 불쾌한 냄새나는 매운 연기와 같은 것이 아닌가?(잠 10:26) 우리는 하나님께 기도할 때 이 점을 유념해야 합니다.

"너는 하나님 앞에서 함부로 입을 열지 말며 급한 마음으로 말을 내지 말라 하나님은 하늘에 계시고 너는 땅에 있음이니라 그런즉 마땅히 말을 적게 할지니라."(전 5:2)

또 24 장로들과 네 생물들은 새 노래로 어린양을 찬미합니다.

"두루마리를 가지시고 그 인봉을 떼기에 합당하시도다 일찍 죽임을 당하사 각 족속과 방언과 백성과 나라 가운데서 사람들을 피로 사서 하나님께 드리시고 그들로 우리 하나님 앞에서 나라와 제사장들을 삼으셨으니 그들이 땅에서 왕 노릇하리로다 하더라."

어린양이 하신 그 놀라운 일은 찬미를 받아 마땅한 일입니다. 아버지의 뜻을 따라서 자기 피로써 백성들을 사서 아버지께 드리신 일은 아버지께 찬하를 받아 마땅한 일이고, 그 은택을 입은 하나님의 백성들 전체에게 칭송을 받아 마땅한 일입니다. 오직 그분의 하신 일만을 힘입어 하나님 앞에서의 성도들의 존재와 영광이 보증되고 보전이 되는 것입니다. 그러니 성도는 아들을 어린양으로 보내신 아버지를 찬미할 뿐 아니라, 아버지의 뜻을 따라서 온전하게 자신을 어린양으로, 생축으로 하나님께 드리사 자기 백성을 구속하신 주님의 은혜를 찬미하고 영화롭게 해야 합니다. 우리가 예수님의 은혜로 말미암아 받은 다음의 은혜를 기억합시다.

① 그를 힘입어 우리의 죄를 용서받았고 그의 의를 힘입어 의롭다 하심을 받았습니다(엡 1:6 ; 롬 3:23,24).

② 그를 힘입어 우리가 영생 얻은 하나님의 자녀가 되었습니다.(요 1:12,13 ; 롬 6:23)

③ 그를 힘입어 보혜사 성령을 선물로 받았습니다(요 7:39 ; 16:7-15, 행 2:1-4, 38 ; 고전 2:10-12).

④ 그와 그 행하신 일로 말미암아 하나님의 나라의 백성이 되었고, 왕 같은 제사장이 되었습니다(벧전 2:9,10 ; 빌 3:20,21).

⑤ 하늘의 영원한 기업을 얻었고, 하나님과 영원히 함께 거하게 되는 복락을 받았습니다(벧전 1:3-5 ; 엡 1:18 ; 계 21:3).

⑥ 지상의 순례 길에서 모든 필요한 은혜를 그 이름으로 하나님 아버지께 구하여 받게 되었습니다(요 14:13,14 ; 15:7 ; 엡 3:21).

그러니 그분 어린양께 찬미와 감사를 드려야 마땅합니다.

24 장로들과 네 생물들만이 대표로 찬미를 부르는 것이 아닙니다. 요한은 또 보고 들었습니다. 자세히 유념하게 되었다는 말입니다. 그러니 "**하나님의 보좌와 생물들과 장로들을 둘러선 많은 천사의 음성이 있으니 그 수가 만만이요 천천이라 큰 음성으로**" 함께 부르는 찬미가 들렸습니다. "**죽임을 당하신**

어린양이 능력과 부와 지혜와 힘과 존귀와 영광과 찬송을 받으시기에 합당하도다."(5:12) 이 말씀은 어린양으로부터 모든 능력과 지혜와 힘과 존귀와 영광이 나오니 그에게 존귀와 영광과 찬미를 드려야 마땅하다는 것입니다. 우리가 "부(富)"를 말하면서 그리스도를 말하지 않고, 지혜를 말하면서 그리스도를 언급하지 않고, 존귀와 영광을 생각하면서 어린양이신 그분을 생각하지 않으면 정말 잘못하는 것입니다. 모든 좋은 것을 말하면서 하나님을 생각하지 않는 것이 어불성설이듯이(약 1:16,17), 모든 좋은 은혜와 은사를 생각하면서 그리스도를 생각하지 않는 것 또한 합당치 못합니다. 성령은 진리의 영이십니다. 성 삼위 하나님을 생각치 않고 진리 운운하는 것은 달과 별들의 빛을 생각하면서 해를 전혀 염두에 두지 않는 것이나 마찬가집니다.

모든 피조물의 마땅한 바

요한은 다시 귀와 눈을 통해 **"하늘 위에와 땅 위에와 땅 아래와 바다 위에와 또 그 가운데 모든 만물이"**(5:13) 살아 계신 하나님 아버지와 그 아들이시요 어린양이신 주님께 찬양과 경배를 드리는 것을 접합니다. 요한은 성령의 인도로 열려진 영적 총명과 지각을 통해 모든 것을 봅니다. 그러니 그는 단순히 육신적 시각으로 보지 않고 항상 영적으로 보고 있습니다. 그래서 하늘에 있는 것들이나 땅에 있는 것들이나 또 땅 아래 있는 것들이나 바다 위에와 그 가운데 있는 모든 만물이 다 하나님과 어린양을 찬미하는 소리를 듣습니다.

지상에 살고 있는 인생들은 만물을 볼 때 자기 자신의 죄악된 시각으로 봅니다. 육신적인 차원으로밖에 그 존재의 의미를 보지 못하니 진정한 이

해를 가질 수 없습니다. 나무 한 그루를 보더라도 얼른 자기 자신과의 이익 관계에서는 보려고 하지만 그것이 창조주 하나님께 대해 어떠한 의미가 있는지를 생각지 못합니다. 또 관심도 없습니다.

그러나 하나님의 성령께서는 당신의 사도 요한에게 하나님의 지으신 모든 만물이 성부와 성자께 찬미와 경배를 드리고 있는 것을 보여 주시고 그 찬미의 소리를 듣게 하여 주십니다.

"보좌에 앉으신 이와 어린양에게 찬송과 존귀와 영광과 능력을 세세토록 돌릴지어다."(5:13)

정말 피조물의 진정한 가치란 자기를 지으신 이와의 관계 속에서만 발견되는 법입니다. 풀 한 포기도, 나무 한 그루도 다 의미가 있습니다. 산기슭에 외롭게 피었다가 며칠이 못 되어 금방 시드는 작은 풀꽃들도 의미가 있습니다. 하나님께서 그것들을 지으시고 기르시고 관리하시고 입히시고 먹이시기 때문입니다. 하나님께서 그리하신다는 것은 하나님의 생각과 의미와 뜻이 그것들에도 걸려 있음을 의미하는 것입니다. 우리 주님께서는 "공중 나는 새"나 들에 피는 "백합화"를 볼 때 어떤 식으로 보고 생각해야 하는지 그 관점을 그러한 식으로 가르쳐 주셨습니다.

"공중의 새를 보라…너희 천부께서 기르시나니…오늘 있다가 내일 아궁에 던지우는 들풀도 하나님이 이렇게 입히시거든…"(마 6:26-30).

주님의 논리인즉, '하물며 하나님의 형상을 따라 지음을 받은 인생은 어떠하리요. 더 나아가 어린양 되신 그리스도의 피로 사신 바 된 성도는 그러한 면에서 얼마나 더욱 존귀하랴!'

"오늘 있다가 내일 아궁이에 던지우는 들풀도 하나님이 이렇게 입히시거든 하물며 너희일까보냐 믿음이 적은 자들아 … ."

궁 극 적　승 리 를　위 하 여

우리가 살펴본 바와 같이 성령께서 4장에서는 보좌에 앉으신 하나님의 엄위와 그 존영을, 5장에서는 하나님의 아들이시요 우리의 주가 되시는 "어린양" 예수 그리스도의 존귀와 영광을 보여 주십니다.

우리 믿음은 바로 성령의 인도하심 속에서 그 성부와 성자에 대한 경외함으로 나타납니다. 믿음이 좋다는 것은, 바로 우리의 믿음의 대상이신 성 삼위 하나님을 바르게 아는 지식 가운데서 그를 신뢰하고, 영광을 돌리고, 복종하고 받들어 섬기는 것을 의미하는 것입니다. 그러니 믿음의 삶은 모든 삶 전체가 그 성 삼위 하나님과의 영원한 관계 속에서 영위되어야 합니다.

영적인 사람이라는 것은 바로 그러한 사람을 두고 하는 말입니다. 보고 듣고 아는 모든 사물(事物)을 하나님과의 관계의 시각에서 이해하고 접근하고 쓰는 것이 하나님의 자녀된 그리스도인에게 합당합니다.

우리가 하나님의 충만인 교회를 이해할 때도 그러한 식으로 이해해야 합니다. 교회를 영적으로 섬기지 않는 이는 언젠가는 자기가 교회를 섬긴 것만큼 교회를 허물게 되어 있습니다. 영적인 사람은 '주께서 하셨다. 내가 아니요 나와 함께하신 하나님의 은혜로다.'(고전 15:10)라고 말합니다. 그러나 그렇지 않은 이는 '내가 하였다.'는 말을 하게 되기 때문입니다. 우리는 바울같이 "나의 나 된 것은 하나님의 은혜로 된 것이니"(고전 15:10)라고 해야 합니다. 교회나 가정이나 사회에서나 직장에서나 그런 바른 믿음의 자세를 가지고 일하고 사람들을 대하면 언제나 그는 하나님의 은혜 속에서 성령의 인도하심 가운데 하나님께 영광을 돌립니다. 그 사람을 통해 많은 이들이 그리스도께 인도함을 받을 것입니다.

우리의 삶이 그러하다면 정말 존귀하여 하늘의 별같이 빛날 것입니다(단 12:3). 정말 수많은 영혼들을 주님 앞에 인도한 그릇으로 쓰임받은, 교회사에 찬연히 빛나는 귀한 주의 종들을 보십시오(사도들 · 어거스틴 · 마틴 루터 · 존 칼빈 · 존 오웬 · 조지 휫필드 · 조나단 에드워즈 · 존 웨슬리 · 찰스 스펄전 · 마틴 로이드 존스 · 언더우드 · 아펜젤러 · 손양원 · 길선주 · 주기철…그리고 신실한 모든 성도들). 지상적인 의미에서 그들의 시대가 지나갔는데도 그 이름들은 정말 하늘의 별같이 빛나고 있습니다. 교회사가 다하는 날까지, 아니 예수님께서 오시고 난 후에도 하나님의 나라에서 그들의 이름은 하나님 앞과 천사들과 성도들 앞에서 기억될 것입니다.

우리 아버지 하나님과 우리 주 예수 그리스도와 우리의 보혜사이신 성령님께 영광과 존귀를 돌리고 그를 아는 지식과 은혜 안에 견고하게 서는 은혜를 항상 구합시다.

15
chapter

어린양이 인을 떼실 때에

6:1-17

1내가 보매 어린양이 일곱 인 중에 하나를 떼시는 데 그때에 내가 들으니 네 생
물 중에 하나가 우렛소리같이 말하되 오라 하기로 2내가 이에 보니 흰말이 있
는데 그 탄 자가 활을 가졌고 면류관을 받고 나아가서 이기고 또 이기려고 하
더라 3둘째 인을 떼실 때에 내가 들으니 둘째 생물이 말하되 오라 하더니 4이에
붉은 다른 말이 나오더라 그 탄 자가 허락을 받아 땅에서 화평을 제하여 버리
며 서로 죽이게 하고 또 큰 칼을 받았더라 5셋째 인을 떼실 때에 내가 들으니
셋째 생물이 말하되 오라 하기로 내가 보니 검은 말이 나오는데 그 탄 자가 손
에 저울을 가졌더라 6내가 네 생물 사이로서 나는 듯한 음성을 들으니 이르되
한 데나리온에 밀 한 되요 한 데나리온에 보리 석 되로다 또 감람유와 포도주
는 해치지 말라 하더라 7넷째 인을 떼실 때에 내가 넷째 생물의 음성을 들으니
이르되 오라 하기로 8내가 보매 청황색 말이 나오는데 그 탄자의 이름은 사망
이니 음부가 그 뒤를 따르더라 그들이 땅 사분 일의 권세를 얻어 검과 흉년과
사망과 땅의 짐승으로써 죽이더라 9다섯째 인을 떼실 대에 내가 보니 하나님의
말씀과 저희의 가진 증거를 인하여 죽임을 당한 영혼들이 제단 아래 있어 10큰

소리로 불러 이르되 거룩하고 참되신 대주재여 땅에 거하는 자들을 심판하여
우리 피를 갚아주지 아니하시기를 어느 때까지 하시려나이까 하니 11각각 그들
에게 흰 두루마기를 주시며 가라사대 아직 잠시 동안 쉬되 그들의 동무 종들과
형제들도 자기처럼 죽임을 받아 그 수가 차기까지 하라 하시더라 12내가 보니
여섯째 인을 떼실 때에 큰 지진이 나며 해가 검은 털로 짠 상복같이 검어지고
달이 온통 피같이 되며 13하늘의 별들이 무화과 나무가 대풍에 흔들려 설익은
열매가 떨어지는 것같이 땅에 떨어지며 14하늘은 두루마리가 말리는 것같이 떠
나가고 각 산과 섬이 제자리에서 옮기우매 15땅의 임금들과 왕족들과 장군들과
부자들과 강한 자들과 모든 종과 자유인이 굴과 산 바위 틈에 숨어 16산들과 바
위에게 말하되 우리 위에 떨어져 보좌에 앉으신 이의 얼굴에서와 어린양의 진
노에서 우리를 가리라 17그들의 진노의 큰 날이 이르렀으니 누가 능히 서리요
하더라.

6장의 위치

우리는 앞의 5장에서는 하나님의 인봉된 책의 인을 떼시기에 오직 유일하신 자격자 되시는 어린양, 우리의 대속주로서 자신을 흠 없는 어린양같이 희생 제물로 드리신 하나님의 아들 우리 주 예수 그리스도의 영광을 알아보았습니다. 그분만이 하나님의 성품적인 신비를 완전하게 드러내신 분이십니다. 아니 그분 자신이 본체로는 하나님 아버지와 동등이십니다. 그리고 하나님의 마음과 계획과 뜻을 알고 계신 분은 바로 그분이십니다. 성부와 성자와 성령 각 위 간의 도모로 창조와 통치와 심판과 구원이 진행되기 때문입니다. 그분은 아버지와 함께 경배와 영광을 받으시기에 합

당하신 분이십니다.

이제 그분이 인을 떼심으로 나타나는 6장의 내용은, 첫째 인을 떼실 때부터 여섯째 인을 떼실 때까지 나타난 계시의 비밀입니다. 이 대목은 환난과 고통의 특징을 가진 세상의 성격들을 보여 줍니다.

교회가 처한 영적인 환경은 바로 세상입니다. 주님께 속한 성도들의 모임이요 그리스도의 몸인 교회는 바로 세상에 속하지 않았지만 여전히 세상 속에 있습니다. 그러니 세상의 성격과 특성을 아는 것은 필수 요건입니다. 교회는 세상과 싸워야 하고 받은 사명과 능력을 따라 하나님의 사람들을 그리스도 안에서 세우고 양육하여 하나님의 자녀의 신분에 걸맞는 거룩한 사람들로 자라게 해야 합니다(엡 4:11-14).

세상은 궁극적으로 하나님의 큰 심판과 진노 아래 처하여 있습니다. 그 큰 심판, 곧 어린양 되신 그리스도의 재림과 심판이 이르기까지 세상과 세상에 있는 이들은 여기서 계시된 여러 종류의 고통과 질고를 당합니다.

요한은 성도들을 대표하여 4,5장에서 성부의 보좌와 어린양의 중보적인 지위를 통해서 땅에 있는 성도의 영광과 위로와 소망의 원천을 맛보았습니다. 땅에서 일어나는 모든 일들이 바로 그 하늘 보좌에 앉으신 이와 어린양 되신 그리스도로 말미암아 통제되고 주장됩니다. 그것이 땅에 있는 성도에게 있어서는 위로의 원천이요 모든 인내의 풍성한 이유가 되는 것입니다. 주님께서는 요한으로 하여금 그것을 먼저 보게 하신 뒤에 하늘에서 조정되는 땅의 일들로 다시 시선을 옮기게 합니다. 특히 그리스도의 재림까지 땅에 있는 성도가 거해야 하는 땅에 속한 세상의 특성을 보편적으로 말합니다. 그 특성은 여러 가지의 환난과 재난과 고통입니다. 성도는 세상의 이런 성질을 바르게 인식하고 대처해야 할 것입니다.

6장의 해석 원리

6장에 어린양 되신 주께서 인을 떼실 때마다 차례로 소개되는 내용을 연대적인 순서로 볼 것인가, 아니면 다른 관점에서 볼 것인가? 연대적인 순서를 가리키는 것으로 보려는 주석가들도 있었으나 논리가 희박합니다. 물론 그리스도의 재림과 진노를 의미하는 내용이 여섯째 인을 떼실 때에 나타나기는 하지만, 그 이전의 내용을 시대적인 순서로 이해하기는 곤란할 것입니다. 만일 시대적으로 이해하기로 하면 성도의 믿음과 순교와 관계되는 다섯째 인을 떼시어 나타난 계시의 내용이 시대적으로 그리스도께서 오시기 직전에만 있는 것으로 이해하여야 하는데, 순교는 이미 말세의 시작인 그리스도의 초림 이후 바로 시작된 일입니다. 그러니 이 6장의 내용을 연대적인 순서로 이해하는 것은 무리일 것입니다.

도리어 그리스도 재림 때까지의 세상의 특성들을 여러 가지 측면에서 보여 준 것이라고 함이 온당해 보입니다. 그리스도 재림 시까지의 세상의 일을 전 시대적(全時代的)이고 보편적으로 보여 주신 것입니다.

그러니 첫째 인을 떼시어 나타난 내용이든지 둘째, 셋째, 넷째, 다섯째 인을 떼실 때에 나타난 것이든지 간에 전 시대적으로 적용하여 언제나 어느 곳에서나 일어날 수 있는 정황입니다. 여전히 세상의 형국을 주관하시는 하나님께서 당신의 주권으로 이 세상의 상태를 그러한 식으로 운영하실 것을 이 계기로 말씀하신 것입니다.

첫째 인을 떼실 때에

"내가 보매 어린양이 일곱 인의 하나를 떼시는데 그 때에 내가 들으니 네 생물 중에 하나가 우렛소리같이 말하되"(6:1) 네 생물 중에 하나가 요한에게 어린양이 인 하나를 떼실 때마다 나타난 비밀을 알게 합니다. "우렛소리같이" 말한 것은 바로 그것이 하늘에 속한 것임을 드러냅니다.

요한이 본 형용은 "흰말"과 그 흰말을 "탄 자"의 모습입니다. 그가 "활을 가졌고 면류관을 받고 나아가서 이기고 또 이기려고" 하였습니다.

첫째 인을 떼실 때에 나타난 것은 앞으로 다른 인을 떼실 때에 나타날 형용에 대한 서론과 같다는 인상을 주는 것입니다. 그것이 성경의 방식 중 하나입니다. 그러하다면 이 첫째 인을 떼실 때에 요한으로 보게 한 그 형용을 통해서 우리가 받는 인상은 무엇인가? "전투"에 대한 것입니다. 그 말 탄 자가 "활을 가지고 면류관을 받고 나아가서 이기고 또 이기려고 하더라." (6:2) 말 탄 자는 싸움에 임하여 항상 이기려고 애를 쓰고 있습니다. 그러니 영적 전투와 관련된 계시임에 분명합니다.

그러면 이 "흰말을 탄 자"는 누구인가? 이에 대해 해석가들 사이에 정반대적 해석이 제시됩니다. 곧 한 부류의 해석가들은 여기서 "흰말"과 "면류관"과 "이기고 이기려고 하더라."는 것을 온전히 그리스도를 시사하는 것으로 해석합니다. "흰말"은 영광을 상징하는 것이고, "면류관" 역시 그리스도의 승리의 영광을 보여 주는 것입니다. 그리스도는 항상 "이기려 하는 자"의 모습으로 나타난다는 것입니다.

또 다른 부류의 해석가들은 여기서 "흰말과 그 탄 자"가 적그리스도의 상징이라고 합니다. "이기고 이기려고 하더라."는 말은 이김을 완성하지 못하고 이기려고 애를 쓰나 결국 이김에 도달하지 못하는 적그리스도라는 것입니다.

여기서 이 난제를 해결하기 위해 우리는 계시록의 구성 특성 중에 하나를 주목할 필요가 있습니다. 그것은 또한 성경의 보편적인 특성이기도 합니다. 성경은 항상 처음과 나중이신 분을, 그야말로 가장 먼저, 그리고 가장 나중에 언급하는 것이 관례입니다. 그러하다면 이 부분과 마지막 여섯째 인을 떼실 때에 나타난 것이 다 같이 그리스도라고 보는 것이 무리가 없을 듯합니다. 적그리스도가 그리스도를 가장하여 승리자의 모습을 띠려고 할 것은 사실이나 여기의 묘사가 적그리스도를 상징한다고 하기에는 무리가 있습니다. "흰말"과 이미 "면류관"이 주어진 것이나, "이기고 또 이기려고 하는" 모습이나 그리스도의 영광의 한 단면을 보여 주는 것입니다. 그리고 다른 인을 떼실 때의 경우와는 달리 "네 생물 중 하나가 우렛소리같이 말하되 오라."고 한 것은 그 네 생물이 가리키는 이의 권세와 영광을 크게 선양하는 모습일 것입니다. 여섯째 인을 떼실 때에 일어나는 대사변은 그리스도의 재림 때의 광경이고 그것은 정말 천지를 뒤흔드는 놀라운 일일 것입니다. 그리스도께서 전 교회 시대에 걸쳐 승리자로서 계속 영적 전투에서 이기고 또 이기려 하며 궁극적 승리자로 서실 것은 영광스러운 일이고, 그것은 또한 천지가 울리도록 큰 "우렛소리"로 전해야 할 큰 일입니다.

여기에 성도의 희망과 위로가 있습니다. 눈에 보이는 세상에서 일어나는 일이 아무리 곤고하고 두렵고 고통스럽다 할지라도 궁극적인 승리자는 성도의 구주이신 그리스도십니다. 그에게 "흰말"이 주어져 있습니다. 정결함과 영광과 권위의 상징입니다. "면류관"도 이미 주어졌으니, 그것은 그가 이미 승리하여 왕권을 가지신 것을 의미합니다. 그러나 재림 시에 그 영광의 위용을 완전하게 드러내시기까지 아직도 사탄의 세력은 그리스도를 대적합니다. 그래서 그리스도께서 여전히 당신의 교회를 위해, 교회를 통해서 싸우셔야 합니다. 물론 그리스도의 궁극적 승리는 보장되어 있습니다. 그에게 주어진 "활"로 원수의 심장을 꿰뚫어 버릴 것입니다. 그것은 하나님의 말씀의 활로 마귀의 세력을 척결하실 것을 상징합니다. 아무리 우리가 세상에서 고통과 환난의 질고 속에서 어려움을 겪어도 여전히 그리스도께서 영적 전투의 승리자로 계속 우리를 위하여 싸우십니다. 또 결국 이기실 것을 알고 우리는 위로를 받아야 할 것입니다. 그분의 '넉넉한 승리'는 우리의 '궁극적 승리'의 확실한 보장이기 때문입니다. 성령께서는 교회가 처한 세상의 일반적인 형국과 특성을 알려 주시기 전에 먼저 교회를 위한 당신의 보장을 확증시켜 주신 것입니다.

둘째 인을 떼실 때에

여기서부터 이제 세상에서 일어날 환난과 고통의 요소들이 소개됩니다. **"둘째 인을 떼실 때에 내가 들으니…이에 붉은 다른 말이 나오더라 그 탄 자가 허락을 받아 땅에서 화평을 제하여 버리며 서로 죽이게 하고 또 큰 칼을 받았더라."**(6:3) 여기서 먼저 주목할 요점은 그 말 탄 자가 '허락을 받았다.'는 것입니다. 첫째 인의 경우 "흰말" 탄 자가 허락받았다는 말은 없고 바로 면류관을 받고 '**나가서 이기고 이기려고**' 하였습니다.

특히 성경에서 '허용적'인 하나님의 행사에 대해서 언급하는 것은 "악"에 대한 것입니다. 하나님께서는 "악인도 악한 날을 위하여 예비하시는"

주권을 가지고 계시기 때문입니다. 그러한 경우 악인의 악행은 하나님의 진노의 방편으로 '허용적' 입니다. 그러니 여기서도 붉은 말은 하나님으로부터 화평을 제하는 일을 위하여 허락받고 큰 칼도 받았습니다(6:3).-**"그가 서로 죽이게 한다."**(6:4) - 여기서는 세상의 사람들 속에 있는 죄악의 본성이 자극을 받아 악하게 발동되되 서로 죽일 정도로 미워하게 하는 일이 있을 것이라는 것입니다. 그래서 화평하지 못하게 됩니다. 언제 저 사람이 나를 죽일지 모른다고 서로 경계하고 의심하게 됩니다. 그래서 세상은 항상 불안합니다. 세상의 성격이 그렇다는 것입니다. 화평할 때가 없는 것입니다. "붉다"는 것은 "피를 흘려 목숨을 위협하는 싸움"의 맹렬함을 의미합니다. 세상은 항상 위협과 살기가 가득한 특성을 가지고 있는데, 세상과 세상에 있는 것들을 사랑할 가치가 없는 것은 바로 그 때문입니다(요일 2:15-17). 세상 어느 나라, 어느 지역, 어느 문화권이 바로 이 특성에서 벗어나 있습니까! 정도의 차이는 있지만 어디서나 이 위협과 고통이 발견됩니다. 전운(戰雲)의 위협이 항상 마음 조이게 하는 곳이 바로 세상입니다.

셋째 인을 떼실 때에

셋째 인을 떼실 때에 **"검은 말"**이 등장합니다.

"그 탄 자가 손에 저울을 가졌더라."(6:5)

저울은 시장에서 사고팔고 할 때에 쓰이는 도량형의 하나입니다. 곧 이 계시는 세상에 있는 거민의 의 · 식 · 주와 관련된 문제, 곧 경제 문제에 관한 것임에 분명합니다.

"네 생물 사이로서 나는 듯 하는 음성을 들으니 가로되 한 데나리온에 밀

한 **되요 한 데나리온에 보리 석 되로다.**"(6:6)

당시 '한 데나리온'은 노동자의 하루 품값에 해당하는 가치입니다. 그렇다면 하루 종일 일하나 그저 겨우 보리 석 되, 곧 하루의 끼니를 겨우 때울 만한 정도의 품값 밖에는 받지 못하는 핍절한 상태를 의미하는 것입니다. 이 요한계시록이 쓰여진 당시의 일반적인 시세의 12배 내지 16배나 곡식 값이 뛰는 무서운 일이 일어날 것이라는 것입니다(이상근). 그 말은 세상에서는 항상 경제적인 기근의 위협이 도사리고 있다는 것입니다. 물론 주님 오시기까지 한 곳에서 줄기차게 그러한 기근이 계속적으로 이어지지는 않을 것입니다. 그러나 그곳이 어디든지 주님의 섭리 속에서 그런 경제적인 핍절 상태가 불현듯 올 수 있습니다. 오늘날 세계의 경제적인 규모나 구조는 당시 이 계시록이 기록될 당시에 비하여 비교가 되지 않을 만큼 거대합니다. 그러나 그것이 경제적인 기근에서 전 세계를 완전히 자유하게 하지는 못할 것입니다. 이 하나님의 계시는 그러한 일이 불가능할 것을 예시합니다. 세상의 어느 곳이든지 언제라도 경제적인 궁핍과 기근에 처하게 될 위기를 만날 수 있다는 것입니다. 그것이 바로 세상의 보편적인 특성입니다.

그러나 "**감람유와 포도주는 해치 말라.**"(6:6)는 명이 떨어집니다. 곡식 값이 그렇게 치솟아 겨우 끼니를 잇기에도 벅찬 빈핍한 상태 속에서도 세상에서는 "감람유와 포도주"는 여전히 존재합니다. 당시 이 식품이 진귀한 식품은 아니고 일반적인 식품이기는 했지만 여전히 일용할 양식으로 쓰이는 곡식과는 구별이 되는 식품이었습니다. 곧 이 식품은 생활에 필요 불가결한 식품은 아니었습니다. 이 식품은 그래도 생활의 여유가 생기게 될 때에 취하는 식품이었습니다. 그러면 어째서 이 식품은 해하지 말라고 하였는지? 여러 가지의 추측들이 있습니다. 하나님의 긍휼로 여전히 살 길을 완전하게 막아 놓으신 것은 아님을 보여 준다고 합니다. 그러나 여기서는 세상의 경제적 성격의 한 단면, 곧 불공평하게 보이는 한 단면을 드러내 보이는 것으로 보아야 더욱 타당한 해석일 것입니다. 지금 6장에서는 그리스도께서 오시기까지 우리가 유념해야 할 세상의 중요한 성격을 말하고 있기 때문입니다. 경제적인 궁핍과 핍절이 있으면서도 한쪽에서는 여전히 호화로운 생활을 하는 이들도 있을 것임을 보여 줍니다. 곧 경제적인 면에서의 공평이라는 것이 세상에서는 불가능하다는 것을 보여 준다고 할 것입니다. 공산주의가 유물주의(唯物主義) 사상으로 경제적인 공평과 평등의 이상적인 사회 건설을 표방하고 나섰지만, 오히려 모두를 더 큰 기근에 처하게 하였고, 또 그 사회를 주도하는 특권 계층의 호화로운 생활을 보장하는 것이 되었습니다. 곧 이 계시의 말씀이 말하는 바를 벗어나지 못하고 여전합니다. 자본주의 사회 역시 이 난제를 해결하지 못합니다. 그것이 세상의 풀려지지 않는 어려운 성격입니다. 아무도 이 문제를 완전하게 풀 지도자는 등장하지 않을 것입니다. 그러한 비전을 제시하고 나서는 자는 결국 거짓말하는 자로 낙착지어질 것입니다.

넷째 인을 떼실 때에

"청황색 말"이 등장합니다. "그 탄 자의 이름은 사망이니 음부가 그 뒤를 따르더라."(6:8) - 여기서도 세상의 보편적인 성격을 분명하게 보여 주고 있습니다. 세상이 가진 가장 두드러진 분명한 성격은 그 속에 있는 자들이 결국 사망의 포구로 나아가고 있다는 사실입니다. 물론 세상에 살고 있는 자들이 사망에 이르는 방도는 여러 가지입니다. "검과 흉년과 사망과 땅의 짐승으로써 죽이더라."(6:8) - 사람을 죽음에 이르게 하는 방식이 어떠하든 사람은 죽음의 덫의 위협 아래 있습니다. 그 사망과 음부로 사람들을 밀어 넣는 권세를 가진 자가 땅 4분의 1의 권세를 얻었습니다. 물론 그 땅이 어디일 것이냐는 것은 정해져 있지 않습니다. 어느 곳이 그 "4분의 1"에 해당하는 곳일지 아무도 알지 못합니다. 어느 곳이든지 그 "4분의 1"의 자리가 될 수 있습니다. 그러니 죽음의 그림자가 세상에 사는 이들 모두 가까이 있습니다.

그러나 여기서 우리가 또 주목해야 할 것은 땅 4분의 3은 일단 그 위협에서 벗어나 있다는 것입니다. 하나님께서는 여전히 사망과 음부의 권세를 그 '청황색 말 탄 자' 에게 허락하사 4분의 1에 해당하는 자들을 위협하도록 허락하시지만, 나머지 거기서 벗어난 자들에 대하여는 보호와 긍휼로 생명을 연장하도록 보장하시는 것입니다. 그래서 이러한 여러 가지의 위협이 존재하는 세상에서도 사람들은 일정 분량의 '안전감' 을 가지고 살아갈 수 있는 것입니다. 이 세상의 성격은 주님 오시기까지 여전히 진행되어 나갈 것입니다.

다섯째 인을 떼실 때에

다섯째 인을 떼심으로 드러난 정경은 세상에서 "**하나님의 말씀과 저희의 가진 증거를 인하여 죽임을 당한 영혼들**"(6:9)의 탄원하는 모습입니다. 요한은 넷째 인을 떼실 때까지는 세상과 땅만 바라보다가, 다섯째 인을 떼시는 순간에 하늘의 한 부분을 주목하게 된 것입니다. 곧 세상에서 순교(殉敎)당한 영혼들이 하늘의 제단 아래서 자기들의 피를 신원(伸寃)하여 달라고 울

부짖는 기도를 듣습니다. 그러니 주께서 "각각 저희에게 흰 두루마기를 주시며 이르시되 아직 잠시 동안 쉬되 그들의 동무 종들과 형제들도 자기처럼 죽임을 받아 그 수가 차기까지 하라 하시더라."(6:11) - 아직 세상의 역사는 진행되되, 세상에서 주님의 말씀과 그 증거를 위하여 섬기다가 그로 인하여 죽임당하는 자들의 정해진 수가 차기까지 계속 진행될 것입니다. 세상 역사의 존재 가치가 여기에 있습니다.

① 세상의 역사는 하나님의 말씀을 계속 증거하는 일을 위하여 더 계속될 것입니다.

② 또한 세상은 말씀을 증거하며 하나님의 복음의 영광을 위하여 사는 성도들을 위협하고 죽이기도 할 것입니다. 세상은 하나님과 그 복음과 복음을 믿는 하나님의 사람들과 하나님의 교회를 향해 언제나 적대적입니다. 할 수만 있으면 그 세력을 없애 버리려고 합니다.

③ 세상의 신(神)은 그렇게 하는 것이 자기의 승리요 자기 뜻의 완성이라고 생각하겠지만 그것은 자기의 날을 단축시키는 것입니다. 하나님의 무서운 심판의 큰 날에 그들이 받을 진노의 숯불을 쌓아 놓고 있습니다. 그것이 세상의 영적인 특성입니다. 세상은 반드시 망할 영적인 원리 위에서 있습니다.

④ 결국 세상의 역사는 하나님의 뜻을 성취하기 위해서 정한 때까지만 계속 되다가 끝이 옵니다.

여섯째 인을 떼실 때에

여섯째 인이 떼어지니 대사변이 전 우주 체계에 일어납니다. "큰 지진이 나며 해가 검은 털로 짠 상복같이 검어지고 달은 온통 피 같이 되며 하늘의 별들이 무화과나무가 대풍에 흔들려 설익은 열매가 떨어지는 것같이 땅에 떨어지며 하늘은 두루마리가 말리는 것같이 떠나가고 각 산과 섬이 제자리에서 옮기우매."(6:12-14) 베드로후서 3장의 그리스도의 재림 때에 일어날 대사변에 대한 묘사와 완전한 병행을 이루는 대목입니다.

"주의 날이 도둑같이 오리니 그날에는 하늘이 큰 소리로 떠나가고 물질이 뜨거운 불에 풀어지고 땅과 그중에 있는 모든 일이 드러나리로다 이 모든 것이 이렇게 풀어지리니 너희가 어떠한 사람이 되어야 마땅하뇨…그날에 하늘이 불에 타서 풀어지고 물질이 뜨거운 불에 녹아지려니와"(벧후 3:10-12)

이 대목은 분명 그리스도의 재림을 묘사합니다. 재림을 묘사하되 계시록 6장은 성도가 영적으로 싸워야 하는 세상의 일반적인 성격과 관련하여 묘사하고 있습니다. 곧 세상은 주님의 재림으로 인하여 종국에는 심판을 받게 되어 있음을 역설합니다. 세상에 속하여 회개하지 않는 이들은 그날에 임할 하나님과 어린양의 진노의 무서운 최후 심판 앞에서 피하여 "산과 바위로 숨는" 것 같을 것입니다. 곧 자기를 그 진노에서 가리워 줄 아무런 방비도 없습니다(롬 1:18 ; 2:5,6,16). "그들의 진노의 큰 날이 이르렀으니 누가 능히 서리요 하더라."(6:17) - 그날은 큰 날입니다. 하나님의 영광의 뜻이 완성되는 날이고, 하나님의 대적하는 모든 세력을 최후로 심판하는 날입니다. 역사는 그 순간을 위해 숨가쁘게 달려왔습니다.

궁극적 승리를 위하여

성도가 신앙을 가지고 영적으로 싸워야 하는 이 세상의 성격이 어떠한가를 이 6장은 우리에게 분명하게 보여 주고 있습니다. 여기서 우리는 성도들이 착안하여 자신들에게 적용시켜야 할 몇 가지의 요점을 발견합니다.

① 세상은 우리의 영구한 거처가 될 만한 가치와 조건을 지니고 있지 못하다. 세상은 반드시 하나님의 심판을 받아야 할 대상이다. 세상에 속하여 있는 자는 반드시 망하게 되어 있다. 그러니 우리는 "이 패역한 세대"에서 구원을 받아야만 한다(행 2:40).

② 세상에서의 평안과 안전 보장이란 영구하지 못하고 잠시적이다. 하나님께서 우리에게 허락하시는 한도 내에서만 주어지는 것이다(히 11:13-16).

③ 세상은 정말 우리가 사랑할 대상이 아니다. 세상과 세상에 있는 것들을 사랑하는 것은 정말 하나님과 원수가 될 수밖에 없다(요일 2:15). 세상은 각종 여러 가지의 난제들을 가지고 있다. 전쟁과 기근과 불공평과 사망과 영적으로 하나님을 대적하는 악의 원리가 독장친다.

④ 성도들이 세상에 머무는 것은 하나님의 시키시는 일을 위한 것이다. 세상에서는 우리 성도들이 받을 영원한 분깃은 없다.

⑤ 그러니 성도들은 주님의 날까지 주님께서 주시는 은혜를 의지하고 주의 이름과 그 말씀을 위하여 살아야 한다. 세상에 제시되는 여러 지혜들 가운데 참 지혜는 오직 그것 뿐이다.

16
chapter

구속받은 하나님의 백성들의 영광과 행복
7:1-17

1이 일 후에 내가 네 천사가 땅 네 모퉁이에 선 것을 보니 땅의 사방의 바람을
붙잡아 바람으로 하여금 땅에나 바다에나 각종 나무에 불지 못하게 하더라 2또
보매 다른 천사가 살아 계신 하나님의 인을 가지고 해돋는 데로부터 올라와서
땅과 바다를 해롭게 할 권세를 얻은 네 천사를 향하여 큰 소리로 외쳐 3이르되
우리가 우리 하나님의 종들의 이마에 인치기까지 땅이나 바다나 나무나 해하
지 말라 하더라 4내가 인 맞은 자의 수를 들으니 이스라엘 자손의 각 지파 중에
서 인 맞은 자들이 십사만 사천이니 5유다 지파 중에 인 맞은 자가 일만 이천이
요 르우벤 지파 중에 일만 이천이요 갓 지파 중에 일만 이천이요 6아셀 지파 중
에 일만 이천이요 납달리 지파 중에 일만 이천이요 므낫세 지파 중에 일만 이
천이요 7시므온 지파 중에 일만 이천이요 레위 지파 중에 일만 이천이요 잇사
갈 지파 중에 일만 이천 이요 8스불론 지파 중에 일만 이천이요 요셉 지파 중에
일만 이천이요 베냐민 지파 중에 인 맞은 자가 일만 이천이라 9이 일 후에 내가
보니 각 나라와 족속과 백성과 방언에서 아무라도 능히 셀 수 없는 큰무리가
흰옷을 입고 손에 종려 가지를 들고 보좌 앞과 어린양 앞에 서서 10큰 소리로 외

쳐 가로되 구원하심이 보좌에 앉으신 우리 하나님과 어린양에게 있도다 하니
11모든 천사가 보좌와 장로들과 네 생물의 주위에 섰다가 보좌 앞에 엎드려 얼
굴을 대고 하나님께 경배하여 12이르되 아멘 찬송과 영광과 지혜와 감사와 존
귀와 능력과 힘이 우리 하나님께 세세토록 있을지로다 아멘 하더라 13장로 중
에 하나가 응답하여 내게 이르되 이 흰옷 입은 자들이 누구며 또 어디서 왔느
뇨 14내가 말하기를 내 주여 당신이 알리이다 하니 그가 나더러 이르되 이는 큰
환난에서 나오는 자들인데 어린 양의 피에 그 옷을 씻어 희게 하였느니라 15그
러므로 그들이 하나님의 보좌 앞에 있고 또 그의 성전에서 밤낮 하나님을 섬기
매 보좌에 앉으신 이가 그들 위에 장막을 치시리니 16저희가 다시 주리지도 아
니하며 목마르지도 아니하고 해나 아무 뜨거운 기운에 상하지 아니할지니 17이
는 보좌 가운데 계신 어린양이 그들의 목자가 되사 생명수 샘으로 인도하시고
하나님께서 그들의 눈에서 모든 눈물을 씻어 주실 것임이라.

7장의 삽화적인 위치

일곱째 인을 떼시기 전에 주 성령께서는 요한으로 하여금 다른 장면을 주목하게 하십니다. 이제까지 요한은 지상에 있는 성도가 겪어야 하는 '세상' 이라는 영적인 환경에 대하여 주목하였습니다. 그래서 그는 '세상' 이 주님의 재림으로 인하여 망하게 될 것이라는 것을 알게 되었습니다. 그리하여 역사가 궁극적으로 어느 방향으로 흘러갈 것인지 조감적인 안목을 가지게 되었습니다. 그처럼 주님께서는 요한으로 하여금 알게 하신 것입니다. 성도가 주님께서 주시는 한도 내에서 세상에 거하되 세상에 속하지 않고 세상과 구별된 믿음을 가져야 하는 이유를 알게 하신 것입니다.

어떤 의미에서 성도의 행복과 영광을 '망할 세상에 속하지 않은' 것에서 발견하게 하셨습니다.

그러나 이제는 성도의 영광을 더욱 적극적으로 보여 주시는 것입니다. 요한계시록을 주신 목적은, 궁극적으로 지상에 있는 성도와 교회의 믿음의 소망과 위로를 주어 그들로 하여금 하나님께서 원하시는 견실한 믿음과 소망의 터 위에 서서 맡겨진 사명에 충실하게 하려는 데 있기 때문입니다(골 1:20-23).

이 7장은 성도의 영광이 어디에 있는지를 적극적으로 보여 줍니다. 땅의 차원에서가 아니라 하늘의 차원에서 보여 주십니다.

6장과 7장은 어떤 의미에서 8장 이후에 증거될 내용을 이해하게 하는 조감적인 안목을 제시하고 있습니다. 8장 이후에 전개될 내용들은, '세상' 에 대한 보편적인 이해와 성도가 궁극적으로 만나게 될 영광에 비추어서 바르게 이해될 수 있다는 말입니다. 8장 이후에는 하나님께서 정하신 뜻과 그 뜻이 이루어지는 과정과, 그 과정 중에 땅에서 일어날 일들과, 궁극적으로 하나님의 뜻이 이루어질 때에 어떠한 영광 중에 성도가 동참하게 될 것인지를 보여 주고 있기 때문입니다.

"하나님의 종들의 이마에 인(印) 치기까지"

하나님의 명을 받들어 땅과 바다와 각종 나무, 곧 지상의 환경에 대하여 바람을 불게 하여 해할 권세를 가진 네 천사들에게 명하는 한 천사의 외치는 큰 소리는 땅에 있는 성도에 대하여 엄청난 위로와 소망을 줍니다. "우리가 우리 하나님의 종들의 이마에 인 치기까지 땅이나 바다나 나무나 해

하지 말라."(7:3) 하나님의 종들, 곧 하나님의 백성들이라고도 하고 하나님의 자녀들이라고도 하는 이들을 인 쳐서 구별하여 당신의 것임을 선언하는 일이 다하기까지는, 지상의 환경에 대해 심대한 해를 끼칠 권세를 가진 천사들의 활동이 제한을 받는다는 말입니다.

그 말씀은 구속하신 백성들, 곧 하나님 아버지께서 맡기어 부탁하신 자들 중 '한 사람도 잃어버리지 아니하고 마지막 날에 살리신다.' 고 하신 주님의 말씀(요 6:36-38)과 일치합니다.

곧 때가 되면 지상의 환경이 심하게 손궤를 입게 될 것이나, 구속하신 백성들 중 하나도 빠짐없이 다 그리스도를 믿고 의롭다 하심에 이르러 구원받게 될 때까지는 그 정도가 제한을 받게 될 것입니다. 그래서 택한 백성이 그리스도를 믿어 의롭다 하심을 받기에 이르기까지는 역사(歷史)의 진행이 멈추어지지 않을 것입니다.

인(印) 맞은 자 14만 4천

"**내가 인 맞은 자의 수를 들으니 이스라엘 자손의 각 지파 중에서 인 맞은 자들이 14만 4천이니.**"(7:4) 그런 다음에 구약의 12 지파의 이름이 거론되고, 각 지파별로 1만 2천 명씩의 구속받은 자들의 수가 거론되어 도합 14만 4천의 수가 됩니다.

이 대목이 구약의 구속받은 자들을 가리킴인가, 아니면 구약의 지파를 빙자하여 상징적으로 구속받은 백성 전부를 지칭함인가? 후자가 더 타당할 것입니다. 각 지파를 열거함에 있어서 구약적인 서열로는 르우벤이 앞서야 할 것입니다. 그런데 여기서는 '유다' 가 앞섭니다. 이로 보건대 이 지파들은 단순하게 혈통적, 육신적인 특성보다는 영적인 특성을 지니고 있습니다. 유다 지파에서 난 그리스도로 말미암아 구속받은 자들 전체를 말함이고, 구약의 지파들을 상징적으로 채용한 것입니다. 구약에서는 거론되지 않던 '요셉' 지파라는 것도 영적인 특성을 드러냅니다. 요셉은 믿음의 거장이었습니다. 그리고 9절에서 바로 이어서 "이 일 후에 내가 보니 각 나라와 족속과 백성과 방언에서 아무라도 능히 셀 수 없는 큰 무리가 흰옷을 입고 손에 종려 가지를 들고 보좌 앞과 어린양 앞에 서서 큰 소리로 외쳐 가로되 구원하심이 보좌에 앉으신 우리 하나님과 어린양에게 있도다 하니"라는 대목이 나옵니다. 이것은 여기서 거명된 이 12지파가 영적인 구속받은 백성들의 총수(總數)를 상징한다고 해석하게 만듭니다.

구속받은 자들의 고백

그들은 "구원하심이 보좌에 앉으신 우리 하나님과 어린양에게 있다."(7:10)는 고백을 "큰 소리"로 합니다. 그러니 하늘에 있어 하나님을 섬기는 모든 존재들, 모든 천사들이 "보좌와 장로들과 네 생물의 주위에 섰다가 보좌 앞에 엎드려 얼굴을 대고 하나님께 경배하는" 것입니다.

"아멘 찬송과 영광과 지혜와 감사와 존귀와 능력과 힘이 우리 하나님께 세세토록 있을지로다 아멘."(7:12)

요한은 한 장로로부터 "이 흰 옷 입은 자들이 누구며 또 어디서 왔느냐"는 질문을 받습니다. 질문법은 중요한 교수법의 일종으로 배우는 자로 하여금 알려 주려는 바를 강조하여 꼭 기억시키려 할 때에 지혜로운 선생이 쓰는 방식입니다. 이 질문은 요한의 어떤 실력을 시험하기 위한 것이 아니고 명심시켜 알려 주기 위한 것입니다.

요한은 겸손하게 그 정확한 답을 기다리는 자세로 말합니다. **"내 주여 당신이 알리이다."**(7:14) - 이 자세는 배우는 자가 가져야 하는 겸손한 자세입니다. 이러한 자에게 하늘의 신령한 비밀이 비춥니다. 아는 척하면서 교만한 자는 결국 진정한 진리의 비밀을 깨닫는 것이 허락되지 않습니다.

그 **"흰옷 입은 자들"**(4:13)은 어린양의 피에 그 옷을 씻어 희게 한 자들이고 여러 가지의 땅의 **"환난을 이기고 믿음을 지킨"** 자들입니다.

구속받은 자들의 행복

"그러므로 그들이 하나님의 보좌 앞에 있고 또 그의 성전에서 밤낮 하나님을 섬기매 보좌에 앉으신 이가 그들 위에 장막을 치시리니"(7:15) - 그들의 거처는 하나님의 보좌 앞입니다. 그리고 그들을 위하여 하나님께서 처소를 예비하셨습니다(요 14:1-4).

그래서 그들에게 그 어떠한 해나 어떠한 궁핍이나 어떠한 불행한 조건이 침범하지 못할 완전한 처소를 주시는 것입니다. 그래서 그들은 **"다시 주리지도 아니하며 목마르지도 아니하고 해나 아무 뜨거운 기운데 상하지 아니할지니 이는 보좌 가운데에 계신 어린양이 그들의 목자가 되사 생명수 샘으로 인도하시고 하나님께서 저희 눈에서 모든 눈물을 씻어 주실 것임이러라."**(7:16,17)

궁극적 승리를 위하여

하나님의 택하심을 받아 그리스도의 피로써 구속받은 자들의 행복은 궁극적으로 보좌에 계신 하나님과 어린양 되신 예수님으로 말미암습니다. 이 세상에 사는 날 동안 여러 가지의 환난을 겪어야 하지만, 그것은 영원한 보장을 받은 자가 그 약속된 그 영광과 행복에 참여하기 위해서 거치는 하나의 과정의 일부에 지나지 않습니다(행 14:22,23).

하나님께서는 구속받은 자들을 당신의 소유로 삼으십니다. "인(印) 맞은 자"란 말은 하나님의 소유 개념을 의미하는 것입니다(벧전 2:9). 당시 자기 양이나 소들에게 인을 쳐서 자기 자신의 소유임을 표하여 놓았을 것입니다. 하나님께서는 당신의 백성들의 이마에 인을 칩니다. '이마에 인을 친다' 는 것은 그들의 인격의 중심인 사상의 좌소 속에 성령으로 말미암아 인 쳐 놓으신 것을 상징하는 것이기도 할 것입니다. 물론 이 인이 사람의 어떤 물리적인 계기를 통해서 보이지 않습니다. 다만 하나님께 신실한 믿음과 믿음의 진정성을 드러내는 행실로 구별되어 나타납니다. 그같이 백성들의 인격의 중심에 하나님의 인 침이 있습니다(엡 1:13,14). 하나님께서는 소유된 백성들을 버리지 않으시고 궁극적으로 끝까지 사랑하시어 당신의 정하신 뜻을 이루십니다(사 43:1-4,7 ; 요 13:1,2).

땅에 있는 성도들은 자기들의 진정한 거처와 자기들의 생명의 원천이 바로 보좌에 앉으신 이와 어린양에게 있음을 항상 의식하고 하늘 위의 것을 바라보고 생각해야 합니다.

"그러므로 너희가 그리스도와 함께 다시 살리심을 받았으면 위의 것을 찾으라 거기는 그리스도께서 하나님 우편에 앉아 계시느니라 위의 것을 생각하고 땅의 것을 생각하지 말라 이는 너희가 죽었고 너희 생명이 그리스도와 함께 하나님 안에 감추어졌음이라."(골 3:1-3)

이 땅에서 만나는 삶의 여러 국면들을 그 하늘 보좌에 계신 하나님과 어린양 되신 우리의 목자 예수 그리스도와의 관계 속에서 이해해야 합니다.

17
chapter

일곱째 인을 떼실 때에
8:1-13

1일곱째 인을 떼실 때에 하늘이 반시 동안쯤 고요하더니 2내가 보매 하나님 앞
에 시위한 일곱 천사가 있어 일곱 나팔을 받았더라 3또 다른 천사가 와서 제단
곁에 서서 금 향로를 가지고 많은 향을 받았으니 이는 모든 성도의 기도들과
합하여 보좌 앞 금단에 드리고자 함이라 4향연이 성도의 기도와 함께 천사의
손으로부터 하나님 앞으로 올라가는지라 5천사가 향로를 가지고 단 위의 불을
담아다가 땅에 쏟으매 우레와 음성과 번개와 지진이 나더라 6일곱 나팔 가진
일곱 천사가 나팔 불기를 예비하더라 7첫째 천사가 나팔을 부니 피 섞인 우박
과 불이 나서 땅에 쏟아지매 땅의 삼 분의 일이 타버리고 수목의 삼분의 일도
타버리고 각종 푸른 풀도 타 버렸더라 8둘째 천사가 나팔을 부니 불붙는 큰 산
과 같은 것이 바다에 던지우매 바다의 삼분의 일이 피가 되고 9바다 가운데 생
명 가진 피조물들의 삼분의 일이 죽고 배들의 삼분의 일이 깨어지더라 10셋째
천사가 나팔을 부니 횃불같이 타는 큰 별이 하늘에서 떨어져 강들의 삼분의 일
과 여러 물샘에 떨어지니 11이 별 이름은 쑥이라 물들의 삼분의 일이 쑥이 되매
그 물들이 쓰게 됨을 인하여 많은 사람이 죽더라 12넷째 천사가 나팔을 부니 해

삼분의 일과 달 삼분의 일과 별들의 삼분의 일이 타격을 받아 그 삼분의 일이 어두워지니 낮 삼분의 일은 비침이 없고 밤도 그러하더라 13내가 또 보고 들으니 공중에 날아가는 독수리가 큰 소리로 이르되 땅에 거하는 자들에게 화, 화, 화가 있으리로다 이는 세 천사의 불 나팔 소리가 남아 있음이로다 하더라.

여섯째 인까지 성령께서는 그리스도의 재림까지의 전세대의 세상의 성격을 보편적인 시각으로 보게 하여 주셨습니다. 세상은 영구하지 못하고 반드시 주님의 오시는 날에 심판을 받게 될 것입니다. 그러한 영적인 환경 속에 있는 땅에 있는 성도의 진정한 위로와 소망과 인내가 어디에 있는지 너무나 명확합니다. 또한 성도의 행복과 영광의 출처가 누구에게 있는지도 분명합니다. 오직 보좌에 앉으신 하나님과 어린양 되신 그리스도께 있습니다. 여섯째 인까지 떼었을 때에 그러한 비밀이 드러난 것입니다.

이제 일곱째 인을 떼심으로 인하여 드러난 계시는 세상에서 일어나는 환난과 질고의 성격을 보다 구체적으로 보여 줍니다. 아울러 그러한 환경 속에서 성도의 처신이 어떠해야 함을 보여 줍니다.

하늘이 반시쯤 고요한 이유

"일곱째 인을 떼실 때에 하늘이 반시 동안쯤 고요하더니."(8:1) '고요'는 요한으로 하여금 앞으로 주어질 계시를 받을 준비를 위해 주목하며 기다리게 하는 효력을 가지게 하였을 것입니다.

앞에서 요한은 하늘의 보좌 앞에 있는 구속받은 자들의 영적인 완전한 조건과 그 행복에 감동된 상태였습니다. 정말 그 감동은 빼앗기고 싶지 않았을 것입니다. 그러나 그 영광의 소망이 완성되기 전에 먼저 환난의 지대를 거쳐야 하는 것입니다. 이제 요한은 일곱째 인을 떼심으로 드러나게 될 환난에 대한 무겁고 고통스러운 계시를 받아야 합니다. 그래서 요한은 침잠하여 영적인 각오를 새롭게 하며 주어지는 환난 속에서 하나님의 전신갑주를 입고 싸울 마음의 태세를 갖추기 위해 "반시 동안쯤 고요한" 시간을 가져야 합니다. 마치 전행터에 나갈 병사가 작전을 앞두고 자신을 추스리고 주어질 명령과 작전을 감당할 마음의 자세를 가다듬기 위해 "고요하게" 지내는 시간을 가질 필요가 있는 것과 같습니다. 요한은 이제 하늘의 감격스런 정경으로부터 시선을 떼고 땅에서 일어날 환난의 일들에 대한 계시를 받아야 합니다.

일곱 천사의 등장

주어진 반시 동안의 고요의 정적이 걷히고 요한의 앞에 나타난 것은 "**하나님 앞에 시위한 일곱 천사**"(8:2)입니다. "시위하였다."는 것은 왕의 부르심을 받고 주어질 명을 받들어 섬길 준비를 하고 있는 신하들의 거동에 대한 형용입니다. 그들 일곱 천사들은 각각 하나님께로서 자기에게 주어지는 명령을 수행하기 위해 만반의 준비를 하고 있습니다.

그들은 "**나팔을 받았더라.**" - "나팔"은 어떤 일의 시작을 알리거나 어떤 일에 대한 경고를 발하거나 어떤 뜻을 선포하거나 할 때 쓰이는 신호 악기였습니다. 이들 천사들은 각각 자기에게 주어진 명을 받들어 일하려 나설 때에 나팔을 불 것입니다.

그 정경은 몹시도 긴장하게 합니다. 보좌에 앉으신 이가 어떤 명령을 그들 천사들에게 각각 발할 것인가? 천사들이 나팔을 받았으니 이제 그 하나님의 명은 곧 떨어질 것입니다. 명이 떨어지면 일곱 천사들은 각기 자기에게 주어진 명을 선포하며 실행하여 나갈 것입니다. 마치 땅의 임금이 어떤 뜻을 가지고 비상 조치를 선포하려고 그 신하들을 대령하게 한 모습을 연상하게 합니다. 임금 앞에 부복하여 있는 신하들은 한편으로는 두렵기도 하고, 또 한편으로는 궁금하기도 합니다. 그러나 이제 그 나라는 임금이 신하들에게 발설할 명령이 시행되는 일을 맞게 될 것입니다. 여기서도 마찬가지입니다. 보좌에 앉으신 하나님의 명이 떨어지면 그 일이 땅에서 시행될 것입니다. 긴장되는 외경스런 장면입니다.

또 다른 천사

하나님의 명을 받기 위해 시위한 일곱 천사 말고 "다른 천사"가 나타납니다. 그는 "제단 곁에 서서 금향로를 가지고 많은 향을 받았으니"(8:3) - 요한이 주목한 것은 구약 시대에 그림자로 예표된 하늘의 제단입니다. 그리고 그 제단 옆에 그 "다른 천사"가 선 것입니다. 이 천사는 특히 명을 받아 땅에 그 명을 시행할 일곱 천사들과는 다르게, 하늘에서 제단 곁, 곧 성도들이 하나님을 섬기고 헌신하는 일과 관련되어 수종 들게 되어 있는 천사입니다.

이 "다른 천사"는 "금향로"와 "많은 향"을 받았습니다. 이것은 성도들이 기도 드릴 때에 "모든 성도의 기도들과 합하여 보좌 앞 금단에 드려지는" 것입니다. 성도가 기도를 드리면 그 기도가 하나님께까지 상달될 때에 바로 이 천사의 손에서 향연이 나오고 그것이 기도와 함께 올라갑니다.

그런데 그 천사가 "향로를 가지고 단 위의 불을 담아다가 땅에 쏟으매…"(8:5) - 그 천사의 손에 있는 향로에서 향연이 성도들의 기도와 함께 하나님께 올려집니다. 그러나 한편으로는 "천사가 향로를 가지고 단 위의 불을" 담습니다.-그리고 그것을 '땅에 쏟습니다.' 하나님께 향기로운 냄새를 나게 하는 그 향로를 가지고 단 위의 불을 담아 땅에다 쏟습니다.-이 행위는 일종의 분노의 행동입니다. 그것이 땅에 쏟아진 효과는 "뇌성과 음성과 번개와 지진"(8:5)이었습니다.

이 천사는 하나님께 올려지는 성도의 기도를 섬기어 그것이 하나님께 향기로운 냄새로 받아지게 합니다. 아울러 이 천사는 보좌에 앉으신 이가 땅에 있는 자들에게 쏟아 내는 분노의 표현을 하도록 세워진 자입니다. 특히 그 하나님의 진노의 표현이 성도의 기도와 연관을 가진 것같이 보이는 것은 의미가 있습니다. 하나님께서는 당신의 성도들의 탄원의 기도를 들으시고 세상의 악을 징치하시고 성도의 울분을 신원하여 주십니다.

"내가 환난 중에서 여호와께 아뢰며 나의 하나님께 부르짖었더니 저가 그 전에서 내 소리를 들으심이여 그의 앞에서 나의 부르짖음이 그 귀에 들렸도다 이에 땅이 진동하고 산들의 터도 요동하였으니 그의 진노를 인함이로다 그의 코에서 연기가 오르고 입에서 불이 나와 사름이여 그 불에 숯이 피었도다."(시 18:6-8)

일곱 천사가 나팔을 불기 전에 이와 같은 정경을 성령께서 보여 주신 이유가 있을 것입니다. 성도가 환난과 환난이 이어 일어나는 이 세상 속에서 드리는 믿음의 기도는 역사하는 힘이 많음을 알리시기 위함입니다(약 5:16). 환난 중에도 기도를 멈추지 않는 성도는 바로 이 천사에게 맡기신 바, 기도의 아름다움에 대한 의식을 견지하며 기도의 응답이 얼마나 능력 있고 무서운지를 알게 될 것입니다.

일곱 천사가 나팔을 불어 그 끔찍하고 무서운 형용이 계시되기 전에, 이 '다른 천사'의 사역을 보여 주신 것은 당신의 자녀에 대한 하나님 아버지의 각별한 자애로우심의 발로입니다. 어디까지나 이 계시를 주심은 궁극적으로 땅에 있는 성도를 위한 것입니다. 세상에 속한 자들은 이 계시에 대하여 눈이 먼 자들입니다. 이 계시는 하나님의 영광을 드러내심이니 성도와 교회에 유익할 뿐입니다.

그러나 악인에 대한 하나님의 진노의 표현인 환난이 이제 예고됩니다.

첫째 천사의 나팔

"첫째 천사가 나팔을 부니 피 섞인 우박과 불이 나서 땅에 쏟아지매"(8:7) - 참으로 무서운 형용입니다. 여기서 "피 섞인 우박"이 정확하게 무엇을 상징함인지에 대하여는 논란이 야기될 수 있습니다. 그러나 분명한 것은 그것이 땅에 있는 자들의 수고와 쌓아 올린 것들을 부수어대는 것입니다. 땅에 심어 놓은 곡식과 여러 가지 땅에 세워 놓은 것들이 이 "피 섞인 우박과 하늘에서 쏟아지는 불"에 남아나지 못할 것입니다. 그러니 이 첫째 천사의 나팔로 인하여 벌어지는 일들은, 인간들의 수고를 무위로 돌려 버리는 일이 이 세상에는 부단히 일어날 것을 경고합니다. 그런 일이 정확하게 어떠한 경로로 일어날 것인지에 대해서는 말할 수 없습니다. 그러나 그와 같은 효과의 일들이 일어날 것입니다. 출애굽 시에 있었던 재앙 중 일곱째와 유사합니다. 그리스도께서 오시기 전에 그와 같은 일이 말세에 일어나게 될 것입니다. 그래서 "땅의 3분의 1이 타 버리고 수목의 3분의 1도 타 버리고 각종 푸른 풀도 타버렸더라."(8:7) - 나무와 각종 푸른 풀은 인간의 자연 환경 중에서 가장 중요한 요소이고, 거기서 인간들은 먹을 것을 많이 얻습니다. 그러니 이 환난은 인간들의 생명의 보존을 위해 필요한 식물(食物)에 중대한 타격이 일어날 것을 보여 줍니다.

그러나 "3분의 1"에게만 그러한 일이 있을 것입니다. 그것은 하나님의 자비하심의 결과입니다. 그리스도께서 오시기까지 하실 일이 있기 때문에 땅 전체를 사위는 일은 하지 않으십니다. 땅 전체가 사위고 뜨거운 불에 체질이 녹아지는 것같이 할 때는 바로 그리스도의 재림 때입니다. 그리스도께서 다시 오시기 전에 역사는 반드시 이 말씀이 지시하는 바를 경험하게 될 것입니다.

우리는 가뭄과 기근의 무서운 소식들을 계속 듣고 있습니다. 앞으로 그곳이 어디일지 아무도 모릅니다.

둘째 천사의 나팔

여기서는 "바다"에 대한 재앙이 계시됩니다. "땅"과 "바다"는 인간의 육신의 생명의 주요한 필수 환경이고 거기서 가장 필요로 하는 일용할 양식의 진수를 얻습니다. 만일 땅과 바다의 조건이 악화되면 인간의 삶의 조건은 그만큼 악화되는 것입니다.

"불붙는 큰 산과 같은 것이 바다에 던지우매 바다의 3분의 1이 피가 되고 바다 가운데 생명 가진 피조물들의 3분의 1이 죽고 배들의 3분의 1이 깨어지더라."(8:8,9) 요한이 주목한 그 "불붙는 큰 산 같은 것"은 어떤 "산 자체"

를 말하지 않고, 하나님의 진노의 이글거림을 연상하게 하는 형용입니다. 하나님께서는 창조 시에 땅도 바다에도 생명있는 것들로 살게 하시고 생육하고 번성하도록 복을 주셨습니다(창 1:20-29). 그런데 그 바다를 피와 같이 되게 하여 - 그 바다의 순결성을 상실하고 오염되어 - 더 이상 생물들이 생명을 유지하기가 어렵게 되어 3분의 1이 타격을 받습니다. 그리고 바다에서 영업하는 사람들도 마찬가지의 타격을 입고 배의 3분의 1이 더 이상 출어하지 못하게 됩니다. 그러나 주님 오시기 전까지는 나머지 3분의 2는 아끼십니다.

셋째 천사의 나팔

"셋째 천사가 나팔을 부니 횃불같이 타는 큰 별이 하늘에서 떨어져 강들의 3분의 1과 여러 물샘에 떨어지니 이 별 이름은 쑥이라 물들의 3분의 1이 쑥이 되매 그 물들이 쓰게 됨을 인하여 많은 사람이 죽더라."(8:10,11) - 앞에서는 땅과 바다에 있는 생물들이 3분의 1이 죽임을 당하였습니다. 그러나 이제는 사람의 생명과 직결되는 물과 물 근원에 대한 무서운 재난입니다. "쑥같이 쓴" 물은 먹을 수 없습니다. 갈증이 나서 마시나 그것은 죽음에 이르게 하는 것입니다. 물이 오염되어 사람의 생명에 치명적인 재난이 일어나 많은 이들이 죽을 것입니다.

넷째 천사의 나팔

"넷째 천사가 나팔을 부니 해 3 분의 1과 달 3 분의 1과 별들의 3분의 1이 타격을 받아 그 3분의 1이 어두워지니 낮 3분의 1은 비췸이 없고 밤도 그러하더라."(8:12) - 해는 땅에 있는 자들에게 생명을 위해 필요한 여러 가지의 혜택과 일용할 양식을 위해 필수적인 것입니다. 그런데 그 해가 3분의 1 정도로 어두워집니다. 당연히 해에서 빛을 받아서 반사하는 달도 그럴 수밖에 없습니다. 우주계에서 일어나는 변화로서 아주 무서운 쪽으로의 변화입니다. 우리는 기상 이변에 대한 흉한 전망을 내다보고 있습니다.

독수리의 외침

네 천사가 각각 나팔 불어 드러난 땅에 미칠 재앙과 환난에 대한 계시가 있고 나서 "공중에 날아가는 독수리가 큰 소리로 이르되 땅에 거하는 자들에게 화, 화, 화가 있으리로다."(8:13) 앞의 네 천사의 나팔과 함께 드러난 재난에 대한 계시는 필연적으로 많은 이들의 생명에 직,간접적으로 영향을 미쳐 많은 이들이 죽게 될 것입니다. 땅에 있는 사람이 죽어 가는 경로를 살펴보십시오. 땅과 세상은 사람의 생명을 안전하게 지켜 줄 보장은커녕 사람의 생명을 위협하는 요소로 가득 차 있습니다. 땅과 바다와 우주에도 말입니다. 그러니 땅에 거하는 이들에게 "화, 화, 화가" 있을 것은 정한 이치입니다. 독수리는 주검을 찾아 나서기를 좋아하는 새입니다. 땅에 있는 자들이 사망의 위협 하에 떨어져 풍전등화와 같은 자리에 있음을 독수리가 날아가며 큰 소리로 외치는 것으로 상징한 것입니다.

궁극적 승리를 위하여

땅과 바다와 온 우주는 하나님께서 지으신 세계요, 또 본래 그것은 하나님의 보시기에 "심히 좋았더라."(창 1:30,31)고 했습니다. 그러나 어째서 하나님께서는 당신이 그리도 아름답게 지으신 세계와 그 속에 존재하는 생명있는 것들, 특히 사람들에게 고통을 가하실까요?

그것은 인간의 범죄로 인하여 하나님의 진노가 극에 달하였기 때문입니다. 다만 지금 세상의 역사가 진행되어 가는 것은 그 자체가 가치가 있는 어떤 것을 보유하고 있기 때문이 아닙니다. 하나님께서 하실 일을 완성하기 위해 그때까지만 참으시는 것입니다. 그래서 그 속에 "생육하고 번성하라."고 축사하시며 복을 주신 것들에 대해 그 생명과 번성을 제약하는 무서운 진노의 불을 쏟으시는 것입니다. 물론 그 진노의 큰 날은 그리스도의 재림 때입니다. 그전에도 하나님의 진노는 나타나 땅에 있는 자들로 하여금 "회개하게" 촉구합니다(롬 1:18).

우리는 이미 땅과 이 세상이 멸망하기로 내정되어 있음을 알고, 땅에 속한 것을 사랑하지 말고, 땅에다 자기의 나라를 세우려 하지 말아야 할 것입니다. 오직 말씀과 기도로 이겨 나가면서 우리에게 맡겨 주신 달란트대로 최선을 다해 사명을 감당하는 것을 우리의 삶의 의미와 가치와 목적으로 삼아야 할 것입니다.

18
chapter

다섯째 천사의 나팔과 무저갱의 비밀
9:1-11

1다섯째 천사가 나팔을 불매 내가 보니 하늘에서 땅에 떨어진 별 하나가 있는
데 저가 무저갱의 열쇠를 받았더라 2그가 무저갱을 여니 그 구멍에서 큰 풀무
의 연기 같은 연기가 올라오매 해와 공기가 그 구멍의 연기로 인하여 어두워지
며 3또 황충이 연기 가운데로부터 땅 위에 나오매 저희가 땅에 있는 전갈의 권
세와 같은 권세를 받았더라 4그들에게 이르시되 땅의 풀이나 푸른 것이나 각종
수목은 해하지 말고 오직 이마에 하나님의 인침을 받지 아니한 사람들만 해하
라 하시더라 5그러나 그들을 죽이지는 못하게 하시고 다섯 달 동안 괴롭게만
하게 하시는데 그 괴롭게 함은 전갈이 사람을 쏠 때에 괴롭게 함과 같더라 6그
날에는 사람들이 죽기를 구하여도 얻지 못하고 죽고 싶으나 죽음이 저희를 피
하리로다 7황충들의 모양은 전쟁을 위하여 예비한 말들 같고 그 머리에 금 같
은 면류관 비슷한 것을 썼으며 그 얼굴은 사람의 얼굴 같고 8또 여자의 머리털
같은 머리털이 있고 그 이빨은 사자의 이빨 같으며 9또 철 호심경 같은 호심경
이 있고 그 날개들의 소리는 병거와 많은 말들이 전쟁터로 달려 들어가는 소리
같으며 10또 전갈과 같은 꼬리와 쏘는 살이 있어 그 꼬리에는 다섯 달 동안 사

람들을 해하는 권세가 있더라 11그들에게 임금이 있으니 무저갱의 사자라 히브리어로 그 이름은 아바돈이요 헬라어로 이름은 아볼루온이더라.

하늘에서 떨어진 별 하나

"다섯째 천사가 나팔을 불매 내가 보니 하늘에서 땅에 떨어진 별 하나가 있는데"(9:1) - 다섯째 천사의 나팔과 함께 "하늘에서 떨어진 별 하나가" 요한의 시선을 장악합니다. "하늘에서 떨어진 별"이라고 하는 표현은 '영광의 자리에 있다가 추락한' 어떤 존재를 가리킬 것임에 분명합니다. '별'은 빛나고 영예로운 위치에 있는 자들을 가리키기 위해서 쓰이는 상징어입니다(단 12:3). 그러니 이 존재는 별과 같은 어떤 우주의 실제적인 어떤 '별'이 아니라 한때 영예로웠던 자를 가리킵니다.

그가 "무저갱의 열쇠를 받았다."(9:1b)고 했는데 이 '별'은 과연 누구인가? 본래는 하나님께서 아주 존귀하게 지어 영예를 입혀 주셨던 천사였습니다. 그러면 그러한 영예로운 자리에서 떨어진 존재는 누구인가? '사탄'이라고 하는 마귀임에 분명합니다. 성경에서 '사탄'의 기원에 대하여 명료한 설명이 없는 것은 사실이지만 성경의 보편적인 교훈이 시사합니다. 마귀 사탄은 본래 하나님의 천사장 중에 있었던 아주 지혜롭고 영예로운 자였음에 분명합니다. 그런데 그가 그 영예로운 자리에서 떨어졌습니다(사 14:12-17 ; 눅 10:18). 그가 교만하여 하나님께서 정하여 주신 영예로운 자기의 자리를 보전하지 못하고 하나님을 대적하였습니다(딤전 3:6).

무저갱의 존재

"무저갱"이란 말 자체는 글자 그대로 '밑이 없는 한정 없이 깊고 어두운 구덩이' 입니다(시 71:20 ; 창 1:2). 그 구멍에 일단 빠지게 되는 자는 영원히 '떨어져' 내리는 절망의 구덩이입니다. 이곳은 요한계시록 끝 대목에 나타나는 "불못"과는 구별되는 곳입니다(20:15). 그 '불못' 은 하나님의 진노가 영원히 머무는 곳이고, 무저갱은 '보장과 밑과 터' 가 없는 깊은 구덩이요 하나님과의 교통이 끊어진 혼돈과 흑암의 깊음이며, 사람을 못살게 하는 무서운 '큰 풀무 불' 이 쉬지 않고 타오르는 곳입니다. 눅 16:19 이하의 '거지 나사로와 부자의 이야기' 중에 나오는 부자가 들어간 음부와 거기서 주어진 고통이 바로 이 무저갱의 고통과 일치합니다. 물론 이 무저갱과 '불못' 은 하나님의 진노의 방식이라는 공통점은 가지고 있으나 같은 곳은 아닙니다. 아마 최후의 심판 이전의 음부의 무서운 상태를 이름일 것입니다. 최후 심판 이후의 지옥은 '불못' 으로 불리어진다고 보는 것이 무난할 듯합니다(William Hendriksen).

그 무저갱의 열쇠를 마귀가 받았습니다. 그것은 사망과 음부의 권세를 제한적으로, 한시적으로 마귀에게 맡기신 하나님의 주권을 가리킬 것입니다. 마귀가 하나님의 손에 들려 진노의 도구로 사용되는 경우가 성경에는 흔하게 나타나기 때문입니다(삼상 16:14,15,23 ; 18:10 ; 19:10).

무저갱에서 올라온 큰 풀무의 연기 같은 연기와 황충

마귀가 무저갱의 열쇠를 가지고 거기를 여니 거기서 올라온 것은 정말 사람을 괴롭게 하고 두려워 떨게 하는 것들이었습니다. "해와 공기가 그 구멍의 연기로 인하여 어두워지며"(9:2b) - 무저갱의 구멍에서 나오는 것이 해나 공기를 오염시키고 햇빛을 어둡게 합니다. 그래서 땅에 있는 자들의 삶을 음산하고 고통스럽게 합니다.

"황충(메뚜기)"과 "전갈"(9:3)은 당시 중동 지방에서는 가장 무서운 곤충의 하나로 여겨졌습니다. "황충"은 사람들이 지어 놓은 농사와 곡식과 풀과 수목(樹木)을 결딴내는 무서운 곤충입니다. '전갈' 도 역시 쏘이면 '죽도록' 고통을 주는 것이고, 심하면 인명도 앗아 가는 무서운 독충입니다. 거기 무저갱에서 나온 연기 중에 있는 "황충"과 "전갈"은 땅에 있는 사람들을 괴롭게 하고 고통하게 합니다.

무저갱에서 나온 '연기 중에 등장하는 황충' 은 전갈과 같은 권세를 가집니다. 그것은 황충이 사람들을 괴롭게 하는 권세를 가졌다는 것입니다.

무저갱에서 나온 황충의 괴롭힘을 당하는 대상

7장에 나오는 바 "이마에 하나님의 인 맞은 자들"은 이 무저갱에서 올라오는 풀무의 연기 가운데로부터 나온 황충의 괴롭힘을 당하지 않습니다. "저희에게 이르시되 땅의 풀이나 푸른 것이나 각종 수목은 해하지 말고 오직 이마에 하나님의 인침을 받지 아니한 사람들만 해하라 하시더라."(9:4) - 그런데 그 황충이 그들을 괴롭게 하나 죽이지는 못합니다.

그러나 그 괴로움이 전갈의 쏘는 것 같고, '죽기보다 더 무섭다.' 고 했습니다. "그날에는 사람들이 죽기를 구하여도 얻지 못하고 죽고 싶으나 죽음이 저희를 피하리로다." "황충들의 모양은 전쟁을 위하여 예비한 말들 같고,

그 머리에 금 같은 면류관 비슷한 것을 썼으며 그 얼굴은 사람의 얼굴 같고 또 여자의 머리털 같은 머리털이 있고 그 이는 사자의 이 같으며 또 철 호심경 같은 호심경이 있고 그 날개들의 소리는 병거와 많은 말들이 전쟁터로 달려 들어가는 소리 같으며 또 전갈과 같은 꼬리와 쏘는 살이 있어 그 꼬리에는 다섯 달 동안 사람들을 해하는 권세가 있더라."

참으로 아무도 대적하지 못할 무섭고 위세있고 권세를 갖추고 있어 덤비면 막을 장사가 없을 정도의 무력을 가지고 있습니다. 무서운 공격력을 가지고 있고, 그 공격을 당하는 자는 말로 다 할 수 없는 고통을 호소하게 됩니다. 그래서 죽기를 구할 수밖에 없습니다. 그러나 그 황충은 사람으로 죽음에 이르게 하지는 못합니다. 사람의 죽고 사는 것이 다 하나님의 허락하심 속에서 되는 일입니다. 이 황충에게는 사람을 죽이는 권세는 허락되지 않았습니다. 다만 괴롭게 하는 권세를 가지고 있습니다. 이 고통을 당하는 이들은 세상에 속한 이들, 하나님의 인 맞지 않는 이들, 곧 거듭나지 않아 하나님의 살아 계심도 알지 못하고 영적으로 죽어 있는 불신자들입니다.

다섯 달의 의미

이 황충이 괴롭게 하는 기간은 "다섯 달 동안"(9:10)입니다. 이 기간이 얼마의 기간을 상징하는지는 확실하지 않습니다. 그러나 이 기간은 정말 참아 내기 힘들 정도의 기간이나 그렇다고 사람을 완전하게 파쇄하여 죽게 하는 기간은 아닙니다. 그러나 일년 중에 넉 달은 상당한 기간입니다. 반에 가까운 기간입니다. 그러니 그 기간 동안 고통을 당하는 자는 일년 동안의 절반을 그 고통에 매여서 살게 됩니다. 농사를 짓는 자들이 파종한 후 곡식을 거두기까지 길어야 다섯 달입니다. 그러니 농사꾼에게 이러한 고통이 주어지게 되면 그의 농사일은 망쳐버리는 것입니다. 누구든 그 고통에 말려드는 자는 한 해의 절반을 무의미하게 보내게 되고, 그러한 고통에서 벗어나서 다시 회복한다고 할지라도 금방 원활한 활동이 불가합니다. 그 여파가 몇 달 간 지속될 터이니 그해의 삶은 정말 아주 망가진 삶이라고 할 수 있을 것입니다.

물론 이 "다섯 달"이라고 하는 기간은 문자 그대로의 기간은 아닙니다. 상징적인 어떤 기간을 두고 하는 말일 것입니다. 그러니 이 황충의 피해로 인하여 괴롭힘을 당하는 이들의 삶의 여정 속의 '상당한 기간' - 거의 절반에 가깝습니다. 그리고 그 이후의 후유증의 기간까지 합하여 거의 전부가 이 고통의 암운 아래 있을 것입니다.

무저갱의 사자

이 무저갱에서 올라온 황충들을 다스리고 운용하는 권세가 무저갱의 사자인 마귀에게 주어졌습니다. "저희에게 임금이 있으니 무저갱의 사자라 히브리어로 이름은 아바돈이요 헬라어로 이름은 아볼루온이더라." - 여기서 "아바돈"이란 말은 곧 "아볼루온"과 같은 뜻을 가진 말로서 '파괴자'라는 뜻을 가지고 있습니다. 사탄의 본성을 잘 나타냅니다. 하나님의 일을 무너뜨리고 파괴하여 넘어지게 하는 속성을 가진 마귀의 특성을 잘 드러내고 있습니다. 마귀에게 황충을 다루고 운용하는 권세를 하나님께서 제한적으로 주신 것입니다. 마귀는 남을 선하게 하거나 덕을 세워 주는 일을 하지 못합니다. 항상 남을 망하게 하고 궁극적으로 무너뜨리게 하는 일을 합니다. 그러니 황충들을 운용하여 사람을 괴롭게 하는 권세를 가지고 "다섯 달" 동안 얼마나 괴롭게 할 것인가! 이 마귀가 운용하는 황충들의 해를 받는 이들은 정말 화가 있도다!

궁극적 승리를 위하여

하나님께 속하지 않는 이들, 끝까지 회개치 않고 하나님을 부인하는 세상에 속한 이들은 영원한 불못을 영원한 분깃으로 받게 되어 있습니다. 그러나 그들이 이 세상에 있는 동안에도 여전히 영원한 고통의 예비적인 맛을 미리 봅니다. 그들은 무저갱에서 나온 연기 속의 황충들의 해함을 받은 자들이기 때문입니다.

물론 그들이 여기서 묘사되는 바 문자 그대로의 "황충"의 모습을 만나는 것은 아닐 것입니다. 그들이 영적으로 당하는 괴로움을 그렇게 표현하였습니다. 믿지 않는 이들이 세상에서 사는 날 동안의 아주 많은 부분은 지옥의 고통의 예비적인 맛을 보는 것이라고 해야 할 것입니다. 좌절과 절망과 낙담과 비관과 불안과 근심, 그리고 비탄과 슬픔, 삶의 의미를 전혀 발견하지 못한 방황과 암울의 심경이 바로 그것이 아니면 무엇이겠습니까?

로마서 2:9에 "악을 행하는 각 사람의 영에게 환난과 곤고가 있으리니 첫째는 유대인에게요 또한 헬라인에게며"라고 말하였습니다. 물론 그 "곤고와 환난"이 내세에서는 더욱 강화되어 그 정도가 사람의 필설로 묘사하기 힘들 것입니다. 그러나 이 세상에 있는 동안에도 여전히 세상에 속한 이들은 영적으로 말로 할 수 없는 고통을 당하고 있습니다.

우리도 그리스도 밖에 있을 때에는 그러한 영역에 속하여 있었습니다. 그래서 우리도 그 가운데서 행하며 "이 세상 풍속을 좇고 공중의 권세 잡은 자를 따랐으니 곧 지금 불순종의 아들들 가운데 역사하는 영이라."(엡 2:1,2) 그러나 이제 우리는 여전히 연약 가운데 있다 할지라도 영적으로 그러한 영역에서 벗어나서 "하늘의 신령한 복"을 누리는 영역으로 옮겨진 것입니다. 주 예수를 믿는 우리는 "사망에서 생명으로 옮겨진 것"이고(요 5:24,25), "흑암의 권세에서 하나님의 사랑하는 아들의 나라로 옮겨졌습니다."(골 1:13) 우리 속에 성령께서 거하시어 하늘의 신령한 진리로 인도하시고 이 무저갱에서 나온 황충의 괴롭힘에서 벗어나게 되어 있는 것입니다. 오히려 그리스도인들은 "주 안에서 기뻐하는" 자들입니다.

그리스도의 사람들은 이 세상에 있을 때부터 앞으로 영원한 내세에서 누리게 될 영락(永樂)의 예비적인 은혜를 누리는 자들입니다.

그러니 세상이 어떠하다 할지라도, 우리 자신의 조건이 어떠하다 할지라도 우리는 아버지께서 주님 안에서 성령으로 말미암아 주시는 하늘의 위로로 기뻐하며, 거기서 오는 힘으로 견고하게 서야 할 것입니다.

19
chapter

여섯째 천사의 나팔과 재앙
9:12-21

12첫째 화는 지나갔으나 보라 아직도 이 후에 화 둘이 이르리로다 13여섯째
천사가 나팔을 불매 내가 들으니 하나님 앞 금제단 네 뿔에서 한 음성이 나서
14나팔 가진 여섯째 천사에게 말하기를 큰 강 유브라데에 결박한 네 천사를 놓
아 주라 하매 15네 천사가 놓였으니 그들은 그 년 월 일시에 이르러 사람 삼분
의 일을 죽이기로 예비한 자들이더라 16마병대의 수는 이만 만이니 내가 그들
의 수를 들었노라 17이같은 환상 가운데 그 말들과 그 탄 자들을 보니 불빛과
자줏빛과 유황 빛 호심경이 있고 또 말들의 머리는 사자 머리 같고 그 입에서
는 불과 연기와 유황이 나오더라 18이 세 재앙 곧 저희 입에서 나오는 불과 연
기와 유황을 인하여 사람 삼분의 일이 죽임을 당하니라 19이 말들의 힘은 그 입
과 그 꼬리에 있으니 그 꼬리는 뱀 같고 또 꼬리에 머리가 있어 이것으로 해하
더라 20이 재앙에 죽지 않고 남은 사람들은 그 손으로 행하는 일을 회개치 아니
하고 오히려 여러 귀신과 또는 보거나 듣거나 다니거나 하지 못하는 금·은·
동과 목석의 우상에게 절하고 21또 그 살인과 복술과 음행과 도적질을 회개치
아니하더라.

금단과 그 네 뿔에서 나는 "한 음성"

여섯째 천사가 나팔을 불 때 "하나님 앞 제단 네 뿔에서 한 음성이 난다." 여기서 말하는 "제단"은 제단이라기보다는 향단입니다(출 30:2). 여기서 갑자기 금제단이 나타나고 그 네 뿔 사이에서 "한 음성"이 났다는 것은, 이제 계시될 내용이 성도의 기도와 관련된 것임을 강력하게 시사합니다(8:3-5 ; 6:9,10).

여기서 "한 음성"은 누구의 음성인가? 향단의 네 뿔 사이에서 나는 음성은 "성도가 드리는 기도의 응답"을 일컫고, 기도 응답에 대한 그리스도의 약속의 소리를 연상하게 합니다(요 14:13-15).

이것은 지상에서 일어나는 일들이 성도의 기도와 긴밀한 관계를 가지고 있음을 대번에 암시합니다. 물론 성도의 기도 자체가 모든 일의 발단은 아닙니다. 여전히 그 기도를 하게 하시는 이는 하나님이십니다(빌 2:12-14). 그처럼 하나님께서 당신의 뜻을 이루어 나가실 때 성도의 기도를 방편으로 사용하십니다. 그래서 성도의 기도 응답의 형식으로 어떤 일들을 땅에 보내시는 것입니다.

결박에서 놓임받은 네 천사의 활동과 재앙

큰 강 유부라데에 결박당한 네 천사가 놓임을 받으니, 그들은 정한 "연, 월, 일, 시에 이르러 사람 3분의 1을 죽이기로 예비한" 자들이었습니다. 여기서 '결박당했던' 천사들은 하나님의 명을 받았으나 아직 하나님께서 정하신 때가 이르지 않아서 "기다리고" 있었던 천사들이었습니다. 그들이 놓였다는 것은 이제 그들이 받은 하나님의 명을 시행하여 일할 때가 왔다는 것입니다.

그들은 땅에 사는 이들에게 엄청난 대재앙을 일으킵니다. 그들이 부리는 군대는 마병(馬兵)이 "2만만(萬萬)"입니다. 참으로 엄청난 수의 마병입니다. 그들이 이 천사들의 부림을 받고 땅에 있는 사람들 3분의 1을 죽이기 위해 출동할 준비를 하고 있습니다.

"그 말들과 탄 자들을 보니 불빛과 자줏빛과 유황 빛 호심경이 있고 또 말들의 머리는 사자 머리 같고 그 입에서는 불과 연기와 유황이 나오더라." (9:17) - 이 대목은 그 기세의 혁혁(赫赫)함을 묘사합니다. 그 입에서는 인간을 죽음에 몰아넣는 세 재앙의 요소인 "불과 연기와 유황"이 나옵니다. 당시 이는 무서운 파괴력을 지닌 화력을 상징하기에 가장 좋은 '재료들' 이었습니다. 그러니 그 세력은 땅에 있는 자들의 3분의 1을 죽이기 위해 만반의 준비가 되어 있습니다. "그 말들의 힘은 그 입과 꼬리에 있으니 그 꼬리는 뱀 같고 또 꼬리에 머리가 있어 이것으로 해하더라."(7:19) - 그의 힘은 불을 토하는 '입' 곧 화력을 상징합니다. 그 말들은 앞으로만 공격하는 것이 아닙니다. 그들은 뒤로도 사람들을 죽이기에 능한 꼬리의 힘과 지혜를 가지고 있습니다. 그 말들이 어디를 향하고 있든지 간에 전후좌우로 죽일 불을 뿜어내기에 족합니다.

이 재앙의 대상들

이 재앙에 죽임을 당할 '3분의 1' 이 구체적으로 누구인가에 대하여 이 부분에서는 말하고 있지 않습니다. 그러나 앞의 문맥에서 보건대 여전히 이 대상은 세상에 속한 자들입니다. 곧 하나님의 구원의 은혜를 받지 않는 자들입니다. 그들은 오직 이 세상만을 자기 존재의 조건으로 삼는 자들입니다. 그리고 하나님이 없다고 하는 이들입니다. 그들이 다섯 달 동안은 '죽음에는 이르지 않지만 죽고 싶을 정도의 고통' 을 당하였습니다. 그러나 때가 되면 그들의 고통이 단순한 심령적인 고통에만 머물지 않습니다. 육체적으로 죽음에 이르게 됩니다. 단순하게 기진하여 죽게 되는 그러한 죽음이 아닙니다. 여기서 말하는 큰 재앙이 땅에 덮치어 그들의 악에 대한 하나님의 무서운 보응으로 내리는 것임을 누구나 알게 할 만한 그런 죽음입니다. 바른 정신을 가지고 그 재앙을 가만히 살펴보게 되면, 그것은 분명 하나님의 무서운 진노임이 드러납니다(창 19:26-28). 그리고 그 재앙은 사람들로 하여금 세상에서 사는 인생들의 덧없음을 알게 할 만한 것입니다. 또 깊이 생각하여 자기들의 삶의 실상을 뒤돌아 보고 하나님을 더듬어 찾게 하기에 족한 것입니다(행 17:27). 역사 속에서, 또는 우리가 사는 현대 속에서 일어나는 무서운 재난 속에 이 계시의 성취를 엿볼 수 있습니다.

회개하지 않는 남은 이들

이러한 재앙에 3분의 1의 사람들이 죽임을 당합니다. 그리고 그 재앙에 목숨을 빼앗기지 않은 이들, 곧 3분의 2의 사람들은 아직은 그 화를 비켜나 있습니다. 그래서 아직까지는 재앙에 죽은 자들보다 복된 자들입니다. 오직 단 한 가지, 회개할 기회를 아직은 가지고 있다는 점에서 말입니다.

"모든 산 자 중에 참여한 자가 소망이 있음은 산 개가 죽은 사자보다 나음이니라 무릇 산 자는 죽은 줄을 알되 죽은 자는 아무것도 모르며 다시는 상도 받

지 못하는 것은 그 이름이 잊어버린 바 됨이라."(전 9:4,5)

그 재앙에 죽은 자들은 더 이상 자기들의 존재의 의미와 가치를 새롭게 할 만한 기회를 가질 수 없습니다. 그리고 영원한 무저갱과 불못의 고통을 그 영원한 몫으로 받아 버렸습니다. 다시는 자기들의 운명을 바꿀 가능성과 기회가 영원히 다시 오지 않습니다. 그러나 이 재앙에 죽지 않은 나머지 3분의 2에 해당하는 자들, 그 재앙을 목도하며 거기서 죽어 가는 이들의 종말이 어떠함을 본 자들은 아직도 기회가 주어져 있습니다. 자기들의 영원한 문제를 새롭게 인식하고, 살아 계신 하나님 앞에서 자기들의 존재를 인식하고, 회개하고 구원의 은혜를 구하여 그 영광에 참여할 소망을 자기의 것으로 삼을 기회를 아직도 가진 자들입니다. 그러니 그들은 아직은 '완전 절망'의 사람들은 아닙니다. 만일 그들에게 주어진 기회를 선용한다면 말입니다.

그러나 아뿔사! 안타까운 일이여! 이들은 자기들에게 아직도 남아 있는 그 '복된 기회'를 완전하게 내동댕이칩니다. 그것은 그들이 **"그 손으로 행하는 일을 회개치 아니하고 오히려 여러 귀신과 또 보거나 듣거나 다니거나 하지 못하는 금·은·동과 목석의 우상에게 절하고 또 그 살인과 복술과 음행과 도적질을 회개치 아니하기"**(9:20,21) 때문입니다.

그래서 그들은 자기들에게 주어진 그 남은 기회를 복락의 기회로 삼지 못합니다. 이미 죽어 완전 절망의 상태로 고착된 이들과, 아직 살아 있으나 회개하지 않고 그 악행을 계속하는 이들의 운명이 결국은 같게 되었습니다. 그들에게 주어진 그 '덧없는 인생의 남은 때'도 아무런 가치 없이 그저 지나갈 뿐입니다.

궁극적 승리를 위하여

마땅히 인생은 자기 앞에 주어진 여러 가지 상황을 종합하여 그것의 진상과 일의 정체를 알고 영원히 복될 수 있는 방안을 상고하고 찾고 구하는 지혜를 가져야 합니다. 그런데 인생은 그 자신의 지성적인 능력이나 지각을 가지고 하나님을 찾아 알거나 자기를 돌아보며 자신이 죄인인 것을 아는 것이 불가능합니다(시 14:1-4). 그러나 인생은 본질상 "하나님을 알되 하나님으로 영화롭게도 아니하며 감사치도 아니하고 오히려 그 생각이 허망하여지며 미련한 마음이 어두워졌나니 스스로 지혜있다 하나 어리석게 되어 썩어지지 아니하는 하나님의 영광을 썩어질 사람과 새와 짐승과 기어다니는 동물 모양의우상으로 바꾸었느니라."(롬 1:21-23)

하나님께서 그 심령 속에 거듭나게 하시는 은혜를 주시지 않으시면, 소돔과 고모라가 유황불로 자기 앞에서 멸망하는 것을 볼지라도 그것이 하나님의 진노인 줄을 알지 못한 경우와 같이 되고 맙니다. 악인은 스스로 자기 자신의 잘못을 회개할 능이 없습니다. 그래서 악인은 멸망하는 짐승 같아 자기의 가는 길이 멸망의 길인지도 알지 못하는 것입니다.

우리는 세상이 어째서 그 악에서 계속 벗어나지 못하고 있는지를 여기서 발견하게 됩니다. 그 심령 속에 하나님께로서 오는 새로운 생명의 원리, 성령의 거듭나게 하시는 원리가 주어지기 전에는 아무도 스스로 자기의 죄를 알 자가 없습니다(요 3:1-8 ; 시 19:13).

오! 우리가 은혜를 받아 구원받을 만한 회개와 믿음에 이르게 된 것은 정말 하나님의 은혜입니다. 자랑할 데가 없습니다. 오직 주의 선하심과 자비하심과 사랑하심과 긍휼히 여기심만을 자랑할 것입니다(롬 3:27 ; 고전 1:30,31). 아멘.

"그런즉 자랑할 데가 어디냐 있을 수가 없느니라 무슨 법으로냐 행위로냐 아니라 오직 믿음의 법으로니라."(롬 3:27)

"너희는 하나님으로부터 나서 그리스도 예수 안에 있고 예수는 하나님으로부터 나와서 우리에게 지혜와 의로움과 거룩함과 구원함이 되셨으니 기록된 바 자랑하는 자는 주 안에서 자랑하라 함과 같게 하려 함이라."(고전 1:30,31)

20
chapter

입에는 꿀같이 다나 배에는 쓴 두루마리
10:1-11

1내가 또 보니 힘센 다른 천사가 구름을 입고 하늘에서 내려오는데 그 머리 위
에 무지개가 있고 그 얼굴은 해 같고 그 발은 불기둥 같으며 2그 손에 펴 놓인
작은 두루마리를 들고 그 오른발은 바다를 밟고 왼발은 땅을 밟고 3사자의 부르
짖는 것같이 큰 소리로 외치니 외칠 때에 일곱 우레가 그 소리를 발하더라 4일
곱 우레가 발할 때에 내가 기록하려고 하다가 곧 들으니 하늘에서 소리 나서 말
하기를 일곱 우레가 발한 것을 인봉하고 기록하지 말라 하더라 5내가 본 바 바
다와 땅을 밟고 섰는 천사가 하늘을 향하여 오른손을 들고 6세세토록 살아 계신
자 곧 하늘과 그 가운데 있는 물건이며 땅과 그 가운데 있는 물건을 창조하신
이를 가리켜 맹세하여 가로되 지체하지 아니하리니 7일곱째 천사가 소리 내는
날 그의 나팔을 불려고 할 때에 하나님의 비밀이 그 종 선지자들에게 전하신 복
음과 같이 하나님의 그 비밀이 이루리라 하더라 8하늘에서 나서 내게 들리던 음
성이 또 내게 말하여 이르되 네가 가서 바다와 땅을 밟고 섰는 천사의 손에 펴
놓인 두루마리를 가지라 하기로 9내가 천사에게 나아가 작은 두루마리를 달라
한즉 천사가 가로되 갖다 먹어 버리라 네 배에는 쓰나 네 입에는 꿀같이 달리라

하거늘 10내가 천사의 손에서 작은 두루마리를 갖다 먹어 버리니 내 입에는 꿀 같이 다나 먹은 후에 내 배에서는 쓰게 되더라 11그가 내게 말하기를 네가 많은 백성과 나라와 방언과 임금에게 다시 예언하여야 하리라 하더라.

삽화적 본문의 특성

주께서 일곱째 인을 떼시기 전 첫째 삽화적 본문(7장)이 나타났던 것같이 여기서도 일곱째 천사가 나팔을 불기에 앞서서 그 삽화가 보입니다.

두 삽화들이 가진 메시지의 특징들은 환난 중에 있는, 곧 세상에 있는 성도들을 향한 하나님의 위로의 성격을 가지고 있습니다. 첫 번째 삽화인 7장에서는 "하나님의 인침"을 받은 하나님의 택한 백성들의 천상의 영적 복락의 상태가 엿보여졌습니다. 여기 10장에 기록된 두 번째 삽화도 여전히 땅에 있는 하나님의 증인들인 성도들과 순교자들에게 대한 하나님의 격려의 메시지 형식을 띠고 있습니다(이상근).

그것은 세상의 성격과 환난과 세상에 임할 여러 가지의 재앙과 재앙의 어두운 그늘 속에서도 여전히 하나님의 빛을 받아 특별한 영적 대우를 받는 성도들의 영적인 복락(시 116:7-9)을 대조적으로 보이게 하려 함입니다. 그럼으로써 성도들이 세상에서는 환난을 당하나 하나님께는 얼마나 특별한 대접을 받고 있는지를 알게 하십니다. 곧 아버지 하나님의 각별하신 애정이 계시된 것입니다.

그러므로 요한계시록은 단순하게 위협적인 환난에 대한 경고나, 재앙에 대한 무서운 예언을 담은 '공포스러운' 책이 아니라 성도의 소망과 위로의 책입니다. 다른 말로해서, 세상에 있는 성도들이 환난 중에도 "선한 싸움을 싸우고 자기의 달려갈 길을 달려가고 믿음을 지켜야 할"(딤후 4:7) 이유를 제시하는 하나님의 보장이 충일한 계시의 책입니다.

하늘에서 내려오는 다른 천사

앞의 9장에서 무저갱에서 올라온 연기와 그 연기 중의 황충과, 그리고 큰 강 유브라데에 결박당한 채 있다가 놓임을 받는 네 천사의 경우와는 달리, 여기서는 "하늘에서" 힘센 다른 천사가 구름을 입고 내려옵니다. 그리고 "그 머리 위에 무지개가 있고 그 얼굴은 해 같다."고 했습니다. 분명 이는 땅에 있는 성도들에게 있어서 소망과 위로와 격려의 좋은 메시지를 가진 하나님의 보내신 천사입니다.

"그 머리 위에 무지개가 있고 그 얼굴은 해 같고 그 발은 불기둥 같으며 그 손에 펴 놓인 작은 책을 들고 그 오른발은 바다를 밟고 왼발은 땅을 밟고 사자의 부르짖는 것같이 큰 소리로 외치니 외칠 때에 일곱 우레가 그 소리를 발하더라."(10:1-3)

그 "얼굴이 해 같다."는 것은 그 인격에 어두움과 더러움과 가증함이 전혀 없는 완전함으로 충일하다는 말입니다(약 1:17). 곧 그 품격의 탁월함과 정결함을 상징합니다. 또 "발이 불기둥 같으니" 역시 빛과 능력이 충만한 심판자의 모습입니다. 그 머리에 무지개가 있으니 여전히 백성들과 은혜와 자비의 언약을 맺으신 하나님의 영광입니다. 그리고 그 "오른발은 바다를 밟고 왼발은 땅을 밟고 사자의 부르짖는 것같이 큰 소리로 외치니" - 바다와 땅 모두, 곧 모든 피조계 전체를 호령할 권세를 가지고 있는 위엄에 찬 모습입니다(마 28:18). 그가 부르짖는 것이 사자의 부르짖음같이 우렁차고 기운찹니다. 그 외치는 소리에 "일곱 우레가 그 소리를 발합니다." 그가 외치니 그 일곱 우레는 마치 그 외침의 권위를 표증하듯 천지를 진동합니다.

이 천사가 누구일까요? 본문이 "하늘에서 내려온 힘센 다른 천사"라고 했으니 천사로 알아야 할 것입니다. 이 천사는 '다른 천사'라 했으니 일반 천사들과는 구별되는 천사임이 분명합니다. 이의 정체가 그리스도 자신이라고 보기에는 그 증거가 충분하지 못하나 그리스도의 영광과 위용을 연상케 하는 모습을 띤 것만은 확실합니다.

지나친 상상인지는 몰라도, 이 천사가 그리스도가 아니라면, 이 천사가 증거하는 메시지가 바로 성도의 구주이신 그리스도께서 성도들에게 직접 보내신 메시지의 권위를 갖고 있음을 암시하는 듯합니다. 그것을 알릴 양으로 그러한 모습을 띠고 요한에게 나타나도록 했을 것입니다.

요한은 일곱 우레를 기록하려고 하였습니다. 그러나 요한은 그것을 기록하지 말라는 당부를 받습니다. 그 우렛소리의 뜻을 요한은 안 듯합니다. 그러기에 기록하려고 했을 것입니다. 그러나 요한은 기록하지 말고 인봉하라는 명을 받습니다. 비밀에 붙이라는 것입니다.

"그가 낙원으로 이끌려 가서 말로 표현할 수 없는 말을 들었으니 사람이 가히 이르지 못할 말이로다."(고후 12:4)

요한의 할 일은 주님의 명에 복종하는 것뿐입니다.

그 손에 펴 놓인 작은 두루마리

에스겔 2:9-3:3에서 계시된 형용을 연상하게 합니다. 이 "작은 두루마리"가 그 "천사의 손에 펴 놓여" 있습니다. 그 두루마리는 보좌에 앉으신 이의 오른손에 펴 놓인 인봉된 책과 대조를 이룹니다. 이 '작은 두루마리'는 무엇을 상징할까요? 앞으로 11장 이하에서 계시될 내용이 쓰여진 책이라고 보는 것이 문맥상 타당할 것입니다. 특히 성도의 구속과 관련된 영적인 투쟁과, 성도에게 불어닥칠 환난과, 그 속에서의 마귀의 술수에 대한 하나님의 뜻이 담겨져 있을 것입니다. 이제 그 책이 그 손에 "펴 놓여 있으니" 그 책에 기록된 것이 인봉되지 않고 모두 알려질 것입니다.

그 천사의 맹세

그 천사가 "하늘을 향하여 오른손을 들고" 맹세합니다. 그의 맹세는 천지의 창조주시요 위엄의 보좌에 앉아 계신 하나님을 두고 하는 맹세입니다. 이 천사의 맹세는 반드시 이루어질 것입니다. 그 맹세의 내용은 "지체하지 아니하리니 일곱째 천사가 소리 내는 날 그의 나팔을 불려고 할 때에 하나님이 그 종 선지자들에게 전하신 복음과 같이 하나님의 그 비밀이 이루어지리라."(10:6,7) 하나님의 복음의 말씀대로 모든 것이 이루어진다는 것입니다. 하나님의 이름을 두고 맹세합니다. 그러니 그 어떤 거짓이나 그 어떤 의심할 만한 요소를 가지지 않고 확실하게 이루어질 일을 이 천사는 알리려 한 것입니다. 구약의 선지자들의 최고의 사명은 복음의 성취를 예언하는 것이었습니다. 신약의 사도들의 사명은 예언대로 성취된 복음을 증거하고 주님 재림 시에 완성될 하나님의 뜻을 증거하는 것입니다.

"지체하지 아니하리니" - 이 말은 신적인 시간 개념의 표현이지 인간적인 시간 개념의 언어는 아닙니다. 곧 인간적인 생각으로는 주께서 오신다는 약속의 성취가 항상 "더디게만" 느껴지고 더 나아가 의심스럽게 느껴집니다(벧후 3:19). 그러나 하나님의 약속은 반드시 '하나님의 정하신 때에' 일각도 늦지 않게 이루어질 것입니다(합 2:3,4). 그 약속은 하나님의 이름을 걸고 한 맹세입니다. 이 천사가 증거하는 메시지는 바로 그 하나님과 어린양 되신 그리스도와 일곱 영 되신 성령의 권위와 그 영광을 걸고 한 것입니다. 그 증거하고 맹세하는 바는 반드시 이루어질 것입니다.

무엇이 이루어진다는 말인가? 바로 여기 그 천사의 손에 펴 놓인 책에 쓰여져 있는 하나님의 뜻이 완전하게 이루어진다는 말입니다.

요한은 하늘에서 또 다른 지시를 받습니다. **"네가 가서 바다와 땅을 밟고 섰는 천사의 손에 펴 놓인 두루마리를 가지라."** 요한은 그대로 두루마리를 가지려 하니 그 천사가 일러 줍니다.

"갖다 먹어 버리라 네 배에는 쓰나 네 입에는 꿀같이 달리라."(10:9, 빌 2:8-3:3 참조)

정말 그대로 하니 그러하였습니다.

그리했더니 요한은 사명에 대한 인식을 새롭게 받습니다. 그 "작은 두루마리"를 먹어 버린 요한에게 주어진 말씀이 이러합니다.

"저가 내게 말하기를 네가 많은 백성과 나라와 방언과 임금에게 다시 예언하여야 하리라."(10:11)

요한은 먹어 입에는 꿀과 같이 달고 배에 들어가니 쓴, 바로 그 책의 메시지를 '소화' 하여 많은 백성과 나라와 방언과 임금에게 다시 예언하여야 합니다. 바로 그 내용이 그대로 이루어질 것이기 때문입니다. 그 책이 배에서 '쓰다' 함은 하나님의 뜻을 아는 것이 허락된 주의 종들의 심령이 눈이 열려 하나님의 영광과 세상을 보고, 그 영적 타락과 부패의 정도가 극심함과 자신의 연약에 마음이 괴로운 것을 상징합니다. 그래서 주의 신실한 종들은 많이 웁니다. 또 그 증거자의 생애가 고난과 핍박과 환난 속에서 영위됩니다. 그러나 그 '책의 내용'은 증거해야 합니다. 그 증거를 통하여 역사하는 이는 성 삼위 하나님이십니다.

궁극적 승리를 위하여

땅에 있는 성도의 소망은 바로 하나님의 복음과 그 예언이 그대로 이루어지는 데 있습니다. 그것은 하늘에서 온 메시지입니다. 인간의 생각과 철학적인 사고의 열매가 아닙니다.

성도의 영적인 양식은 바로 여기 천사의 손에 펴 놓여 있었던 "작은 두루마리"입니다. 그것이 바로 복음과, 복음에 관련된 모든 하나님의 뜻의 예언이기 때문입니다. 그것이 이루어지게 되어 있습니다. 성도는 바로 그 책을 '갖다가 먹어 버려야' 합니다. 그러면 그 입에는 달 것입니다. 하나님의 복음의 말씀같이 단 것이 어디 있습니까! 복음은 정말 은혜 가운데 듣는 이로 하여금 감미롭고 아름다운 기쁨을 누리게 합니다. 그렇게 복음의 말씀은 달고 오묘합니다. 그러나 그 책의 말씀이 우리 '배'에 들어가서는 씁니다. 그 책의 달콤한 말씀을 받아 마음에 받아들이게 되어 그 말씀대로 살아가려고 하게 되면 거기서 오는 여러 가지의 환난의 쓴잔을 마셔야 합니다. 입에서는 쓰나 배에 들어가 '소화'되어서 인격 속에 영향을 미치기 시작하여 그 인격을 가만두지 않고 역사합니다. 그것이 삶의 현장에서 나타나게 되면 '쓴' 환난의 맛이 들어오게 됩니다.

"무릇 그리스도 예수 안에서 경건하게 살고자 하는 자는 박해를 받으리라."(딤후 3:12)

그러나 성도의 영광이 거기에 있습니다. 세상은 그 '작은 두루마리' 를 먹은 성도의 소망과 영광을 알지 못하고 쓴 고통을 부과합니다. 그러나 성도는 바로 거기서 진정한 영광을 맛보게 됩니다. 아멘.

21
chapter

두 증인의 활동과 무저갱으로부터 올라온 짐승의 대적
11:1-13

1또 내게 지팡이 같은 갈대를 주며 말하기를 일어나서 하나님의 성전과 제단
과 그 안에서 경배하는 자들을 측량하되 2성전 밖 마당은 측량하지 말고 그냥
두라 이것을 이방인에게 주었은즉 저희가 거룩한 성을 마흔두 달 동안 짓밟으
리라 3내가 나의 두 증인에게 권세를 주리니 저희가 굵은 베옷을 입고 일천 이
백 육십 일을 예언하리라 4이는 이 땅의 주 앞에 섰는 두 감람나무와 두 촛대니
5만일 누구든지 저희를 해하고자 한즉 저희 입에서 불이 나서 그 원수를 삼켜
버릴 것이요 누구든지 그들을 해하고자 하면 반드시 이와 같이 죽임을 당하리
라 6그들이 권능을 가지고 하늘을 닫아 그 예언을 하는 날 동안 비가 오지 못하
게 하고 또 권능을 가지고 물을 피로 변하게 하고 아무 때든지 원하는 대로 여
러 가지 재앙으로 땅을 치리로다 7그들이 그 증거를 마칠 때에 무저갱으로부터
올라오는 짐승이 그들과 더불어 전쟁을 일으켜 그들을 이기고 그들을 죽일 터
인즉 8그들의 시체가 큰 성 길에 있으리니 그 성은 영적으로 하면 소돔이라고
도 하고 애굽이라고도 하니 곧 그들의 주께서 십자가에 못박히신 곳이니라 9백
성들과 족속과 방언과 나라 중에서 사람들이 그 시체를 사흘 반 동안을 보며

무덤에 장사하지 못하게 하리로다 [10]이 두 선지자가 땅에 사는 자들을 괴롭게
한 고로 땅에 사는 자들이 그들의 죽음을 즐거워하고 기뻐하여 서로 예물을 보
내리라 하더라 [11]삼 일 반 후에 하나님께로부터 생기가 그들 속에 들어가매 그
들이 발로 일어서니 구경하는 자들이 크게 두려워하더라 [12]하늘로부터 큰 음성
이 있어 이리로 올라오라 함을 그들이 듣고 구름을 타고 하늘로 올라가니 그들
의 원수들도 구경하더라 [13]그 때에 큰 지진이 나서 성 십분의 일이 무너지고 지
진에 죽은 사람이 칠천이라 그 남은 자들이 두려워하여 영광을 하늘의 하나님
께 돌리더라.

지팡이 갈대의 측량

요한은 10장 마지막에서 "작은 두루마리"를 먹어 사명을 받고 나서, 이제 11장에서는 갈대를 받아 "하나님의 성전과 제단과 그 안에서 경배하는 자들을 측량하라."(11:1)는 명을 받습니다. 흔히 측량은 하나님의 심판의 예비적인 행위로 명해집니다(왕하 21:13 ; 사 34:1). 그러나 여기서는 땅에 있으나 하나님께 속한 자들, 곧 하나님의 성전과 그 제단 안에서 경배하는 자들, 진실한 신앙고백자들을 당신의 소유로 확정하시는 하나님의 행사를 나타내고 있습니다.

하나님께서는 세상에서 당신의 영광을 위하여 고난에 참여하며 복음 전도의 대열에 참여할 자들을 바로 당신의 소유로 인 치셨습니다(벧전 2:9). 하나님께서는 바로 그들을 통하여 당신의 이름의 영광을 세상에 나타내고, 그들을 동원하여 영적인 싸움에 임하게 하십니다.

물론 여기서 구약의 성전이 나타난다고 지난 과거에 국한된 일만을 말

하려는 것이 아닙니다. 다만 예전 구약의 규례를 통해서 앞으로 일어날 일을 상징적으로 표현하고 있습니다. 그 같이 이 요한계시록에는 그런 상징성이 강하게 엿보입니다.

성전 바깥 마당

구약 시대에는 성전 바깥마당이 '하나님을 경배하는 이방인'을 위해 할애되었습니다. 그러나 여기서는 이방인이라 함은 불신자들을 가리킵니다. 특히 하나님의 복음의 영광을 알지 못할 뿐 아니라 그 복음을 대적하는 세상에 속한 자들의 세력을 가리킵니다. 신약에서 '이방인'이라는 말이 육신의 혈통상 비유대인을 가리켜 말하는 것이 아님은 분명합니다. 예수님께서도 마태복음 5-7장에 기록된 당신의 산상설교에서 '이방인'이란 말을 당신에게 속한 자들과 대칭적으로 사용하십니다. 곧 불신자들을 가리키며 쓰고 계십니다(마 6:32). 사도 바울도 여전히 그 용례를 채용하고 있습니다(엡 4:17,18).

여기서도 마찬가집니다. 성전 바깥마당은 "이방인들이 짓밟도록" 내버려 두었습니다. 저희가 그 거룩한 성을 "마흔두 달 동안 짓밟도록" 허락되었습니다(11:2). 이는 이방인들, 곧 불신 세력들이 성도와 교회에 가하는 박해와 그 한계를 지시합니다.

두 증인의 권세

앞에서 "갈대로 측량함을 입은 하나님께 속한 자들"과 "성전 밖 마당을

42개월 동안 밟도록 허락받은" 불신 이방인들의 대칭적인 전제를 하고 나서, 두 증인의 활동이 언급되기 시작합니다.

여기서 말하는 "두 증인"(11:3)은 복음을 증거하는 전도자들을 상징적으로 나타내었을 것입니다. 성경에서 "둘"은 특히 증인의 수입니다(신 17:6 ; 19:15). 그러니 여기서 "두 증인"이라고 한 것은 하나님의 복음을 증거하는 모든 전도자들을 통틀어 말하고 있을 것입니다. 만일 이들을 어떤 특정인들에게만 국한시켜 설명한다면 억지가 따를 것입니다. 이 요한계시록은 전 세대의 교회들에게 주신 말씀이기 때문입니다. 그러니 여기서 "두 증인"은 어떤 역사 속에 나타났거나 나타날 특수한 '어떤 인물들' 을 가리킨다고 하지 말아야 합니다. 하나님의 복음을 위하여 하나님께 소명을 받고 세상에서 복음을 증거하는 자들 모두를 가리키는 것으로 보아야 할 것입니다.

'두 증인' 이 증거의 일을 하는 장소에는 '갈대로 측량함을 입은 하나님의 택한 백성들' 이 있습니다. 그들은 복음 전도자의 말을 들을 것입니다. 그러나 반면에 전도(선교) 현장에는 그 복음 전도를 혐오하고 방해하는 자들이 있습니다. 그러니 하나님의 복음에 대해서 반드시 두 반응이 나타나게 되어 있습니다. 하나는 복음을 적극적으로 수용하여 거기서 자기들의 삶의 영광과 의미를 찾는 이들이 있습니다. 그러나 복음에 대한 강한 적대감을 가지고 증거하는 이들을 핍박하는 자들이 있습니다.

그들 "두 증인"은 하늘에서 입은 권세가 입습니다. 그것은 복음 증거자가 가지는 영적인 권위와 능력을 말함입니다. 그것은 그 복음 증거자 스스로 획득한 것이 아닙니다. 하늘의 하나님께서 주권적으로 사람을 뽑아 내시어 그에게 복음을 증거할 권세를 주십니다.

그들이 "굵은 베옷"(11:3)을 입었습니다. 그 표현은 '통회와 비애'를 상징합니다(박윤선). 복음 증거자가 어째서 그러한 옷을 입고 있는가? 복음 증거자는 세상의 멸망과 그 멸망에서 구원하시는 하나님의 은혜의 영광을 함께 증거하는 자들입니다. 진정한 전도자는 남의 영혼의 회개와 구원을 자기 자신의 영혼의 문제인 양 생각합니다.

"그들은 너희 영혼을 위하여 경성하기를 자신들이 청산할 자인 것 같이 하느니라."(히 13:17)

그들은 1천 2백 60일 동안, 곧 이방인들이 성전의 마당을 밟도록 허락된 기간 동안 예언합니다.

이들 두 증인은 **"이 땅의 주 앞에 섰는 두 감람나무와 두 촛대"**(11:4)입니다. 두 촛대는 궁극적으로 교회를 상징하는 것입니다. 교회가 하나님의 복음을 듣고 믿는 자들로 이루어져 있고, 궁극적으로 교회는 세상에서 "두 증인"의 역할을 감당하면서 하나님의 빛을 발해야 합니다. 여기서 "감람나무"가 언급된 것은 그 감람 열매의 기름으로 등불을 밝혔었기 때문입니다. 그러니 여기서는 '하나님의 빛을 발하는 교회'를 상징하는 것입니다. 앞에서 **"하나님의 성전과 제단과 그 안에서 경배하는 자들"**은 거듭나서 그리스도를 믿는 성도들로 이루어진 교회입니다.

이 "교회"는 하나님의 각별한 소유요 각별한 사랑의 대상입니다. 그러므로 **"만일 누구든지 저희를 해하고자 한즉 저희 입에서 불이 나서 그 원수를 삼켜버릴지니 누구든지 해하려 하면 반드시 이와 같이 죽임을 당하리라."** 이것은 모세와 엘리야의 행적을 연상하게 하는 말씀입니다(출 7:20 ; 왕상 7:1 ; 왕하 1:9-12). 하나님께로부터 영적인 권위와 세력을 받은 교회가 하나님의 각별한 애정을 받고 있기 때문에 그 교회를 해하려 하면 반드시 하나님의 무서운 심판을 당하게 될 것입니다. 주님께서는 누구든지 "나를 믿는 이 소자 하나를 실족케 하면 차라리 연자 맷돌을 그 목에 달리우고 깊은 바다에 빠뜨리우는 것이 나으니라."(마 18:6)고 말씀하셨습니다.

하나님께서는 그들(교회)에게 복음을 증거하는 권세와 능력과 은사를 주시어 주의 이름을 높이게 하십니다. 그들의 입에서 나오는 말은 단순한 그들 자신의 심정에서 나온 것이 아닙니다. 하나님께로서 나온 '소멸하는 불과 같은 말씀'입니다. 그러니 그 말을 대적하는 이들은 하나님을 대적하고 그 불에 소멸당할 것입니다.

이것은 신약 교회가 하나님의 은혜로 견고하게 서서 하나님께서 정하신 기한 동안 "주를 경외함과 성령의 안위로 평안하여 든든히 서 가는" 모습과 그 교회를 통한 복음 전도의 일을 말하고 있습니다. 또한 그들은 기도의 권능을 받습니다. 그래서 그들이 기도하면, **"하늘을 닫아 그 예언을 하는 날 동안 비 오지 못하게 하고 또 권세를 가지고 물을 변하여 피 되게 하고 아무 때든지 원하는 대로 여러 가지 재앙으로 땅을 치리로다."**(11:6)

1,260일, 혹은 "마흔두 달 동안"의 의미

그들의 증거 기간은 **"마흔두 달 동안"**(11:2)입니다. 곧 3년 반의 기간입니다. 단 9:24-27에 나타나는 말씀과 병행되는 말입니다. 다니엘서에서 "마흔두 달"은 세계 종말의 '최후 한 이레(7일)'의 앞선 절반에 해당하는 기간입니다. 그 후반부는 무서운 환난의 때입니다. 여기 계시록 13장에 기록된 바와 같이 말입니다(박윤선).

그러니 여기서는 예수님께서 다시 오시기 전, 곧 신약시대 이후의 전체 기간 중에서 마지막 환난의 무서운 때가 이르기 전까지 복음 증거의 시대를 의미합니다. 사도 바울이 "보라 지금은 은혜받을 만한 때요 보라 지금은 구원의 날이로다."(고후 6:2)고 한 바로 그 복음의 은혜 기간 동안입니다. 그 시대에 불신자들은 증거되고 제시되는 은혜의 복음을 거부하고 대적하고 환난과 무서운 핍박을 가합니다. 그러나 그 기간 동안에 교회는 하나님의 복음의 영광을 믿는 자들의 모임으로 계속 복음 전도의 일을 계속합니다. 그 기간 동안 교회는 모종의 권세를 받아서 번성하고 그 교회를 대적하는 이들이 결국 하나님의 무서운 심판에 이르게 될 것입니다. 주님께서 다시 오시기 전의 어느 기간까지 교회는 그러한 권세와 영적인 힘을 유지하고 있을 것입니다.

그러나 그 기간, 마흔두 달이 끝나는 기간, 곧 교회가 그 전도활동을 통해서 하나님의 복음의 영광을 증거하도록 주어진 기간이 다할 때가 올 것입니다. 곧 앞에서 언급한 바 "은혜받을 만한 때요 구원의 날"(고후 6:2)이 더 이상 지속되지 못하게 될 무서운 환난의 때가 올 것입니다.

무저갱에서 올라온 짐승

그때가 되면 "무저갱으로부터 올라오는 짐승이 저희로 더불어 전쟁을 일으켜 그들을 이기고 그들을 죽일 터인즉 그들의 시체가 큰 성 길에 있으리니."(11:7,8) 복음 증거를 위해 하나님께서 교회를 보호하고 권세를 주시어 번성하게 하시는 기간이 지나고 나니, 무저갱에서 짐승이 올라옵니다. 그리고 그 짐승이 복음을 증거하는 증인들, 곧 교회와 그 성도들을 향하여 전쟁을 일으킬 것입니다. 그리고 그들 교회에 속한 성도들을 이기고 죽일 것입니다. 그래서 그 무저갱에서 올라온 짐승에게 죽임당한 성도들의 시체가 큰 성의 길에 있을 것입니다.

"그 성은 영적으로 하면 소돔이라고도 하고 애굽이라고도 하니 곧 저희 주께서 십자가에 못박히신 곳이니라."(11:8)

곧 성도들이 무저갱에서 올라온 짐승에 의해서 죽어 그 시체가 나뒹구는 곳은 어디입니까? 그리스도를 대적하여 그리스도를 죽이던 도성의 정신을 그대로 가지고 있었고, 소돔과 고모라의 정신을 그대로 가지고 있는 도성입니다(창 19:1-11, 마 27:15-26).

이제까지 교회가 빛을 발하며 복음 전도를 하던 곳은 어떤 곳이었습니까? 언제라도 기회가 주어지면 교회와 성도들을 대적하고 없이하려는 악의를 숨기고 있는 무서운 영적인 특성을 지니고 있는 도성입니다. 이제까지 그러한 일이 없었던 것은 하나님께서 정하신 기간이 아직 차지 않았기 때문입니다. 그 기한이 다할 때까지 성 삼위 하나님께서는 교회와 증인들에게 엄청난 권위와 세력과 영적 능력과 은사와 기도의 권세를 주시어 일하게 하시고 효력이 있게 하셨습니다. 그래서 '택한 백성'이 복음을 듣고 은혜로 구원받아 교회가 번성하고 부흥하였습니다.

그러나 그 기간이 다하니 무저갱에서 나온 짐승, 하나님께 속하지 않고 그리스도를 대적하는 세력이 등장하게 되어 세력을 잡고 교회를 잔멸(殘滅)하려 합니다. 또 그 세력이 원하는 대로 많은 성도들, 곧 하나님의 소유된 백성들을 죽이어 그 시체가 그 성에 뒹굴게 합니다. 그것은 언뜻 보기에 그들의 승리요, 교회를 잔멸한 것의 표증으로 보일 것입니다.

"백성들과 족속과 방언과 나라 중에서 사람들이 그 시체를 사흘 반 동안 보며 무덤에 장사하지 못하게 하리로다."(11:9)

그들 모든 이들은 하나님의 소유된 백성들이 잔멸의 위기에 놓인 것같이 여겨질 수밖에 없는 상황을 주목합니다. "사흘 반 동안"을 말입니다. 그 기간은 앞의 1,260일에 비하면 아주 짧은 기간이나 아주 끔찍하기 짝이 없는 기간입니다.

땅에 거하는 자들의 즐거움

땅에 거하는 자들, 하나님의 교회에 속하지 않은 이들은 그들 하나님의 교회에 속한 자들이 그렇게 무참하게 죽임을 당한 것을 하나도 아까워하지 않고, 오히려 즐거워하고 서로 그 일을 축하하듯이 서로 간에 "예물을 보내리라."(11:10) 했는데 그것은 그들이 두 선지자, 곧 교회의 복음 증거로 말미암아 "크게 괴롭힘을 당하였기" 때문입니다. 그들은 마치 자기들을 괴롭히던 앓던 이가 빠진 것같이 속이 시원하여 서로 기뻐합니다. 이제 그들의 하는 것이 죄라고 정죄하거나 회개하라고 촉구하는 일이나, 회개하지 않으면 누구나 받을 무서운 하나님의 심판에 대하여 경고하는 이가 없습니다. 그래서 이제 그들 세상에 속한 이들은 자기들 원하는 대로 세상에 속한 좋은 것을 누리면서도 아무 간섭도 받지 않을 수 있습니다. 자기들의 방종과 방탕을 책잡을 자들이 더 이상 없어 보이기 때문입니다.

그리고 교회에 속한 이들이 죽임을 당하는 것은 마치 자기들의 불신앙과 적그리스도적인 사상과 행동이 정당함을 입증한 사건으로 여겨 축배를 들 것입니다. 그리고 그렇게 위세 당당하던 교회와 그 성도들의 영적인 힘은 사실은 살아 계신 하나님께로서 온 것이 아니라 가상적인 하나의 심리적 발작에 불과하다고 주장할 절호의 기회를 만나듯이 그들은 즐거워할 것입니다. 그래서 그들은 자기들의 승리의 증거를 모든 이로 보게 하려고 자기들이 죽인 성도들의 시체를 무덤에 장사 지내지 못하게 합니다.

하나님께로부터 온 생기

그러나 즐거워하고 예물을 보내며 자축하던 세상에 속한 이들의 생각은 정말 허망한 것이었고 아무런 진리의 보증을 받지 못하는 것이었습니다. 왜냐하면 그들이 죽여 그 성에 나뒹구는 성도들의 시체에 "하나님께로부터 생기가 들어가 발로 일어섰기" 때문입니다. 그것을 목도한 이들은 다 "크게 두려워하더라." 왜냐하면 그 시체들이 다시 살아나 발로 일어서는 것은 바로 그들의 죽음을 즐거워하던 땅에 거하는 자들의 무서운 저주를 예고하기에 족한 것이기 때문입니다.

그리고 하늘로부터 큰 음성이 들립니다. "이리로 올라오라." 그 죽었다가 다시 생기를 얻어 일어선 자들이 그 음성을 듣고 저희 원수들이 구경하는 데서 "구름을 타고 올라갑니다." 그리고 땅에 무서운 하나님의 심판의 징조가 나타나기 시작합니다.

"성 10분의 1이 무너지고 지진에 죽은 사람이 7천이니 그 남은 자들이 두려워하여 영광을 하늘의 하나님께 돌리더라."(13절)

출애굽기의 바로가 큰 재앙이 임하는 것을 보며 하나님께서 보내신 것인 줄 알고 고통 중에서 모세에게 기도를 요청하였던 것과 같은 모습입니다.

물론 "하나님께 영광을 돌리더라."고 한 구절을 보고 땅에 속하여 죽지 않고 남아 있는 자들이 회개하고 돌아오는 것으로 이해하는 것은 바르지 못합니다. 이것은 다만 하나님의 행사의 정당성을 아무도 이의를 제기하지 못함을 이름입니다. 그러니 그들이 하나님께 영광 돌린 것이 회개하여 예수님을 믿고 구원받은 것을 의미하는 것은 아닙니다. 바로가 애굽에 부어지는 재앙들이 모세의 하나님의 행사인 줄 알았으면서도 끝내 구원얻는 회개와 믿음에 이르지 못한 것과 같습니다.

궁극적 승리를 위하여

하나님의 교회와 성도들은 하나님의 각별한 사랑과 보호를 받는 하나님의 소유된 백성이요 자녀들입니다. 하나님께서는 당신의 영광과 그 복음의 증인으로 교회와 성도들을 세우셨습니다. 그리고 때가 되기까지 그 교회를 통해 당신의 영광을 드러내십니다. 교회가 그 기간 중에 있는 한 여러 대적과 방해를 받기는 하나 결국 교회의 세력은 더욱 뻗어 나갈 것입니다. 그 세력을 아무도 막지 못할 것입니다.

그러나 그 기간에 물론 하나님의 복음 증거를 받아들이는 택한 자들이 있고, 그 복음을 무시하고 거부하는 불신자들이 있습니다. 그러나 그 불신자들의 세력이 "성전 제단과 그 안에서 경배하는 자들"을 어찌할 수 없습니다. 다만 "마당만 밟을 수 있을 뿐"입니다. 불신 세력이 믿음의 사람들의 믿음과 사상과 활동을 미워하고 핍박하나 허용된 한계 이상을 넘어가지는 못합니다. 또 그 기간도 정해져 있습니다. 곧 예수 그리스도께서 오시기 직전의 환난의 때가 이르기 전까지의 전 교회 시대입니다. 그 기간 동안 하나님의 교회에 복음의 공효를 이루는 문이 활짝 열려 있다고 해도 과언이 아닙니다. 정말 그 기간 동안은 "은혜받을 만한 때요 구원의 날"입니다(고후 6:2). 그러나 그 기간이 끝날 때가 옵니다. 무저갱의 세력에 의해 한동안 교회가 잔멸 위기에 놓이는 것 같은 때가 있을 것입니다. 그때는 환난의 때요 은혜의 때가 아닙니다. 그때는 등의 기름을 준비할 때가 아니고 준비된 기름으로 불을 밝힐 때입니다. 신랑 되신 예수님께서 곧 당도하실 때입니다(마 25:1-13).

그 때에 교회는 결국 하나님의 약속과 그들의 소망대로 다시 살아서 하늘에 오르게 됩니다.

우리는 이 대목의 메시지가 교회에 주어진 권세와 영광과 능력이 어떠함을 알려 주는 하나님의 넉넉한 보장의 말씀인 줄 알아, 주어진 기간 동안 담대하고 열심있게 복음을 증거할 소명을 감당해야 합니다. 그 기한은 무저갱의 짐승, 곧 적그리스도, 곧 불법의 사람의 출현이 있기 전까지일 것입니다.

적그리스도의 출현은 언뜻 교회의 잔멸을 의미하는 듯하나 결국 교회가 승리합니다.

"그때에 불법의 사람이 나타나리니 주 예수께서 그 입의 기운으로 저를 죽이시고 강림하여 나타나심으로 폐하리라."(살후 2:8)

그러니 교회는 "굵은 베옷을 입고 두 감람나무와 두 촛대"로서의 신분과 역할을 다하여 복음을 위해 진력해야 할 것입니다. 그것이 바로 결코 헛되지 않은 주의 일입니다. 아멘.

"그러므로 내 사랑하는 형제들아 견실하며 흔들리지 말고 항상 주의 일에 더욱 힘쓰는 자들이 되라 이는 너희 수고가 주 안에서 헛되지 않은 줄 앎이라."(고전 15:58)

22
chapter

일곱째 천사의 나팔과 최후의 심판에 대한 예고
11:15-19

15일곱째 천사가 나팔을 불매 하늘에 큰 음성들이 나서 이르되 세상 나라가 우리
주와 그리스도의 나라가 되어 그가 세세토록 왕 노릇 하시리로다 하니 16하나님
앞에 자기 보좌에 앉은 이십사 장로들이 엎드려 얼굴을 대고 하나님께 경배하여
17이르되 감사하옵나니 옛적에도 계셨고 지금도 계신 주 하나님 곧 전능하신이여
친히 큰 권능을 잡으시고 왕 노릇 하시도다 18이방들이 분노하매 주의 진노가 내
려 죽은 자를 심판하시며 종 선지자들과 성도들과 또 작은 자든지 큰 자든지 주의
이름을 경외하는 자들에게 상 주시며 또 땅을 망하게 하는 자들을 멸망시키실 때
로소이다 하더라 19이에 하늘에 있는 하나님의 성전이 열리니 성전 안에 하나님의
언약궤가 보이며 또 번개와 음성들과 우레와지진과 큰 우박이 있더라.

하늘의 큰 음성들

요한은 앞에서 땅의 환난 중에서 투쟁하는 하나님의 능력을 힘입은 교회와 성도의 모습과, 성도의 믿음의 정당성을 증거하여 주시고 성도의 억

울함을 신원하여 주시는 하나님의 위로에 대한 메시지를 들었습니다.

이제 그는 하늘의 "큰 음성들"을 듣습니다. 요한이 땅에서 벌어지는 환난과 고통의 정경 때문에 마음이 초조해질 즈음 하나님께서는 금방 '하늘의 영광'을 다시 보여 주는 것입니다. 그것이 바로 당신의 백성들을 다루시는 방식이기도 합니다. 성도를 다루시는 하나님의 방식을 주목하세요. 땅에 있는 성도들이 이 땅에서 감당해야 할 사명의 중함과 이 땅에서 겪어야 하는 여러 가지의 환난의 중함을 먼저 말씀하십니다. 그런 다음 바로 그 모든 일들을 겪어 내어도 기진하지 않게 하시는 하나님의 위로가 하늘에 준비되어 있음을 항상 상기하는 은혜를 베푸십니다.

요한이 여기서 들은 "하늘에 큰 음성들"은 요한의 심정을 고무하고 감동하고 힘을 주기에 넉넉한 것들이었습니다. 물론 요한만 아니고 땅에 있는 모든 하나님의 교회와 성도들을 위하여 이 말씀을 주신 것입니다. "큰 음성들이 나서 이르되 세상 나라가 우리 주와 그 그리스도의 나라가 되어 그가 세세토록 왕 노릇 하시리로다."(11:15) 하고 외치기 때문입니다. 그리고 "하나님 앞에 자기 보좌에 앉은 24 장로들이 엎드려 얼굴을 대고 하나님께 경배하여"(11:16) 함께 화답하여 말합니다.

"감사하옵나니 옛적에도 계셨고 지금도 계신 주 하나님 곧 전능하신이여 친히 큰 권능을 잡으시고 왕 노릇 하시도다 이방들이 분노하매 주의 진노가 임하여 죽은 자를 심판하시며 종 선지자들과 성도들과 작은 자든지 큰 자든지 주의 이름을 경외하는 자들에게 상 주시며 또 땅을 망하게 하는 자들을 멸망시키실 때로소이다."(11:17,18)

이 큰 음성은 하나님의 약속대로 그리스도가 왕 노릇 하는 하나님의 나라가 완성될 때, 곧 그리스도의 재림의 때가 가까이 왔음을 보여 주는 것입니다. 역사의 종말은 바로 그리스도의 재림과 하나님의 뜻의 완성, 곧 완성된 하나님의 나라의 도래입니다. 그것은 하나님과 그리스도의 나라에 속한 백성들에게는 완전한 구원을 의미하는 것입니다. 반면에 "땅을 망하게 하는 자들", 곧 하나님을 믿지 않고 그리스도를 대적하는 불신 세력들에 대하여는 무서운 심판과 멸망이 될 것입니다.

하늘에 있는 하나님의 성전과 "하나님의 언약궤"

요한은 "하늘에 있는 하나님의 성전이" 열리는 것을 주목합니다. 그리고 그 성전 안에 있는 하나님의 "언약궤"를 봅니다. 그리고 아울러 "번개와 음성들과 우레와 지진과 큰 우박이" 있었습니다(11:19).

"하나님의 언약궤"는 구약에 있어서 하나님의 공의의 율법과 하나님의 사죄의 은혜를 함께 내포하는 것이었습니다. 그 언약궤의 '뚜껑' 이 '속죄소' 였기 때문입니다(레 16:2).

요한이 그 하늘의 성전의 언약궤를 보게 된 것은 바로 '하나님의 공의의 심판' 과 '하나님의 자비의 구원' 을 한꺼번에 본 셈입니다. 아울러 "번개와 음성들과 우레와 지진과 큰 우박"은 하나님의 위엄과 능력의 진노를 연상하게 하는 것들입니다.

하늘의 성전에 관하여는 히브리서 9:23,24을 참조함이 좋을 것입니다.

"그러므로 하늘에 있는 것들의 모형은 이런 것들로써 정결하게 할 필요가 있었으나 하늘에 있는 그것들은 이런 것들보다 더 좋은 제물로 할지니라 그리스도께서는 참 것의 그림자인 손으로 만든 성소에 들어가지 아니하시고 바로 그 하늘에 들어가사 이제 우리를 위하여 하나님 앞에 나타나시고."(히 9:23,24)

그리스도께서는 백성들의 속죄를 위하여 자신의 피를 하늘 성소의 속죄소에 뿌리신 것입니다.

궁극적 승리를 위하여

역사는 아무런 눈이 없이 진행되는 것이 아닙니다. 역사는 분명한 목적과 목표를 향하여 계속 주도 면밀하게 이끌려 나가고 있습니다. 그것은 하나님께서 당신의 정하신 뜻에 따라서 계속 역사를 주도하고 계시기 때문입니다. 그런데 그것이 사람의 보기에는 전혀 그렇지 않게 보일 수도 있습니다. 왜냐하면 의인이 압제를 당하거나 심지어 죽임을 당하고 마치 소돔과 고모라와 같은 타락한 정신으로 부패하여 있는 세상이 승리하여 개선가를 부르는 것 같은 모습을 자주 목격하기 때문입니다. 그래서 땅에 있는 성도들은 고민하고 갈등할 때가 한두 번이 아닌 것입니다. 그러나 그것은 하나의 과정일 뿐입니다. 역사는 반드시 정한 방향을 향해서 진행되고 있습니다.

역사의 목적점, 곧 종말은 그리스도의 재림과 함께 성취가 됩니다. 그리스도의 재림은 하나님께 속한 자들의 구원의 완성과, 하나님을 대적한 자들의 최종적인 파멸을 가져옵니다. 그 날에 이제까지 땅에 있는 성도들을 괴롭혔던 여러 난제들이 완전하게 풀려집니다. 그날에 정말 악인과 의인의 영원한 몫이 다르고, 그 정당한 판단 여부가 확연하게 드러날 것입니다. 그래서 그날 악인들마저 하나님의 행사와 그리스도의 심판에 대하여 그 어떤 이의도 제기하지 못할 것입니다.

그와 같이 요한은 역사의 전 과정 속에서 일어나는 주요한 세 가지의 국면을 이 장에서 계시받은 것입니다.

① 하나님의 거룩한 백성과 소유된 교회와 성도들에 대한 하나님의 각별한 보호를 받습니다. 하나님께 받은 성령의 능력과 권세를 통해서 성 삼위 하나님의 이름의 영광이 걸린 복음 전도는 진행될 것입니다. 많은 환난에도 불구하고 그 역사(役事)가 계속 진행되고 번성할 것이고, 그것을 막을 장사가 없을 것입니다.

② 그러나 종말이 이르기 직전에 이 땅의 교회와 성도들과 복음 증거자들을 완전하게 박멸하려는 악한 사탄의 시도가 나타나서 많은 성도들이 무서운 도륙을 당하게 될 것입니다. 그때에 사탄과 그에 속한 자들은 그것이 자기들의 영구한 승리인 줄 착각하게 될 것입니다.

③ 그러나 하나님께서는 당신의 이름의 권위를 두고 당신을 위하여 빼내신 백성들을 신원하시기 위해 죽은 자들을 살리시어 그들을 하늘의 영광으로 올리워 가실 것입니다. 그것을 그 원수들도 목격할 것입니다. 그리고 그리스도의 영광의 재림이 이루어질 것입니다. 이 세 국면은 역사의 전 과정 속에서 일어나는 주요한 요점들입니다.

우리 그리스도인들은 바로 그러한 역사관(歷史觀)을 가지고 주어진 믿음을 붙잡고 낙담치 말고 소망 중에 나아가야 합니다. 재림 직전 무서운 환난의 때가 이르기 전에 우리에게 주어진 권세를 의지하여 담대하게 복음을 전해야 합니다. 주의 날은 반드시 옵니다. 그 날 우리는 진정 기뻐하고 웃기 위하여 오늘의 현실 속에서 믿음을 지키며 선한 싸움을 싸우고 우리에게 맡겨진 사명을 감당해야 할 것입니다. 아멘.

23
chapter

하늘의 큰 이적과 영적 싸움

12:1-17

1하늘에 큰 이적이 보이니 해를 입은 한 여자가 있는데 그 발 아래는 달이 있고
그 머리에는 열두 별의 면류관을 썼더라 2이 여자가 아이를 배어 해산하게 되
매 아파서 애써 부르짖더라 3하늘에 또 다른 이적이 보이니 보라 한 큰 붉은 용
이 있어 머리가 일곱이요 뿔이 열이라 그 여러 머리에 일곱 왕관이 있는데 4그
꼬리가 하늘 별 삼분의 일을 끌어다가 땅에 던지더라 용이 해산하려는 여자 앞
에서 그가 해산하면 그 아이를 삼키고자 하더니 5여자가 아들을 낳으니 이는
장차 철장으로 만국을 다스릴 남자라 그 아이를 하나님 앞과 그 보좌 앞으로
올려가더라 6그 여자가 광야로 도망하매 거기서 일천 이백 육십 일 동안 저를
양육하기 위하여 하나님의 예비하신 곳이 있더라 7하늘에 전쟁이 있으니 미가
엘과 그의 사자들이 용으로 더불어 싸울새 용과 그의 사자들도 싸우나 8이기지
못하여 다시 하늘에서 그들이 있을 곳을 얻지 못한지라 9큰 용이 내쫓기니 옛
뱀 곧 마귀라고도 하고 사탄이라고도 하는 온 천하를 꾀는 자라 땅으로 내어
쫓기니 그의 사자들도 그와 함께 내쫓기니라 10내가 또 들으니 하늘에 큰 음성
이 있어 이르되 이제 우리 하나님의 구원과 능력과 나라와 또 그의 그리스도의

권세가 나타났으니 우리 형제들을 참소하던 자 곧 우리 하나님 앞에서 밤낮 참
소하던 자가 쫓겨났고 11또 우리 형제들이 어린양의 피와 자기들이 증거하는
말씀을 인하여 그를 이겼으니 그들은 죽기까지 자기 생명을 아끼지 아니하였
도다 12그러므로 하늘과 그 가운데 거하는 자들은 즐거워하라 그러나 땅과 바
다는 화 있을진저 이는 마귀가 자기의 때가 얼마 남지 않은 줄을 알므로 크게
분내어 너희에게 내려갔음이라 하더라 13용이 자기가 땅으로 내쫓긴 것을 보고
남자를 낳은 여자를 박해하는지라 14그 여자가 큰 독수리의 두 날개를 받아 광
야 자기 곳으로 날아가 거기서 그 뱀의 낯을 피하여 한 때와 두 때와 반 때를
양육받으매 15여자의 뒤에서 뱀이 그 입으로 물을 강같이 토하여 여자를 물에
떠내려가게 하려 하되 16땅이 여자를 도와 그 입을 벌려 용의 입에서 토한 강물
을 삼키니 17용이 여자에게 분노하여 돌아가서 그 여자의 남은 자손 곧 하나님
의 계명을 지키며 예수의 증거를 가진 자들과 더불어 싸우려고 바다 모래 위에
서 있더라.

12장 13장의 위치

12장과 13장에서는 세상과 치열한 영적 싸움을 위하여 대치하고 있는 교회의 모습이 다루어집니다. 물론 여기서 다루어지는 문제가 10,11장에서 다루어진 일 다음에 순차적으로 일어날 것들은 아니라고 보아야 할 것입니다. 요한계시록의 내용상의 순서들은 시간적, 연대적인 순서들을 말함이 아닙니다. 오히려 그리스도께서 오시기까지의 역사의 전 과정 속에서 일어날 여러 일들을 다각적인 면에서 조명하고 있습니다. 물론 어떤 부분에서는 시간적인 순차를 따르기도 하는 것이 사실입니다. 그러나 계시

록의 전반적인 메시지는 어느 한 시대에만 국한된 것이 아니라 전 교회 시대, 그리스도께서 오시기까지의 전(全) 역사에 걸쳐 일어나는 것과 관련되어 있다고 할 것입니다. 여기 12장에나 13장에서 다루어지는 문제도 여전히 전 교회 시대 속에서 일어나는 일의 어떤 국면을 가리킵니다. 특히 교회가 사탄의 세력과 영적인 투쟁을 하는데, 구체적으로 어떠한 투쟁을 겪어야 할 것인지를 보여 주고 있습니다. 이러한 시각에서 보면 이 부분을 이해하는 데 큰 도움을 줄 것입니다.

하늘에 큰 이적

여기 "하늘에 큰 이적"(12:1)이 보였습니다. 여기서 "하늘"이라고 하는 것은 땅에 나타난 일들이 결국 그 배후에 하늘과 연관되어 있음을 보여 줍니다. 또 여기서 "이적"이라고 하는 것은 '표적(sign)' 이라고 번역될 수 있는 말로서, '표적' 은 어떤 사실을 가리키는 표호나 상징의 의미를 가지고 있습니다. 예수 그리스도께서 땅에서 행하신 이적은 그 것이 가리키고 있는 어떤 진리와 사실 때문에 '표적' 으로 표현되는 것과 같은 이치입니다. 여기서도 어떤 사실과 진리를 가리키는 '표적적' 이고 '상징적' 인 형용이 요한에게 보였던 것입니다.

여자와 한 큰 붉은 용

요한에게 보인 한 이적은 "해를 입은 한 여자"(12:1)입니다. 그리고 또 다른 이적은 "한 큰 붉은 용"입니다. 이 둘은 그 본질에 있어서부터 대립적입니다. 하나는 인격체이고, 하나는 이성 없는 짐승입니다. "여자"는 연약함을 연상하게 하는 모습입니다. 그러나 그 다음에 나타난 "붉은 용"은 거대하고 힘 있음을 연상하게 합니다. 그 둘이 서로 대적합니다. 언뜻 보아 "여자"와 "한 큰 붉은 용"은 싸움의 상대가 되지 않을 것 같습니다.

여기서 말하는 "여자"는 무엇을 상징하고 가리키는가? 하나님의 교회임에 분명합니다. 그 "발 아래 달이 있고 그 머리에는 열두 별의 왕관을 썼고"(12:1), 또 "아이를 배어 해산하게 되매 아파서 애써 부르짖더라."(12:2) - 여기서와 같이 '열둘'이 계시록에서는 하나님의 택한 백성들과 연관되어 상징수로 쓰여지고 있습니다(계 7:4). 그러니 "열두 별"은 이스라엘의 열두 지파를 상징합니다. "별"은 하나님의 진리를 밝히는 증거자를 상징합니다. 그러니 여기서는 구약의 교회를 상징하는 것이라고 보아 무리가 없을 것입니다. 그리고 "달을 밟고 있는" 모습은 승리의 표상입니다(박윤선, 창 37:9,10). 그리고 "왕관(면류관)"은 최후의 승리를 연상하게 합니다(계 2:10).

그 "여자"가 "아이를 배어 해산하게 되매 아파서 애써 부르짖더라." 이는 그리스도께서 오시기까지의 구약 교회의 고난과 수고를 의미함입니다. 구약 교회의 사명은 '그리스도'를 예언하고 그 소망을 견지하는데 있었습니다. 구약의 성도들은 그리스도께서 오시기를 간절하게 사모하였습니다. 그러나 자력으로 그리스도에 대한 하나님의 언약을 성취할 능이 없었습니다. 하나님께서 그 일을 가능하게 하시었습니다. 그리하여 구약 교회를 통해서 그리스도가 오게 하셨습니다.

여기 또 함께 요한에게 보이는 "이적"은 "한 큰 붉은 용"인데, "머리가 일곱이요 뿔이 열이었다."(12:3) - 머리가 "일곱이라"는 말은 땅 위의 일곱 열방의 왕들을 상징하고, "뿔이 열이라."는 것은 세상의 열방들의 세력을 힘입고 있음을 의미합니다. 또 "그 여러 머리마다 일곱 왕관"이 있었습니다. 그것은 세상의 열왕들이 자기들의 뜻을 이루어 승리한 전력(前歷)을 상징할 것입니다. 그렇게 "붉은 용"은 세상의 열왕들과 열방의 세력들을 규합하여 강한 힘으로 무장하고 있습니다. "그 꼬리로 하늘 별 3분의 1을 끌어다가 땅에 던지었습니다." "꼬리"는 간교한 지혜를 가리키는 말입니다. 그가 "하늘의 별"과 같은 천사들 3분의 1을 회유해서 자기를 따르게 하여 결국 하나님을 대적하게 하였습니다. 그는 또한 자기와 함께 "자기 처소를 떠난 천사들을 큰 날의 심판까지 영원한 결박으로 흑암에" 가두시는 하나님의 진노를 받게 하였습니다(유 6). 여기서 말하는 이 "붉은 용"은 사탄임에 분명한데, 그가 에덴 동산에서부터 아담과 하와를 유혹하여 넘어지게 했습니다.

그 용이 "해산하려는 여자 앞에서 그가 해산하면 그 아이를 삼키고자 하더니"(12:4) 이는 구약 시대에 그리스도를 보내시겠다는 하나님의 약속을 무산시킬 방안을 계속 시도하고 시행하던 악한 사탄의 간계를 가리킵니다. 사탄은 아브라함과 다윗과 그리스도로 이어지는 혈통을 끊어 버리려 무진 애를 썼습니다. 에스더서의 하만이 유다 족속을 완전하게 몰살시키려는 계획도 그 일환입니다. 그렇게 예수 그리스도의 족보가 중간에 중단되도록 갖은 수를 다 썼습니다. 그것이 바로 여기서 지적되고 있습니다.

구약의 교회가 받은 사명, 그리스도를 기다리며 그 그리스도의 강림을 위해 준비하는 사명을 감당하지 못하게 방해한 사탄의 시도는 구약에 아주 널리 알려져 있습니다.

그러나 때가 되어 "여자가 아들을 낳으니 이는 장차 철장으로 만국을 다스릴 남자라 그 아이를 하나님 앞과 그 보좌 앞으로 올려 가더라."(12:5) 곧 구약 교회가 예언한 대로 그리스도께서 오신 것입니다. 오신 그리스도를 죽이려는 사탄의 간계가, 헤롯이 동방에서 온 박사들의 말을 듣고 나서 2살 아래의 아이들을 다 죽이게 한 데서 드러났습니다. 그리스도의 생애 전체를 통해서 사탄은 그리스도를 없애려고 애를 썼습니다. 그리고 결국 자기의 승리의 묘수인 양 그리스도를 십자가에 못박아 죽였습니다. 그러나 그리스도께서는 패배의 죽으심이 아닌 '승리의 죽으심'을 치러 내시고 궁극적으로 '하나님과 그 보좌의 영광'으로 승귀(勝歸)하셨습니다.

여자를 위해 한 곳을 예비하신 하나님의 배려

그 붉은 용이 여자가 낳은 아이인 그리스도를 없애려는 계획이 수포로 돌아갔다고 거기서 멈출 리가 없습니다. 그 아이를 낳은 여자, 곧 교회를 핍박하여 진멸하려는 시도를 할 것은 너무나 뻔한 이치입니다.

그래서 그 **"여자는 광야"**로 도망합니다. 이것은 그리스도께서 승천하신 뒤의 신약의 교회가 '광야 같은' 세상에 놓여질 것을 상징하는 표현입니다(박윤선). 신약 시대 이후의 교회는 정말 마치 '광야'에 있는 것 같습니다. '광야'는 먹을 것도 마실 물로 없이 빈핍한 곳입니다. 세상에 있는 교회는 세상에서 아무런 양식이나 그 어떠한 힘도 얻지 못합니다. 예전 광야의 이스라엘이 광야 자체에서는 아무것도 얻지 못하였던 것과 같습니다. 그러나 하나님의 특별한 배려로 그들에게 만나가 주어지고 반석의 생수를 마셨습니다. 신약 교회도 영적으로 마찬가지입니다. 하나님의 **"양육하여 주시는 은혜"**만이 교회의 진정한 양식이요, 보호막입니다. 여기서 **"그 여자가 광야로 도망하매 거기서 1260일 동안 저를 양육하기 위하여 하나님의**

예비하신 곳이 있더라."(12:6)고 한 것은 바로 그것을 의미함입니다.

1260일의 기간은 11:3에서 말하는 기간과 같습니다. 곧 그리스도의 재림 직전의 잠깐 동안의 대환난 직전까지의 전 교회 시대를 의미합니다. 하나님의 교회는 광야 같은 세상에서 하나님께로부터 그러한 양육을 받습니다.

하늘의 전쟁과 그 결과

하늘에 전쟁이 있었습니다.

"미가엘과 그의 사자들이 용과 더불어 싸울새 용과 그의 사자들도 싸우나 이기지 못하여 다시 하늘에서 그들이 있을 곳을 얻지 못한지라."(12:7,8)

하나님의 영광과 그 이름을 위하는 미가엘과 그 군대가, 붉은 용과 그와 합세한 군대와 겨루어 싸웠습니다. 결과는 미가엘의 승리였습니다. 그래서 사탄은 하늘에서 있을 곳을 얻지 못하고 내어 쫓기게 되었습니다.

"큰 용이 내쫓기니 옛 뱀 곧 마귀라고도 하고 사탄이라고도 하는 온 천하를 꾀는 자라 땅으로 내쫓기니 그의 사자들도 저와 함께 내어 쫓기니라."(12:9)

하늘에서 하나님의 뜻에 거역하는 자들이 그 하늘에서 있을 곳을 얻지 못하고 땅으로 내어 쫓긴 것입니다.

여기서 말하는 '싸움'은 단순하게 힘의 대결만이 아닙니다. 여기서의 '싸움'은 그 '정당성과 공평성과 거룩성과 의'를 의지한 싸움이었습니다. 그래서 사탄이 진 것은 우리가 흔히 생각할 수 있는 차원의 '힘'이 없어서가 아니라 '정당성'이 없었기 때문입니다. '의'가 힘입니다. 불의는 주어진 모든 힘의 상실을 수반합니다. '의'가 없이는 견고한 터를 가질 수가 없습니다. 그래서 하나님의 보좌도 의와 공평을 터로 삼습니다(시 97:3).

요한이 들은 "하늘에 큰 음성"이 바로 그 사실을 입증합니다. "이제 우리 하나님의 구원과 능력과 나라와 또 그의 그리스도의 권세가 나타났으니 우리 형제들을 참소하던 자 곧 우리 하나님 앞에서 밤낮 참소하던 자가 쫓겨났고 또 우리 형제들이 어린양의 피와 자기의 증언하는 말씀을 인하여 그를 이기었으니."(12:10,11) 어린양의 피는 사탄의 참소를 능히 이겨 낼 수 있습니다. 그 어린양의 피가 아니라면 우리 죄 많은 이들이 하나님 앞에서 구원받는 것은 의롭지 못한 것이고 정당성이 없는 것이고, 사탄의 참소를 견뎌 낼 수 없습니다. 어린양의 피는 우리 자신의 '정당성' 없음에도 불구하고 우리로 하여금 하나님께 의롭다 하심을 받게 하고 당당하게 하나님 앞에 서게 합니다. 사탄의 그 어떤 참소에도 불구하고 우리는 그 '어린양'의 피로써 능히 '정당성'을 가지고 설 수 있는 것입니다.

"이 예수를 하나님이 그의 피로 인하여 믿음으로 말미암는 화목 제물로 세우셨으니 이는 하나님께서 길이 참으시는 중에 전에 지은 죄를 간과하심으로 자기의 의로우심을 나타내려 하심이니 곧 이때에 자기의 의로우심을 나타내사 자기도 의로우시며 또한 예수 믿는 자를 의롭다 하려 하심이니라."(롬 3:25,26)

그래서 "하늘과 그 가운데 있는 자들은 즐거워하라"는 권고가 주어집니다. 그러나 어린양 되신 그리스도의 피를 의지하지 않는 이들은 그 어떤 정당성도 없는 자들입니다. 그래서 "땅과 바다는 화가 있다."고 한 것입니다. 왜냐하면 "마귀가 자기의 때가 얼마 남지 않은 줄을 알므로 크게 분내어 너희에게 내려갔음이라 하더라."(12:12)

교회를 핍박하는 마귀

마귀는 땅으로 쫓겨난 자신의 처량한 위치 속에서 분내어 "남자를 낳은 여자를 박해하는지라."(12:13) 곧 교회를 핍박한다는 말입니다.

그러나 그 교회는 그러한 사탄의 박해에 어떻게 대응하는가? "그 여자가 큰 독수리의 두 날개를 받아 광야 자기 곳으로 날아가서 거기서 그 뱀의 낯을 피하여 한 때와 두 때와 반 때를 양육받으매."(12:14) 하나님께서 주신 영적인 힘을 의지하고, 하나님께서 은밀하게 지키시고 보호하시는 은혜의 방식과 방편에 의지하여 양육을 받는 모습입니다. "한 때와 두 때와 반 때"는 11장 3절에서 말한 1,260일과 같은 기간일 것입니다. 1,260일은 문자 그대로 하면 3년 6개월입니다. 그러니 여기서 말하는 때와 같습니다. 곧 그리스도께서 오시기 직전 잠깐 동안의 환난의 때 이전까지의 '전 교회 시대' 기간을 의미하는 것입니다.

그러나 마귀는 교회를 핍박하는 자기의 일이 성공하지 못하자 "여자의 뒤에서 물을 강같이 토하여 여자를 물에 떠내려가게 하려"(12:15) 합니다. 이것은 아마 사탄의 입김이 들어가 있는 세상의 정신과 진화론적 학문의 방식과 세속주의의 물결등을 가리킨다고 보아야 할 것입니다. 교회는 이 물결의 도전을 전(全) 시대 속에서 계속 받습니다. 자유주의 신학의 물결로 교회가 침몰되는 것 같은 때도 있었습니다. 지금은 현대적인 세속주의로 교회가 그 순전을 온전히 상실할 위기에 처해지기도 합니다. 그 속에 사탄의 깊은 음모가 있음을 염두에 두어야 할 것입니다.

그러나 "땅이 여자를 도와"(12:16) 그 토한 물을 삼킵니다. 이는 교회로 그 세력을 끝내 이겨 내게 하시는 하나님의 섭리의 보호를 말할 것입니다.

"땅"은 세상이 마귀의 활동 무대이기는 하나 여전히 하나님의 주권적 통치가 시행되는 장소입니다. 땅이 하나님의 통치와 섭리로 주장됩니다. 사탄이 "땅"에서 활동을 하지만 하나님께서 제한적으로 허용하신 범위 내에서일 뿐입니다. 하나님께서는 당신의 피로 값 주고 사신 교회가 사탄의 입김이 서린 악한 사상과 세속에 침몰당하게 내버려 두실 리가 없습니다.

그러나 마귀는 그것으로 악한 시도를 멈추는 것은 아닙니다. "용이 여자에게 분노하여 돌아가서"(12:17) 악한 심사로 교회를 무너뜨릴 모의를 하려고 잠시 물러서 있는 듯한 모습을 띨 것입니다. 결국 그 사탄과 그 세력은 "그 여자의 남은 자손 곧 하나님의 계명을 지키며 예수의 증거를 가진 자들로 더불어 싸우려고 바다 모래 위에" 섭니다(12:17). "땅"에서는 사탄이 이기지 못하였습니다. 이제 그는 "바다 모래"를 자기의 싸움터로 삼습니다. 이제 새로운 공략을 위한 전략을 시행하려 합니다. 그 악행이 13장에서 소개됩니다.

교회와 사탄의 영적인 대립 상태는 정말 사실적인 것입니다. 구약 시대에서 그리스도께서 초림하시기까지 그리하였고, 그리스도께서 오시어 모든 일을 마치고 승천하시고 난 후에도 그러하였습니다. 그리스도께 속한 교회는 항상 사탄의 공격의 대상입니다.

그러므로 교회, 곧 주의 이름을 부르는 모든 성도들은 지상생애의 삶이 영적인 싸움터임을 늘 잊지 말아야 합니다. 사도 바울은 자기의 지상생애의 마감이 눈 앞에 온 것을 알고는 이렇게 말하였습니다.

"나는 선한 싸움을 싸우고 나의 달려갈 길을 마치고 믿음을 지켰으니."(딤후 4:7)

그러나 세상에 있는 교회는 하나님의 각별한 보호와 양육을 받고 있습니다. 그 교회가 어떠한 형편과 지경에 처하여 있든지 간에 그 교회를 양육하시는 이는 하나님이십니다. 교회는 광야 같은 세상 자체 속에서는 그 어떤 위로도 발견하지 못합니다. 오직 하나님께서 은밀하게 지키시고 양육하시는 은혜 속에서만 교회의 존재와 본질이 견지됩니다. 교회와 성도는 항상 하나님의 은혜로 힘을 삼고 있어야 하는 것입니다. 거기에 교회의 능력과 영광이 있는 것입니다. 아멘.

24
chapter

바다에서 나오는 짐승과 땅에서 올라온 짐승
13:1-18

1내가 보니 바다에서 한 짐승이 나오는데 뿔이 열이요 머리가 일곱이라 그 뿔
에는 열 왕이 있고 그 머리들에는 신성모독하는 이름들이 있더라 2내가 본 짐
승은 표범과 비슷하고 그 발은 곰의 발 같고 그 입은 사자의 입 같은데 용이 자
기의 능력과 보좌와 큰 권세를 그에게 주었더라 3그의 머리 하나가 상하여 죽
게 된 것 같더니 그 죽게 되었던 상처가 나으매 온 땅이 놀랍게 여겨 짐승을 따
르고 4용이 짐승에게 권세를 주므로 용에게 경배하며 짐승에게 경배하여 이르
되 누가 이 짐승과 같으냐 누가 능히 이와 더불어 싸우리요 하더라 5또 짐승이
과장되고 신성모독을 말하는 입을 받고 또 마흔두 달 일할 권세를 받으니라 6
짐승이 입을 벌려 하나님을 향하여 비방하되 그의 이름과 그의 장막 곧 하늘에
사는 자들을 비방하더라 7또 권세를 받아 성도들과 싸워 이기게 되고 각 족속
과 백성과 방언과 나라를 다스리는 권세를 받으니 8죽임을 당한 어린양의 생명
책에 창세 이후로 이름이 기록되지 못하고 이 땅에 사는 자들은 다 짐승에게
경배하리라 9누구든지 귀가 있거든 들을지어다 10사로잡힐 자는 사로잡혀 갈
것이요 칼에 죽을 자는 자기도 마땅히 칼에 죽으리니 성도들의 인내와 믿음이

여기 있느니라 11내가 보매 또 다른 짐승이 땅에서 올라오니 어린 양같이 두
뿔이 있고 용처럼 말을 하더라 12그가 먼저 나온 짐승의 모든 권세를 그 앞에
서 행하고 땅과 땅에 사는 자들로 처음 짐승에게 경배하게 하니 곧 죽게 되었
던 상처가 나은 자니라 13큰 이적을 행하되 심지어 사람들 앞에서 불이 하늘로
부터 땅에 내려오게 하고 14짐승 앞에서 받은 바 이적을 행함으로 땅에 거하는
자들을 미혹하며 땅에 거하는 자들에게 이르기를 칼에 상하였다가 살아난 짐
승을 위하여 우상을 만들라 하더라 15그가 권세를 받아 그 짐승의 우상에게 생
기를 주어 그 짐승의 우상으로 말하게 하고 또 짐승의 우상에게 경배하지 아
니하는 자는 몇이든지 다 죽이게 하더라 16그가 모든 자 곧 작은 자나 큰 자나
부자나 가난한 자나 자유인이나 종들에게 그 오른손에나 이마에 표를 받게 하
고 17누구든지 이 표를 가진 자 외에는 매매를 못하게 하니 이 표는 곧 짐승의
이름이나 그 이름의 수라 18지혜가 여기 있으니 총명있는 자는 그 짐승의 수를
세어 보라 그 수는 사람의 수니 육백 육십육이니라.

바다에서 나오는 짐승

바다에서 나오는 한 짐승은 12장에서 언급된 "용"으로부터 권세를 받고 용에게 경배하고 충성하여 용의 수종(隨從) 드는 정권입니다. 바다에서 나온 짐승은 "일곱 머리와 열 뿔을 가지고 있어" 용과 흡사한 모습을 취하고 있습니다(13:1).

"바다"는 세상의 '열방'을 상징합니다. 열방 중에서 '용'의 주도에 복종하는 세력이 있게 될 것을 의미합니다. 열방의 권세와 세력을 가지고 있는 이 짐승은 자기에게 주어진 권세와 힘을 용에게 줍니다. 그러한 짐승의 수

하에 들어가서 그의 지시에 따라서 용의 악한 일에 동참하게 될 나라의 왕이 일곱이 되고, 그 세력이 열 나라가 될 것을 여기 본문은 시사하고 있습니다.

요한이 본 바에 따르면 그 짐승의 모습은 "표범과 비슷하고 그 발은 곰의 발 같고 그 입은 사자의 입 같은데 용이 자기의 능력과 보좌와 큰 권세를 그에게 주었더라."(13:2) 그 짐승의 특징은 표범같이 민첩하고, 그 발은 곰의 발같이 미련하되 힘이 있어 그 앞에 있는 것을 움켜쥐고 잔인하게 죽이고, 사자같이 용맹하여 물러설 줄 모르는 모습을 하고 있습니다. "그의 머리 하나가 상하여 죽게 된 것 같더니 그 죽게 던 상처가 나으매 온 땅이 놀랍게 여겨 짐승을 따르고 용이 짐승에게 권세를 주므로 용에게 경배하며 짐승에게 경배하여 이르되 누가 이 짐승과 같으뇨 누가 능히 이로 더불어 싸우리요 하더라."(13:3, 4) 그리스도와 교회를 대적하는 한 세력이 꺾이어지는 것 같으면 이어서 다시 그를 대신하는 다른 세력이 일어납니다. 그 짐승의 세력은 결코 약화될 것 같지 않아 보입니다. 그러한 것을 보고 "온 땅에" 거하는 이들이 그 짐승의 세력과 위용에 감탄하게 됩니다. "누가 이 짐승과 같으뇨 누가 능히 이와 더불어 싸우리요" 하면서 경배합니다. 그러니 그 세력이 꺾여질 것 같지 않은 기세입니다.

그러한 짐승은 용으로부터 "신성모독을 말하는 입을 받고 또 마흔두 달 일할 권세를 받으니라."(13:6) 이는 그리스도께서 재림하시기 직전까지의 그 "마흔두 달"(1,260일, 한 때와 두 때와 반 때) 일할 권세를 받았습니다. 그래서 "입을 벌려 하나님을 향하여 비방하되 그의 이름과 그의 장막 곧 하늘에 거하는 자들을 비방하더라."(13:6) 그 짐승은 입을 가지고 말을 하면 다 하는 줄 알고 자기에게 주어진 신성모독적인 말로 하나님을 거역하고 하늘에 있는 이들을 비방합니다. 이것은 이방의 열방들이 자기들을 신(神)으로 자칭하여 사람들로 하여금 자기에게 경배하게 하는 악한 일을 서슴없이 자행하는 것을 말합니다. 초대 교회 시대부터 5세기까지의 로마 제국의 황제들이 그러한 일을 나타내었습니다. 이들은 살아 계신 하나님의 이름을 업신여기고 자기들을 신같이 섬기기를 바랐습니다.

이들이 하나님과 하늘에 거하는 성도들을 비방하기를 서슴치 않으니 땅에 있는 성도들을 향하여, 용에게서 받은 "권세"를 가지고 싸움을 걸어옵니다. 그래서 그 세력으로 성도들을 이깁니다. 그리하여 각 족속과 백성과 방언과 나라를 다스리는 권세를 받습니다. 그 짐승의 세력은 아주 거대해져서 아무도 그 세력이 꺾여질 것을 감히 생각하지도 못할 정도가 될 것입니다. 그래서 땅에 거하는 이들 중에 하나님께 속한 "**죽임을 당한 어린양의 생명책에 창세 이후로 이름이 기록된**"(13:8) 자들을 제외하고는 다 그 짐승에게 경배하게 됩니다. 다만 하나님께 속한 자들, 하나님의 거룩한 소유된 백성들만 그 짐승에게 경배하지 않습니다.

그 짐승에게 속하여 교회와 성도들을 핍박하는 이들은 반드시 하나님의 심판을 당하게 될 것입니다. 그러니 성도들은 그러한 자들의 참람한 행동들을 보고 질시할 것이 아닙니다(시 37:1,2). 그들은 반드시 그 행한 대로 보응을 받을 것입니다(시 73:18,19).

그러한 짐승과 짐승에게 속한 자들이 교회와 성도에게 대하여 과격한 폭거를 행한다 해도 우리는 그 세력의 위세에 압도당해서는 안 됩니다. 그러한 자들은 그렇게 행하게 내버려 두고 성도는 인내와 믿음을 지켜야 합니다.

"**성도들의 인내와 믿음이 여기에 있느니라.**"(13:10)

땅에서 올라오는 짐승

바다에서 올라온 그 위세 당당한 짐승은 열방의 정치적인 세력을 쥐고 있는 용의 사주를 받아 교회를 잔멸하려는 세력 말고, 또 다른 짐승이 올라옵니다. 그 짐승은 "새끼 양", 마치 '어린양' 과 방불해 보입니다. 그러나 그 새끼 양은 "두 뿔이 있고 용같이" 말합니다(13:11). 그러므로 어린양에게 속한 것이 아님이 분명하게 드러납니다. 그는 "먼저 나온 짐승의 모든 권세를 그 앞에서 행하고 땅과 땅에 사는 자들로 처음 짐승에게 경배하게 하니 곧 죽게 되었던 상처가 나은 자니라."(13:12) 이 짐승은 특히 외모는 양과 같고 말은 용과 같이 하니, 적그리스도에게 속한 거짓 선지자를 상징합니다. 그의 말은 처음 짐승에게 경배하게 유인하는 거짓말입니다.

또 이 짐승은 "큰 이적"을 행합니다. "심지어 사람들 앞에서 불이 하늘로부터 땅에서 내려오게 하고 짐승 앞에서 받은 바 이적을 행함으로 땅에 거하는 자들을 미혹하며 땅에 거하는 자들에게 이르기를 칼에 상하였다가 살아난 짐승을 위하여 우상을 만들라." 합니다.

처음 짐승은 '세상 권력' 으로 교회와 성도들을 핍박하고, 여기 그 다음에 나온 짐승은 '거짓된 교훈과 교리' 로 교회와 성도들을 무너뜨리려 합니다. 이적의 권능도 가지고 있습니다. "불이 하늘로부터 땅에 내려오게 하고." 살후 2:1-12에서 사도 바울을 통해 지적된 "불법의 사람"에 대한 묘사와 아주 잘 병행을 이루고 있는 대목입니다.

"형제들아 우리가 너희에게 구하는 것은 우리 주 예수 그리스도의 강림하심과 우리가 그 앞에 모임에 관하여 혹 영으로나 또는 말로나 또는 우리에게서 받았다 하는 편지로나 주의 날이 이르렀다고 쉽게 마음이 흔들리거나 두려워하거나 하지 말아야 한다는 것이라 누가 아무렇게 하여도 너희가 미혹되지 말라 먼저 배도하는 일이 있고 저 불법의 사람 곧 멸망의 아들이 나타나기 전에는 이르지 아니하리니 저는 대적하는 자라 신(神)이라고 불리는 모든 것과 숭배함을 받는 것에 대항하여 그 위에 자기를 높이고 하나님의 성전에 앉아 자기를 하나님이라 내세우느니라 내가 너희와 함께 있을 때에 이 일을 너희에게 말한 것을 기억하지 못하느냐 너희는 지금 그로 하여금 그의 때에 나타나게 하려 하여 막는 것이 있는 것을 아나니 불법의 비밀이 이미 활동하였으나 지금 막는 자가 있어 그중에서 옮길 때까지 하리라 그때에 불법한 자가 나타나리니 주 예수께서 그 입의 기운으로 저를 죽이시고 강림하여 나타나심으로 폐하시리라 악한 자의 임함은 사탄의 역사를 따라 모든 능력과 표적과 거짓 기적과 불의의 모든 속임으로 멸망하는 자들에게 임하리니 이는 그들이 진리의 사랑을 받지 아니하여 구원함을 얻지 못함이니라 이러므로 하나님이 미혹의 역사를 그들에게 보내사 거짓을 믿게 하심은 진리를 믿지 않고 불의를 좋아하는 모든 자들로 심판을 받게 하려 하심이니라."(살후 2:1-12)

이 "새끼 양"은 "권세를 받아 그 짐승의 우상에게 생기를 주어 그 짐승의 우상으로 말하게 하고 또 짐승의 우상에게 경배하지 아니하는 자는 몇이든지 다 죽이게 하더라."(13:15) 이것은 우상이 살아 있는 듯한 느낌을 주도록 거짓된 속임수를 써서 우상을 살아 있는 인격체인 것같이 가장할 것을 가리킵니다. 그 우상의 거짓됨을 알고 경배하지 않는 이들은 "몇이든지 다 죽이게 하더라." 그리고 저가 모든 자에게 그 오른손에나 이마에 표를 받게 합니다. 마치 하나님께서 당신의 백성들의 "이마에 인"을 치신 일과 흡사한 일을 하여 자기에게 속한 자와 그렇지 못한 자를 완전하게 구분하여, 자기에게 속하지 않은 자, 곧 하나님의 백성들을 조직적으로 핍박할 것입니다. "누구든지 이 표를 가진 자 외에는 매매를 못하게 하니 이 표는 곧 짐승의 이름이나 그 이름의 수라 지혜가 여기 있으니 총명 있는 자는 그 짐승의 수를 세어 보라 그 수는 사람의 수니 666이니라."(13:17,18) - 666이 무엇을 가리키느냐에 대하여 많은 논란이 있어 왔습니다. 이것은 그리스도의 재림 직전에 나타날 적그리스도, 곧 '불법의 사람'(살후 2:8)을 상징하는 수라고 보아야 할 것입니다.

궁극적 승리를 위하여

우리는 이 13장 전체에서 교회를 잔멸하려는 "두 짐승"에 대한 것을 들었습니다. 이 "두 짐승"은 사탄의 사주를 받고 사탄의 시키는 일을 하는 세상의 정권과 거짓 선지자의 세력입니다. 사탄은 세상적인 권력을 통해서 교회를 외부적으로 제거하려고 하고, 또 내면적으로 거짓된 교리를 가르쳐서 결국 하나님의 교회를 무너뜨리려 합니다.

그리스도께서 재림하시기 이전까지 전 교회 시대 동안 이러한 사탄의 음모는 계속될 것입니다. 우리는 지나간 교회사 속에서 그러한 사탄의 악한 일이 줄기차게 진행되었던 것을 알고 있습니다.

그러나 하나님의 은혜로 구원받은 자, 곧 택하심을 받아 어린양의 피로써 구속받고 바른 신앙 고백을 하는 이들은 그러한 모진 환난과 핍박을 성령을 힘입어 인내로 이기고 거짓된 유혹에 미혹되지 않을 것입니다. 그들은 하나님께로서 참과 거짓을 "분별하는" 지혜와 영적인 총명을 가지고 있기 때문입니다(고전 2:13-15). 여기에 성도의 구별됨이 드러나 보입니다. 성도는 세상에서 환난과 핍박을 당하겠으나 하늘로부터 오는 은혜와 진리로 말미암아 그리스도 안에서 성령을 힘입어 자신을 지켜 영적 싸움에서 이기는 이들입니다. 아멘.

25
chapter

구속받은 자들의 영광과 세상의 멸망
14:1-20

1또 내가 보니 보라 어린양이 시온 산에 섰고 그와 함께 십사만 사천이 서 있는
데 그 이마에는 어린양의 이름과 그 아버지의 이름을 쓴 것이 있도다 2내가 하
늘에서 나는 소리를 들으니 많은 물소리도 같고 큰 우렛소리와도 같은데 내가
들은 소리는 거문고 타는 자들이 그 거문고를 타는 것 같더라 3그들이 보좌 앞
과 네 생물과 장로들 앞에서 새 노래를 부르니 땅에서 속량함을 받은 십사만
사천 인밖에는 능히 이 노래를 배울 자가 없더라 4이 사람들은 여자로 더불어
더럽히지 아니하고 순결한 자라 어린양이 어디로 인도하든지 따라가는 자며
사람 가운데서 속량함을 받아 처음 익은 열매로 하나님과 어린양에게 속한 자
들이니 5그 입에 거짓말이 없고 흠이 없는 자들이더라 6또 보니 다른 천사가 공
중에 날아가는데 땅에 거주하는 자들 곧 여러 나라와 민족과 종족과 방언과 백
성에게 전할 영원한 복음을 가졌더라 7그가 큰 음성으로 가로되 하나님을 두려
워하며 그에게 영광을 돌리라 이는 그의 심판의 시간이 이르렀음이니 하늘과
땅과 바다와 물들의 근원을 만드신 이를 경배하라 하더라 8또 다른 천사 곧 둘
째가 그 뒤를 따라 말하되 무너졌도다 큰 성 바벨론이여 모든 나라에게 그 음

행으로 말미암아 진노의 포도주를 먹이던 자로다 하더라 9또 다른 천사 곧 셋
째가 그 뒤를 따라 큰 음성으로 이르되 만일 누구든지 짐승과 그의 우상에게
경배하고 이마에나 손에 표를 받으면 10그도 하나님의 진노의 포도주를 마시리
니 그 진노의 잔에 섞인 것이 없이 부은 포도주라 거룩한 천사들 앞과 어린양
앞에서 불과 유황으로 고난을 받으리니 11그 고난의 연기가 세세토록 올라가리
로다 짐승과 그의 우상에게 경배하고 그 이름의 표를 받는 자는 누구든지 밤낮
쉼을 얻지 못하리라 하더라 12성도들의 인내가 여기 있나니 그들은 하나님의
계명과 예수에 대한 믿음을 지키는 자니라 13또 내가 들으니 하늘에서 음성이
나서 이르되 기록하라 자금 이후로 주 안에서 죽는 자들은 복이 있도다 하시매
성령이 가라사대 그러하다 그들이 수고를 그치고 쉬리니 이는 저희의 행한 일
이 따름이라 하시더라 14또 내가 보니 흰 구름이 있고 구름 위에 인자와 같은
이가 앉았는데 그 머리에는 금 면류관이 있고 그 손에는 이한 낫을 가졌더라 15
또 다른 천사가 성전으로부터 나와 구름 위에 앉은 이를 향하여 큰 음성으로
외쳐 이르되 당신의 낫을 휘둘러 거두소서 땅의 곡식이 다 익어 거둘 때가 이
르렀음이니다 하니 16구름 위에 앉으신 이가 낫을 땅에 휘두르매 곡식이 거두
어지니라 17또 다른 천사가 하늘에 있는 성전에서 나오는데 또한 예리한 낫을
가졌더라 18또 불을 다스리는 다른 천사가 제단으로부터 나와 예리한 낫 가진
자를 향하여 큰 음성으로 불러 가로되 네 이한 낫을 휘둘러 땅의 포도송이를
거두라 그 포도가 익었느니라 하더라 19천사가 낫을 땅에 휘둘러 땅의 포도를
거두어 하나님의 진노의 큰 포도주 틀에 던지매 20성밖에서 그 틀이 밟히니 틀
에서 피가 나서 말 굴레까지 닿았고 일천 육백 스다디온에 퍼졌더라.

14장의 위치와 구조

요한계시록의 특징 중의 하나는 하나님께 속한 자들의 영광과, 세상에 속하여 멸망하기로 작정된 자들의 궁극적인 비참에 대하여 거듭 대조하는 형태를 띤다는 것입니다.

그것은 땅에서 환난을 당하고 있는 성도와 교회에 대한 하나님의 위로의 방식이기도 합니다. 성도로 하여금 세상의 영적인 상황을 항상 상기하게 하여 세상과 그 세상에 있는 것들을 사랑하지 못하게 하시고, 적극적으로는 하늘에서 그들을 위하여 예비하신 그 영광의 처소에 대한 소망을 언제나 기억하게 하시려는 것입니다.

14장은 바로 그러한 측면에서 볼 때에 하나님께 속하여 구속받은 자들과, 복음을 들어도 회개와 믿음을 가지지 않고 끝까지 고집을 부리고 있는 자들의 영원한 형벌에 대하여 대조적으로 말하고 있습니다. 그리고 ① 14장 초두에는 하늘의 정경 속에 구속받은 14만 4천 인에 대한 영광스런 묘사가 나타나고, ② 14장의 마지막에는 인자 되신 그리스도께서 "낫"을 가지고 추수하시려는 긴박한 모습이 드러나고, ③ 또한 "포도송이"를 거두어 하나님의 진노의 큰 포도주 틀에 넣어 짓이겨 불신자에 대한 최후의 심판의 정경이 그려지고 있습니다.

14장은 어떤 의미에서 11장에서부터 진행되어 온 영적인 싸움의 대결말을 그려주고 있다고 할 수 있습니다.

어린양과 함께 서 있는 14만 4천 인

1-5절까지 시온 산의 어린양과 함께 서 있는 "14만 4천"이 요한의 시선에 와 닿습니다. 이 14만 4천은 7장에도 나온 바 있습니다. 그 수는 하나의 상징적인 수일 것에 분명합니다. 그 수는 하나님께 구속(속량)받은 그 수를 헤아리기 어려우나 하나님만 각각 다 알고 계시는 '구속받은 자들의 총수' 임에 분명합니다.

"시온 산"(14:1)이란 하나님께서 당신의 영광과 임재의 위엄을 백성 중에서 나타내신 곳을 가리키는 구약적인 용어입니다. 그것이 나중에 신약에서는 하나님의 나라가 영광으로 나타나 시온 산에 대한 하나님의 예언이 실현됩니다(시 2:5). 세상의 모든 것은 흔들리더라도 성산인 "시온 산"은 요동하지 않습니다(시 15:1 ; 43:3 ; 48:1,2 ; 히 12:27,28). 여기서는 하나님의 나라의 영광과 그 영구성을 상징하는 것으로 이해해야 할 것입니다.

"시온 산"에 어린양이 계시고 그와 함께 14만 4천 인이 있습니다. 그것은 어린양의 피로 구속받은 하나님의 백성들이 그 어린양 안에서 하나로 연합되어 영화롭게 된 것을 말합니다. 세상이 아무리 요동하고 땅에 있는 성도들이 환난을 당해도 그들의 궁극적인 목표지는 바로 그곳입니다. 그들의 이마에는 "어린양의 이름과 그 아버지의 이름을 쓴 것이 있도다."(14:1) 그것은 바로 어린양과 아버지 하나님께 속한 자들이요 그의 소유임을 밝히는 것입니다. 이미 계시록 앞 부분에서 언급된 바입니다(7:1-3 ; 9:4).

그들이 "많은 물소리도 같고 큰 우렛소리와도 같이" 웅대하고 우렁차게, 그러면서 "거문고 타는 것 같은" 아름다운 곡조로 조화있게 "새 노래"를 아버지의 보좌 앞에서 모셔 있는 하늘의 24 장로의 보좌와 네 생물들 앞에서 부릅니다. 정말 그 노래는 그들만이 부를 수 있는 노래입니다. 그것은 "땅에서 구속함을 얻은 14만 4천 인 밖에는 능히" 배울 수가 없기 때문입니다. 어찌 구속의 은혜를 모르는 이들이 이들의 노래의 말과 곡조에 서려 있는 그 은혜의 감동과 감사의 감격을 흉내낼 수 있으리요!

이들은 땅에서 믿음의 정절을 지키는 자들이었습니다.

이들의 특징은,

① "여자로 더불어 더럽히지 아니하고 순결한 자라."(14:4) - 이 말은 그들이 세상과 더불어 짝하지 않았다는 뜻입니다. 자기들을 부르신 그리스도의 정결한 신부답게 오직 신랑(그리스도)만을 바라고 세상을 산 자들입니다.

② "어린양이 어디로 인도하든지 따라가는 자며"(14:4) - 이들의 특성은 그리스도께 순종하는 자들입니다(고후 10:4-6 ; 요 10:27).

③ "처음 익은 열매로 하나님과 어린양에게 속한 자들이니"(14:4) - 마치 처음 익은 열매가 다 하나님께 돌려졌듯이 이들은 하나님께 귀속되기 위하여 존재하는 자들입니다.

④ "그 입에 거짓말이 없고 흠이 없는 자들이더라."(14:5) - 그들도 본래 "허물과 죄로 죽어 있었던 자들"이었습니다(엡 2:1,2). 그러나 이제 그들은 하나님의 구원의 은혜로 말미암아 '새로운 피조물' 이 되어(고후

5:17) 하나님 앞에서 "거룩하고 흠 없이" 된 자들입니다(엡 1:3,4). 그들은 그리스도 안에서 새롭게 지음 받되, 하나님의 '의와 거룩과 진리'로 새로 지으심을 받은 자들입니다(엡 4:24). 그들의 그들 됨은 정말 그들 자체에 있었던 것이 아니고 오직 하나님의 은혜로 말미암았습니다(고전 15:10). 그래서 그들이 아버지와 어린양께 찬미를 드릴 수밖에 없습니다.

공중에 날아가는 다른 천사

요한은 "다른 천사가 공중에 날아가는 것"을 봅니다. 그가 행하는 일은 "땅에 거하는 자들 곧 모든 민족과 종족과 방언과 백성에게 전할 영원한 복음을" 가져 큰 음성으로 "하나님을 두려워하며 그에게 영광을 돌리라 이는 심판하실 시간이 이르렀음이니 하늘과 땅과 바다와 물들의 근원을 만드신 이를 경배하라."(14:7)고 외치는 데 있었습니다.

이 "다른 천사"는 분명하게 복음을 가지고 있는 자였습니다. 그 복음은 그 믿는 자들로 하여금 "하나님을 두려워하며 그에게 영광을 돌리며 경배하게 하는 데" 그 효력의 열매를 맺습니다. 그리고 복음은 항상 '종말의 긴박성'에 대한 경고를 함께 가지고 있습니다. "그의 심판하실 시간이 이르렀음이니"라고 말하는 것이 그것입니다. 복음은 사람들로 하여금 그 하나님의 심판에 비추어 자신들의 실상을 돌아보게 하여 회개에 이르게 하는 능력을 가지고 있습니다. 그리고 하나님의 아들 그리스도를 믿음으로 말미암아 구원에 이르게 하는 놀라운 능력입니다. 그러니 그 복음은 듣고 믿는 자들에게는 말로 할 수 없는 "큰 기쁨의 좋은 소식"입니다(눅 2:10). 이 소식을 듣고 회개하고 믿어 구속함에 이른 "14만 4천 인"에게는 영원한 복음입니다.

그러나 그 복음을 믿지 않고 대적하는 패역한 세상의 영에서 벗어나지 못하는 이들에게는 영원한 멸망의 선고입니다.

그래서 이 "다른 천사"가 가진 "복음"은 앞의 14만 4천 인과, 8절 이하에 나오는 "바벨론 성"에 속한 자들을 영원히 나누는 분수령이 되었습니다.

또 다른 천사의 출현과 바벨론 멸망의 경고

이 천사는 복음을 가지고 외치는 천사 뒤에 와서 멸망의 나쁜 소식을 전하는 사명을 띠고 있습니다.

"무너졌도다 무너졌도다 큰 성 바벨론이여…"

복음을 가지고 외치는 천사 뒤에 바로 이 천사가 나오며 멸망의 예고를 하는 것은 정말 의미심장합니다. 복음이 전파되는 곳에는 항상 영원하게 "산 소망"을 가지고 있는 자들과, 영원한 멸망에 떨어질 자들이 확연하게 나뉩니다. 복음은 정말 모든 이들에게 있어서 "하나님의 향기"입니다. 복음을 믿는 이들에게는 "생명에 이르게 하는 생명의 냄새"입니다. 믿지 않는 이들에게는 복음은 "사망에 이르게 하는 사망의 냄새"입니다(고후 2:15-17). 복음을 외치던 앞의 천사와 이 천사는 각기 다른 말을 하고 있지만 사실 한 가지의 일관성 있는 메시지를 전하고 있는 것입니다.

"무너졌도다 무너졌도다 큰 성 바벨론이여 모든 나라를 그 음행으로 인하여 진노의 포도주로 먹이던 자로다."(14:8) "바벨론"은 역사상 존재하였던 나라였습니다. 물론 여기서 그 바벨론이 언급된 것은 그들의 영적 특성을 상기하고 그들의 종국이 어떠하였음을 유념하여 지혜롭게 처신하라는 말입니다. 바벨론 성의 영적 특성을 주목하게 하며, 바벨론과 같은 영적 특성을 가진 자들과 그에 속한 모든 것들이 결국 무너지고 망할 것을 말하고 있습니다.

그 역사적으로 존재하던 "바벨론"이 얼마나 크고 웅대한 큰 나라였습니까! 그런데 어째서 그 성이 멸망하게 되었습니까? 당시 바벨론이 무너지리라고 아무도 생각하지 못하였을 것입니다. 정말 사람이 보기에 바벨론은 무너질 수 없는 도성이었습니다. 그 문물과 군사력과 그 정치적인 조직력과 왕의 위엄과 그 영토의 광대함과 찬란함, 그 모든 것이 바벨론이 무너진다는 것을 상상하기 어렵게 만들었습니다. 일설에 의하면 그 성곽은 철옹성 같았고 외적의 포위를 당해도 성내 주민들이 20년 동안 쓸 식량과 물건이 예비되어 있었다는 것입니다. 그러나 주전 538년에 바사와 고레스에게 함락당했습니다. 그리고 이 요한계시록이 쓰여질 당시에 그 바벨론은 흔적조차 찾아보기 힘들었습니다. 역사 속에 그러한 나라가 존재하였는가 하고 의심하게 할 만큼 그 자취가 희미하였습니다. 19세기까지 일반 역사가들은 바벨론 제국의 역사적 실존을 의심하기도 했습니다.

그럼 그 "큰 성 바벨론"은 어째서 무너지게 되었는가? "모든 나라를 음행으로 인하여 진노의 포도주로 먹이던 자로다." - 여기서 말하는 "음행"은 그들의 종교 행태를 두고 하는 말입니다. 그 시대, 그 나라, 그 사회, 그 백성, 그 개인의 종교는 그 다름의 모든 것을 결정짓는 근본 요인입니다. 종교가 그러하면 그 사상과 행태와 문화 전반이 그러할 수밖에 없습니다. 종교는 인간 존재의 중심과 뿌리에 작용하여 그 종교가 의도하는 대로 사람을 만들어 버리는 것입니다.

바벨론은 음행의 도성이었습니다. 하나님을 섬기지 않고 우상과 각종 신(神)들과 자기들을 섬기던 자들이었습니다. 그들의 안중엔 세상만 있었습니다. 영원한 내세에 대한 것은 꿈에도 염두에 두지 않았습니다. 오직 현세적인 행복만이 그들의 전부였습니다. 그러한 그들의 도성에 도덕적 부패는 불을 보듯 뻔한 것이었습니다(롬 1:18-31). 그들의 문화 전부가 다 악하고 음풍(淫風)으로 채색되었습니다.

그러니 여기서 "바벨론"은 "하나님을 알되 하나님으로 영화롭게도 아니하고 감사치도 아니하는"(롬 1:21) '인간들과 그 세상' 을 가리키는 것입니다. 그들은 하나님의 복음의 외침에 귀를 막고 있습니다. 하나님도 없고 소망도 없고 약속도 없는, 오직 이 세상에서 얻어지는 행복과 쾌락만이 전부인 것입니다(엡 2:12 ; 4:18,19). 그런 세상이 복음을 듣고 스스로 돌이켜 회개할 리 없습니다. 그리하여 자기 멸망의 영원한 운명을 고착시키고 맙니다. 아뿔싸! 하나님의 진노의 포도주에 취한 그들의 운명이여!

또 다른 셋째 천사의 외침

바벨론의 멸망을 상기시킨 천사 뒤에 셋째 천사가 나온 것은, 다시 한번 바벨론 도성의 종교와 그 사상과 행실에 참여하여 죄악을 저지르고 회개하지 않는 이들에게 최후 경고를 발하기 위함입니다. 이 천사는, 우상에게 경배하고 "이마에나 손에 표를 받으면 그 진노의 잔에 섞인 것이 없이 부은 포도주를 마시리니"(14:9,10) 라고 경고합니다. 여기서 "이마에나 손에 표를 받는다." 함은 우상을 경배하는 자들이 '그 사상과 그 행실' 에 그 종교 형태에 걸맞는 모습을 보이는 걸 의미합니다(William Hendriksen).

그들은 하나님의 진노의 포도주를 마시기에 정말 합당한 자들입니다(롬 1:18-31).

그 진노로 인하여 당할 고난은 정말 무시무시합니다.

"거룩한 천사들 앞과 어린양 앞에서 불과 유황으로 고난을 받으리니 그 고난의 연기가 세세토록 올라가리로다 짐승과 그의 우상에게 경배하고 그 이름의 표를 받는 자는 누구든지 밤낮 쉼을 얻지 못하리라."(14:10,11)

그러나 성도들의 인내가 여기에 있습니다. 성도들이 환난과 핍박 속에서도 우상에게 경배하지 않고 "하나님의 계명과 예수 믿음을 지키는 자들"(14:12)입니다. 불신 세상의 멸망과 영원한 고통을 보고 경계삼아 성도들은 믿음을 확고하게 견지할 이유와 가치를 발견하게 되는 것입니다. 불신자들에게 있어서 육신적인 죽음은 끝이 아니라 말로 할 수 없는 무서운 진노의 불에 들어가서 영원히 쉬지 못하고 고난을 받게 됨을 의미하는 것입니다.

성도의 영원한 안식

요한이 들었습니다. 바벨론의 정신과 같은 세상에 속하여 우상에게 절하고 '그 사상과 행실에 하나님이 없다' 하고 악하게 사는 자들에게 부어질 하나님의 영원한 진노의 불이 부어질 것을 들었습니다. 요한은 다시 그와 대조적으로 하늘의 영원한 안식에 참여할 성도의 영광에 대하여 듣습니다. 하나님께 속한 자에 대한 성령의 배려와 위로는 너무나 영화롭습니다.

"또 내가 들으니…지금 이후로 주 안에서 죽는 자들은 복이 있도다 하시매 성령이 이르시되 그러하다 그들이 수고를 그치고 쉬리니 이는 그들의 행한 일이 따름이라 하시더라."(14:13)

복음은 믿는 자에 대한 영원한 안식과 영광의 확약입니다. 그래서 신자들은 죽음 앞에서도 그 너머에 주님께서 예비하신 그 영원한 처소에서 주님과 함께 거할 소망으로 웃을 수 있습니다(요 14:1,2 ; 고후 5:1-5).

그리스도의 재림과 추수에 대한 계시

요한은 그러한 정경 뒤에 이어서 "흰 구름이 있고 구름 위에 인자와 같은 이가 앉은"(14:14) 것을 봅니다. "머리에는 금 면류관이" 있습니다. "그 손에는 이한 낫을 가졌더라." 분명 우리의 구주 어린양 되신 예수 그리스도십니다. 그가 "흰 구름 위에 앉았다."는 것은 다시 오실 약속을 연상하게 합니다(행 1:9-11). "머리에는 금 면류관이 있다."(14:14)는 것은 그리스도의 영화로운 왕권과 심판권을 상징하는 것입니다. 그리고 "그 손에 낫을 가진 것"은 추수, 곧 최후 심판을 위한 준비 태세를 취하고 계심을 표현한 것입니다.

"또 다른 천사가 성전으로부터 나와 구름 위에 앉은 이를 향하여 큰 음성으로 외쳐 이르되 당신의 낫을 휘둘러 거두소서 당신의 땅에 곡식이 다 익어 거둘 때가 이르렀음이니이다." 여기서 나오는 천사가 "구름 위에 앉으신 이"에게 그러한 명령을 발할 권한을 가지고 있는 듯이 보이나, 사실은 성부의 명령을 전달하는 천사의 입장을 보인 것입니다. "때가 이르렀다."는 말을 할 권위는 오직 성부밖에 없기 때문입니다(행 1:7).

인자 되신 그리스도께서는 당신의 아버지의 명을 좇아서 "낫을 땅에 휘두르매 곡식이 거두어지니라."(14:16) 여기서 말하는 곡식은 하나님께 속한 백성들을 의미합니다.

예수님의 재림은 바로 그리스도께 속한 모든 이들을 하나님의 나라와 그 영광으로 이끌어 들이는 대사건입니다.

"또 다른 천사가 하늘에 있는 성전에서 나오는데."(14:17) 이 천사도 아버지의 명을 받들어 시행하는 천사입니다. "예리한 낫을 가졌더라."(14:17b) "또 불을 다스리는 다른 천사가 제단으로부터 나와 예리한 낫 가진 자를 향하여 큰 음성으로 불러 가리되 네 예리한 낫을 휘둘러 땅의 포도송이를 거두라 그 포도가 익었느니라." 곡식과 대조되게 "포도송이"를 거두라고 합니다. 포도송이는 그 즙 틀에 으깨어지기 위해 거둡니다. 곧 "천사가 낫을 땅에 휘둘러 땅의 포도를 거두어 하나님의 진노의 큰 포도주 틀에 던지매 성 밖에서 그 틀이 밟히니 틀에서 피가 나서 말굴레까지 닿았고 1천 6백 스다디온에 퍼졌더라."(14:19,20) 하나님의 진노의 때가 찬 것입니다. 그들 세상에 있는 이들의 악을 더 이상 참아 내시는 하나님의 한계가 이른 것입니다. "1천 6백"이란 수는 상징적입니다. 하나님의 진노로 인하여 멸망에 처해질 자들의 고통의 중량이 헤아릴 수 없이 크다는 것을 나타내는 말입니다. 학자들은, 1,600은 (4×4)×100이라 하여 하나님의 진노의 완전성과 그로 인한 고통의 무한대를 나타내는 상징수라고 해석하기도 합니다(이상근 · 박윤선 · William Hendriken).

궁극적 승리를 위하여

성도의 종국과, 불신 세상과 불신자들의 종국은 복음에 나타낸 대로 극과 극입니다. 나면서는 같은 성정을 가지고 있고, 본성으로 다 같이 하나님의 진노 아래 있었습니다(엡 2:1-3). 그러나 전자는 복음을 듣고 회개하고 믿어 구원의 영광에 이른 자들입니다. 그리고 후자는 그 죄악의 원리인 육체의 본성에서 벗어나지 못하고 하나님을 대적하는 악을 계속 행합니다(롬 8:4,5). 그리고 그들은 자기들을 위하여 예비한 영원한 파멸에 처하게 됩니다(마 25:41).

그리스도의 재림 전에 죽는 자들 중 **"주 안에서 죽는 자들"**은 복이 있습니다. 그들에게는 영원한 안식이 준비되어 있기 때문입니다. 그리고 그리스도 없이 죽는 이들은 정말 말로 다 할 수 없는 고통에 이를 뿐입니다.

그리스도의 재림은 최후 심판을 수반하며(마 13:36-43), 그리스도 안에서 생존한 자들이나 이미 그리스도 안에서 죽은 자들 모두에게 영광의 소망입니다. 하나님의 소유된 백성들(곡식으로 표현된 바)만 하나님의 나라와 그 영광에 들이움을 받습니다.

반면에 그리스도의 재림은 불신자들에게는 무서운 하나님의 영원한 진노의 고통에 들어감을 의미합니다.

두려운 일입니다. 하나님을 믿지 않는 이들의 두려운 장래와 믿는 자들에게 약속된 그 영광을 어찌 비교하겠습니까!

26

chapter

일곱 재앙에 대한 서곡

15:1-8

1또 하늘에 크고 이상한 다른 이적을 보매 일곱 천사가 일곱 재앙을 가졌으니
곧 마지막 재앙이라 하나님의 진노가 이것으로 마치리로다 2또 내가 보니 불이
섞인 유리 바다 같은 것이 있고 짐승과 그의 우상과 그의 이름의 수를 이기고
벗어난 자들이 유리 바다 가에 서서 하나님의 거문고를 가지고 3하나님의 종
모세의 노래, 어린 양의 노래를 불러 가로되 주 하나님 곧 전능하신 이시여 하
시는 일이 크고 놀라우시도다 만국의 왕이시여 주의 길이 의롭고 참되시도다 4
주여 누가 주의 이름을 두려워하지 아니하며 영화롭게 하지 아니하오리이까
오직 주만 거룩하시니이다 주의 의로우신 일이 나타났으매 만국이 와서 주께
경배하리이다 하더라 5또 이 일 후에 내가 보니 하늘에 증거 장막의 성전이 열
리며 6일곱 재앙을 가진 일곱 천사가 성전으로부터 나와 맑고 빛난 세마포 옷
을 입고 가슴에 금띠를 띠고 7네 생물 중에 하나가 세세에 계신 하나님의 진노
를 가득히 담은 금 대접 일곱을 그 일곱 천사에게 주니 8하나님의 영광과 능력
을 말미암아 성전에 연기가 차게 되매 일곱 천사의 일곱 재앙이 마치기까지는
성전에 능히 들어갈 자가 없더라.

15장의 위치

14장까지에서는 환난 중에 있는 성도와 교회가 치를 영적 전쟁을 계시하였습니다. 그 전쟁의 대상은 세상과 세상의 영인 마귀와 그 세력입니다. 그리스도께서 오시기까지 그 영적 전쟁의 계속될 것입니다. 성도가 당하는 환난과 핍박이 바로 그런 처지에서 주어지는 것입니다. 그러나 종국적으로 그리스도의 재림으로 말미암아 그리스도 안에 있는 교회와 가 영광의 승리를 누립니다. 하나님을 대적하는 마귀와 그 세력에 속한 자들이 끝내 무서운 심판에 들어가게 됩니다. 그리스도의 재림 이전에는 사람이 죽을 때에, 그가 '주 안에 있느냐'(주님을 믿느냐) 하는 것이 그 사람의 영원한 영광과 멸망을 결정하게 된다는 것을 이미 14장에서 말한 바 있습니다. 그리하여 성령께서는 그리스도 안에 있는 자들이 끝내는 영광스럽게 된다는 것을 14장까지에서 분명하게 말하여 역사의 방향과 그 목표점을 조감적으로 보게 하셨습니다.

그런데 그러한 그리스도의 재림의 때, 곧 역사의 종점에 이르기까지 하나님께 순종하지 않는 세상과 세상에 속한 자들에 대해 하나님께서는 어떻게 하십니까? 하나님의 무서운 형벌이 그리스도의 재림의 날까지 완전하게 유보되어 전혀 나타나지 않을 것인가? 땅에 있는 하나님의 교회를 대적하는 무리들이 항상 건재한 채만 있을 것인가?

지나간 과거의 역사는 그렇지 않다는 것을 분명히 말해 줍니다. 악인들이 득세하는 것 같았지만 궁극적으로는 역사의 무대 위에서 무너지고 사라지고 곤고함에 이르기 때문입니다. 그래서 인간이 역사의 무대를 바르게 살피고 분석하고 종합할 능력만 있다면 회개하고 하나님께 돌아오지 않을 수 없습니다. 곧 하나님께서는 역사의 과정을 통해서도 "하나님을 더듬어 찾아 발견케" 하시는 증거를 주셨다는 말입니다(행 17:27). 그러나 그러한 증거들을 보고 스스로 돌이켜 하나님을 찾을 자가 어디 있습니까?

15장에서부터 19장까지는 그리스도의 재림 시까지 하나님의 교회를 대적하는 세상의 악의 세력들에 대한 하나님의 징치가 어떻게 나타나는지, 곧 땅에 내려질 재앙이 어떠할지를 말합니다. **"또 하늘에 크고 이상한 다른 이적을 보매 일곱 천사가 일곱 재앙을 가졌으니 곧 마지막 재앙이라 하나님의 진노가 이것으로 마치리로다."**(15:1) - 하나님의 진노에 대한 계시를 이것으로 마칠 것이라는 말씀입니다. 15장에서 19장까지에서 언급되는 재앙은 모두 다 그리스도의 재림 이전까지의 교회 시대 전반에 걸쳐서 일어날 일들입니다.

유리 바다 가에 서 있는 자들

하나님께서 당신의 백성들에 대한 배려가 여기서도 나타납니다. 왜냐하면 땅에 있는 악인들을 징치하고 그들에게 재앙을 준다 할 때 땅에 있는 교회와 성도가 그 일과 전혀 무관하지 않기 때문입니다. 땅에 재앙이 임하게 되면 땅에 있는 모든 이는 재앙으로 인하여 모종의 고통을 함께 받게 될 것입니다. 이웃집에 불이 나면 그 불이 우리 집까지 번져 오지 않는다 할지라도 심한 두려움과 초조함에 마음 조이는 것과 같습니다.

그래서 하나님께서는 땅에 있는 성도들을 위로하십니다. 악인들에게 재앙을 내리시더라도 당신의 백성들을 먼저 위로하고, 땅에 있는 재앙이 궁극적으로 그들의 영원한 행복에 대하여 아무런 영향을 미치지 못할 것을 알게 하십니다.

"불이 섞인 유리 바다 같은 것이 있고 짐승과 그의 우상과 그의 이름의 수를 이기고 벗어난 자들이 유리 바다 가에 서서"(15:2) - '유리 바다 같은 것' 은 바로 하나님의 '공의(公義)로우심과 아무것도 속일 수 없는 하나님의 전지(全智)하심' 을 비유함입니다. 그리고 그 "내가 보니 불이 섞인 유리 바다 같은 것이 있다." 함은 하나님의 공의의 진노의 급함을 상징할 것입니다. 하나님께서는 "소멸하시는 불이시기" 때문입니다(히 12:29).

"유리 바다 가에 서서" - 여기 서 있는 자들은 그 하나님의 무서운 진노의 급함에서 피하여 온 자들임을 뜻합니다. "짐승과 그의 우상과 그의 이름의 수를 이기고 벗어난 자들이 유리 바다 가에 서서 하나님의 거문고를 가지고 하나님의 종 모세의 노래, 어린양의 노래를 불러 이르되"(15:3) "모세의 노래 곧 어린양의 노래"를 그들이 불렀다고 하는 것은 무엇을 연상하게 합니까? 이스라엘이 홍해에서 추격하는 애굽인들의 손에서 벗어난 다음에 미리암이 소고를 잡고 모세와 온 이스라엘이 노래를 불러 하나님을 찬미하였듯이(출 15장), 모든 악에서 구원하신 하나님의 은혜를 찬미한 것입니다.

그들 이스라엘은 애굽에 내리는 열 가지의 재앙에서 보호를 받고 벗어난 자들이었습니다. 그리고 홍해의 이적을 통해서 안전하게 벗어난 자들이었습니다. 여기 "유리 바다 가에 서서" 있는 이들은 바로 세상의 우상 섬기는 자들의 핍박을 이기고 그 악한 사상과 행태에 물들지 않고 끝까지 믿음을 지킨 자들입니다.

그래서 그들은 어린양을 찬미하는 노래를 부르는 것입니다.

그 노래의 내용을 살펴보면,

① 전능하신 하나님의 행사가 크고 기이함을 노래합니다.

- "주 하나님 곧 전능하신 이시여 하시는 일이 크고 놀라우시도다."(15:3)

② 만국을 통치하시는 하나님의 행사가 의(義)로우심을 노래합니다.

- "만국의 왕이시여 주의 길이 의롭고 참되시도다."(15:3)

③ 주의 이름의 엄위 앞에 만국이 경배해야 할 당위성을 노래합니다.

- "주여 누가 주의 이름을 두려워하지 아니하며 영화롭게 하지 아니하오리이까 오직 주만 거룩하시니이다 주의 의로우신 일이 나타났으매 만국이 와서 주께 경배하리이다 하더라."(15:4)

하늘의 증거 장막의 성전

요한은 "하늘에 증거 장막의 성전이 열리는 것"을 봅니다(15:5). 성전이 열릴 때에는 반드시 하나님의 영광이 인생들에게 나타나는 것을 의미합니다. 구약 시대에 하나님의 성전은 백성들에 대한 하나님의 영광의 현현이었습니다. 거기 그 거룩한 처소에서 백성들이 하나님을 경배하며 은혜와 긍휼을 받았습니다. 그러나 구약 시대에도 하나님께서 악인들을 징치하실 때에는 성전에서 당신의 영광을 나타내셨습니다(민 14:10). 고라와 그 일당들을 벌하시려 하실 때에도 그리하셨습니다(민 16:19-35).

그러니 여기서 "하늘에 증거의 장막의 성전이 열린 것"은 하나님의 하나님 되심이 어떠함을 나타내시려는 하나님의 위엄을 말합니다.

"**일곱 재앙을 가진 일곱 천사가 성전으로부터 나와 맑고 빛난 세마포 옷을 입고 가슴에 금띠를 띠고**"(15:6) - 하나님의 명을 받들어 일곱 재앙을 땅에 쏟을 일곱 천사는 불편부당으로 거룩하고 공의롭고 위엄차게 이 일을 행할 것을 보여 주는 모습입니다. 악인들이 자기들에게 임하는 재앙의 부당성을 개진할 이유를 전혀 가지지 못하게 말입니다.

"**네 생물 중에 하나가 세세에 계신 하나님의 진노를 가득히 담은 금 대접 일곱을 그 일곱 천사에게 주니**"(15:7) - 하나님의 진노가 가득 담긴 금대접 일곱이 그 천사들에게 넘겨졌습니다. 이제 그 재앙이 임할 때만 남아 있는 것입니다. 여기서 "금 대접"이라 함은 거기에 담겨져 있는 진노가 무가치하고 불공평하고 편벽된 인간의 성내는 것과는 전혀 다른 것임을 보여 줍니다.

그 행사는 역시 하나님의 위엄과 영광과 능력과 권세와 거룩하심과 완전하심을 드러내는 것입니다. 그래서 그 금 대접이 일곱 천사에게 전달되자마자 "**하나님의 영광과 능력을 인하여 성전에 연기가 차게 되었다.**"(15:8)고 했습니다. 아무도 그 진노의 재앙이 마치기까지 그 성전에 능히 들어갈 자가 없었습니다. 하나님의 모든 행사, 곧 하나님의 창조, 하나님의 통치, 하나님의 구원, 하나님의 심판의 진노는 모두 다 하나님의 영광의 발현(發現)입니다. 그래서 하나님의 모든 행사는 영화롭습니다.

궁극적 승리를 위하여

인간의 역사는 그 역사 자체 때문에 존속될 필요가 있는 것이 아닙니다. 인간 자체만으로 역사의 가치를 보았다면 그것은 아무런 의미가 없는 것입니다(전 1:1-4). 아니 벌써 끝났어야 했습니다. 아담의 범죄와 함께 끝났어야 했습니다. 그러나 하나님께서 세우신 계획과 하실 일 때문에 역사는 계속 이어져 왔고, 그리스도의 때까지 이러한 인간의 역사는 지속될 것입니다. 하나님께서는 그리스도 안에서 이루실 당신의 나라와 그 이름의 영광을 위한 뜻을 성취하시기 위해 역사를 계속 운용하시는 것입니다.

그 역사 속에서 일어나는 모든 일들을 주관하시는 이는 여전히 하나님이십니다. 그러나 인간들은 역사의 무대 위에서 그 사실은 아랑곳하지 않고 자기 자신들을 자랑하며 자신의 일을 이루기 위해 온갖 허망한 악을 자행하고 있습니다. 하나님을 대적하고 하나님의 영광의 표현인 교회와 성도들을 핍박합니다. 그러나 하나님께서는 그들의 악을 그냥 버려두시지만은 않으십니다. 그리스도의 재림시에 완전하게 그들의 악을 징치하실 것입니다. 그러나 그때가 되기 전에 하나님께서는 당신의 뜻을 이루시려는 목적을 가지고 땅에 있는 악인들에게 재앙을 내리십니다.

그러나 우리 성도들은 하나님의 보호하심을 받으며 우리 믿음의 영광에 손상이 가지 않는 특별한 보호를 받습니다. 우리는 환난 중에서도 그러한 것을 잊지 말아야 할 것입니다. 성도는 언제 어디서도 믿음을 행사하면 출애굽의 이스라엘같이 하나님 앞에서 모세의 노래 어린양의 노래를 부르게 될 것입니다. 아멘.

27
chapter

일곱 대접과 진노의 재앙
16:1-21

1또 내가 들으니 성전에서 큰 음성이 나서 일곱 천사에게 말하되 너희는 가서
하나님의 진노의 일곱 대접을 땅에 쏟으라 하더라 2첫째 천사가 가서 그 대접
을 땅에 쏟으매 악하고 독한 종기가 짐승의 표를 받은 사람들과 그 우상에게
경배하는 자들에게 나더라 3둘째 천사가 그 대접을 바다에 쏟으매 바다가 곧
죽은 자의 피같이 되니 바다 가운데 모든 생물이 죽더라 4셋째 천사가 그 대접
을 강과 물 근원에 쏟으매 피가 되더라 5내가 들으니 물을 차지한 천사가 이르
되 전에도 계셨고 지금도 계신 거룩하신 이여 이렇게 심판하시니 의로우시도
다 6저희가 성도들과 선지자들의 피를 흘렸으므로 그들에게 피를 마시게 하신
것이 합당하니이다 하더라 7또 내가 들으니 제단이 말하기를 그러하다 주 하나
님 곧 전능하신 이시여 심판하시는 것이 참되시고 의로우시도다 하더라 8넷째
천사가 그 대접을 해에 쏟으매 해가 권세를 받아 불로 사람들을 태우니 9사람
들이 크게 태움에 태워진지라 이 재앙들을 행하는 권세를 가지신 하나님의 이
름을 비방하며 또 회개하지 아니하고 주께 영광을 돌리지 아니하더라 10또 다
섯째 천사가 그 대접을 짐승의 보좌에 쏟으니 그 나라가 곧 어두워지며 사람들

이 아파서 자기 혀를 깨물고 11아픈 것과 종기로 인하여 하늘의 하나님을 비방
하고 그들의 행위를 회개하지 아니하더라 12또 여섯째 천사가 그 대접을 큰 강
유브라데에 쏟으매 강물이 말라서 동방에서 오는 왕들의 길이 예비되었더라
13또 내가 보매 개구리 같은 세 더러운 영이 용의 입과 짐승의 입과 거짓 선지
자의 입에서 나오니 14그들은 귀신의 영이라 이적을 행하여 온 천하 왕들에게
가서 하나님 곧 전능하신 이의 큰 날에 전쟁을 위하여 그들을 모으더라 15보라
내가 도적같이 오리니 누구든지 깨어 자기 옷을 지켜 벌거벗고 다니지 아니하
며 자기의 부끄러움을 보이지 아니하는 자가 복이 있도다 16세 영이 히브리 음
으로 아마겟돈이라 하는 곳으로 왕들을 모으더라 17일곱째 천사가 그 대접을
공기 중에 쏟으매 큰 음성이 성전에서 보좌로부터 나서 이르되 되었다 하시니
18번개와 음성들과 우렛소리가 있고 또 큰 지진이 있어 어찌 얼마나 사람이
땅에 있어 온 이래로 이같이 큰 지진이 없었더라 19큰 성이 세 갈래로 갈라지
고 만국의 성들도 무너지니 큰 성 바벨론이 하나님 앞에 기억하신 바 되어 그
의 맹렬한 진노의 포도주 잔을 받으매 20각 섬도 없어지고 산악도 간데없더라
21또 무게가 한 달란트나 되는 큰 우박이 하늘로부터 사람들에게 내리매 사람
들이 우박의 재앙 때문에 하나님을 훼방하니 그 재앙이 심히 큼이러라.

일곱 재앙과 출애굽기의 재앙들 사이의 유사성

여기에 기록된 재앙들은 출애굽기에 기록된 바 애굽의 바로와 그 백성들에게 내렸던 재앙들과 아주 유사한 특성을 지니고 있습니다. 여기에 기록된 재앙들이 복음을 믿지 않는 이들에게 내려지는 재앙들인데, 출애굽에서도 여전하게 마찬가지였습니다. 그들 애굽인들은 하나님의 영광이

나타나는데도 자기들의 조건이 나아지기만 하면 또 악특한 마음을 먹게 되고 모세를 보내신 하나님을 거역했습니다. 그럴 때마다 하나님께서는 그들에게 재앙을 보내시어 그들로 곤고하게 하셨습니다.

여기 요한계시록 16장에 기록된 재앙의 내용도 복음을 듣고도 믿지 않고 하나님을 대적하는 악인들에게 내려지는 무서운 재앙입니다. 이미 15장에서 여기 16장에서 내려지는 재앙의 성격이 서론적으로 시사된 바 있습니다. 15장에서 어린양과 모세의 노래를 부르는 자들이 소개가 되기 때문입니다. 15장에서 어린양의 은혜로 구속받은 자들의 노래를 모세의 노래로 말한 것은 바로 16장에서 쏟아지는 대접의 재앙이 출애굽기에 기록된 바 애굽인들에게 내려진 재앙의 성격과 유사하기 때문입니다.

그러니 여기 계시되어 내려질 재앙은 신약 시대에 복음을 증거받고도 믿지 않는 불신자들에게 임할 재난을 말하고 있습니다. 그러니 복음이 전파되지 않는 곳에서라기보다는 복음이 전파되어 교회가 있고 성도들이 있는 지역의 불신자들에게 내리는 재앙일 것입니다. 그런 관점으로 본다면 현대는 그 어느 때보다도 이 재앙이 더욱더 거세게 내려질 것입니다. 이제 현대는 하나님의 복음이 들어가지 않는 곳이 없을 정도로 파급되었기 때문입니다.

일곱 나팔 재앙과 일곱 대접 재앙의 유사성과 차이

일곱 나팔로 인한 재난과, 일곱 대접으로 인한 재앙이 거의 유사합니다. 그 재앙이 내리는 대상이 **"땅에"** - **"바다에"** - **"강에"** - **"천체에"** - **"사탄에"** - **"유브라데 강에"** - **"하늘에"**(공중에) 등으로 그 유사성을 드러내고 있습니다.

그러나 이 둘 사이의 다른 점은 재앙의 정도가 심화되었다는 것입니다. 그리고 일곱 나팔에는 3분의 1만이 그 대상이었으나 이제는 그 대상이 전체에 미칩니다. 그리고 재앙의 구체적인 대상에서 전자(前者)가 짐승이 지배하는 세계의 환경인 반면에, 이제는 짐승을 따르는 불신앙자들 자체입니다. 그리고 전자의 경우에는 재앙이 성도들에게도 같은 고통으로 작용하였으나, 후자의 경우에는 특히 불신자들의 경우, 곧 "짐승의 표를 받은 사람들과 우상에게 경배하는 자들에게"만 해당이 된다는 점입니다. 마치 애굽의 재앙이 당시 이스라엘에게는 아무런 영향을 미치지 않았고 오직 애굽의 바로와 애굽인들에게만 내려진 것과 같습니다.

대접이 쏟아짐으로 내려지는 재앙들

"첫째 천사가 그 대접이 쏟으매 악하고 독한 종기가 짐승의 표를 받은 사람들과 그 우상에게 경배하는 자들에게 나더라."(16:2) 그들의 몸에 독종이 발하여 괴롭게 하는 일이 있을 것입니다.

"둘째 천사가 그 대접을 바다에 쏟으매 바다가 곧 죽은 자의 피같이 되니" 그 결과 "바다 가운데 모든 생물이 죽더라." 바다가 죽으면 그것이 생물에게 영향을 미치고 그것이 곧 사람들에게 직접적인 해로 나타납니다.

셋째가 천사가 그 대접을 강과 물 근원에 쏟으매 피가 되더라."(16:4) 물이 피가 되어 먹지 못하게 되면, 그것이 곧 땅에 있는 생명체들의 죽음을 재촉하는 직접적인 원인이 되는 것입니다. 그러한 고통이 그들에게 임하는 것이 억울할 것이 하나도 없는 것은 그 일이 하나님의 하시는 정당한 일이기 때문입니다. "물을 차지한 천사가 가로되 전에도 계셨고 지금도 계신 거룩하신 이여 이렇게 심판하시니 의로우시도다 저희가 성도들과 선지자들의 피를 흘렸으므로 그들로 피를 마시게 하신 것이 합당하니이다."(16:5,6) 하고 외칩니다. 그러니 제단이 화답하여 말하는 소리를 요한은 듣게 됩니다. 여기서 "제단이 말하였다."(16:7)는 것은 6:9,10과 8:3의 순교자들이 기도하며 부르짖던 기도의 내용을 연상하게 합니다. 그러니 그 제단에서 기도하던 성도의 기도가 그렇게 마땅히 응답되었음을 확인하는 소리였습니다. 그 "제단"이 무어라고 말하는가? "그러하다 주 하나님 곧 전능하신 이시여 심판하시는 것이 참되시고 의로우시도다." 하였습니다.

넷째 천사가 "그 대접을 해에 쏟으매" 이것은 해를 통해서 내리는 재앙을 말하는 것입니다.

"해가 권세를 받아 불로 사람들을 태우니 사람들이 크게 태움에 태워진지라."(16:8,9)

이들은 자기들에게 내린 그 해로 인한 고통을 보고 자기들을 돌아보아 회개하기는 커녕 오히려 하나님을 원망하고 비방합니다. "이 재앙들을 행하는 권세를 가지신 하나님의 이름을 비방하며 또 회개하지 아니하고 주께 영광을 돌리지 아니하더라."(16:9) 애굽의 바로가 자기들에게 내린 고통을 보고 회개는 커녕 여전히 악한 마음을 바꾸지 않은 것을 연상하게 합니다. 사람이 고통에 처한다고 해서 자기들의 죄를 돌아보는 것이 아닙니다. 하나님께로서 성령으로 말미암아 그 마음속에 거듭남의 원리가 주입되어야 회개할 수 있는 것입니다. 이들은 악한 본성을 바꾸지 않은 불신 세력들입니다.

또 다섯째가 그 대접을 쏟습니다. 그 대상은 "짐승의 보좌"(16:10) 입니다. 여기서 말하는 짐승은 사탄의 화신입니다. "그 나라가 곧 어두워지며 사람들이 아파서 자기 혀를 깨물고 아픈 것과 종기로 인하여"(16:10,11) 고통당합니다. 그 사람들은 사탄의 나라, 흑암의 권세에 속한 자들입니다. 그들은 그로 인하여 "하늘의 하나님을 비방하고 저희 행위를 회개하지 아니한다."(6:11)고 했습니다.

"또 여섯째 천사가 그 대접을 큰 강 유브라데에 쏟으매 강물이 말라서"(16:12) 동방에서 오는 왕들의 길이 예비됩니다. 다시 말하면 그 동방의 왕들은 말라진 그 유브라데의 강 바닥을 통해서 모이고 연합하여 악을 도모할 기회를 얻게 된다는 말입니다. 그들이 모이고 연합하여 도모하는 악은 무엇일까요? 말할 필요도 없이 하나님의 백성들의 진(陣)을 멸하고자 하는 사탄의 악한 일입니다. "개구리 같은 세 더러운 영이 용의 입과 짐승의 입과 거짓 선지자의 입에서 나오니"(16:13) "개구리 같은"이란 표현은 혐오스럽고 가증한 것을 연상케 합니다. 사탄의 사주를 받는 가증스럽고 악한 더러운 영들입니다. 그들은 귀신의 영으로 이적을 행하여 자기의 능력을 사람들 앞에서 자랑하고 유혹합니다. 그리하여 "온 천하 왕들에게 가서 하나님 곧 전능하신 이의 큰 날에 전쟁을 위하여 그들을 모으더라."(16:14) 여기서 "하나님 곧 전능하신 이의 큰 날"은 어느 날인가? 최후 심판의 날입니다. 하나님의 최후 심판의 날에 사탄과 그에 속한 모든 악한 영들과 회개하지 않는 모든 사람들이 무서운 최후의 심판을 당할 날입니다. 그런데도 그들은 유브라데 강 바닥이 마르는 것을 보고 하나님을 대적하여 전쟁을 일으키려고 합니다. 마치 애굽의 군사들이 이스라엘을 추격하여 홍해까지 미쳤던 것과 같습니다(출 14:10).

요한은 그 더러운 영들이 악한 모의를 하며 전쟁을 일으켜 자기들의 뜻을 이루려 하는 것을 보고 근심하던 찰나에 갑작스럽게 단호하고 위엄에 찬 음성을 듣습니다. "**보라 내가 도적같이 오리니 누구든지 깨어 자기 옷을 지켜 벌거벗고 다니지 아니하며 자기의 부끄러움을 보이지 아니하는 자가 복이 있도다.**"(16:15) - 재림하실 그리스도의 위엄찬 말씀입니다.

저 악한 사탄의 영들이 악한 전쟁을 위하여 왕들을 유혹하여 아마겟돈에 모여(16:16) 전쟁을 위해 전열을 가다듬는 그때가 바로 도적같이 임하실 주님의 재림이 임박한, 바로 그날입니다. 그것도 모르고 그들은 헛된 망상에 젖어 자기들의 뜻을 이룰 것같이 생각합니다. 마치 하만이 유다 족속을 몰살하려고 악한 모의를 꾸미던 그날이 바로 자기의 종말의 날임을 알지 못했던 것과 같습니다(에 7:9,10).

드디어 "**일곱째 천사가 그 대접을 공기 중에 쏟으매 큰 음성이 성전에서 보좌로부터 나서 이르되 되었다 하시니.**"(16:17) - 여기서 나는 큰 음성은 바로 하나님께로서 나는 큰 음성입니다. 이제 큰 심판의 날이 이르렀음을 뜻하는 것입니다. "**번개와 음성들과 우렛소리**"(16:18)가 있어 말할 수 없는 큰 지진이 일어납니다. 그같은 큰 지진은 이제까지 없었습니다. 이제 그리스도의 재림의 신호가 떨어진 것입니다. "큰 성" - 앞에서 "바벨론"을 부를 때에 그렇게 불렀습니다. 곧 '세상' 이라는 큰 성 - 아무도 무너질 것을 예측하지 못하였던 큰 성이 무너집니다. 하나님께서는 옛적 "**큰 성 바벨론**"(16:19)을 기억하십니다. 그 악함과 그 회개치 않음을 인하여 멸망시켰던 바로 그 큰 성 바벨론의 영성을 그대로 지니고 있는 악한 세상과 그 모든 나라들을 완전하게 부수어 버립니다. "**큰 성이 세 갈래로 갈라지고 만국의 성들도 무너지니**"(16:19) - 하나님의 맹렬한 진노, 더 이상 용납하거나 참으시지 않으시는 하나님의 진노가 맹렬하게 내립니다.

"**맹렬한 진노의 포도주 잔을 받으매 각 섬도 없어지고 산악도 간데없더라.**"

또 "무게가 한 달란트나 되는 큰 우박이 하늘로부터 사람들에게 내리매." (16:19b-21) 그러니 사람들이 그 "우박의 재앙으로 인하여" 고통하면서 마치 자기들이 너무나 심하게 억울하게 이러한 재앙을 당한다고 생각하고 '하나님을 원망하고 비방합니다.'

궁 극 적 승 리 를 위 하 여

16장을 통해서, 세상에 살면서 회개하지 않고 하나님과 그 보내신 자 예수 그리스도를 믿지 않는 불신자들이 얼마나 비참한지를 다시 한 번 발견하게 됩니다. 그들은 정말 공중권세 잡은 자, 악한 사탄의 사주에서 벗어나지 못하고, 자기들에게 내려지는 여러 가지의 각종 재앙을 인하여 더욱더 악해집니다. 회개하기는 커녕 더욱더 하나님을 훼방합니다. 그리고 자기들의 심판을 자초하고 자기들에게 임하는 재앙의 정당성을 더해 갑니다. 그리고 마지막에는 최후의 심판으로 그 사탄과 그에 속한 모든 더러운 영들과 함께 파멸을 당합니다.

우리는 세상의 악인들의 '하나님이 없다' 는 악한 사상이 무엇인지 알고 있습니다(시 14:1,2). 그리고 그 악한 사상이 하나님께 어떻게 기억하신 바가 되는지도 이 16장에서 확인합니다.

그리스도께서 오시어 큰 심판, 최후의 심판을 행하실 때까지 악인들은 많은 재앙을 당합니다. 그러나 자기들의 터전인 세상은 망하지 않고 언젠가는 자기들이 살기에 좋은 세상으로 더욱더 진보될 것이라고 생각합니다. 진화론적(進化論的)인 사고방식과 세계관을 지니고 학문과 문화 전반을 장악하고 있는 불신 세력은 항상 그러한 꿈을 꾸고 있습니다. 그리고 마지막에는 그 세력을 규합하여 하나님의 이름을 대적하고 하나님의 교회를 진멸하기 위해 전쟁을 도모하게 될 것입니다. 그러나 그날이 바로 그들의 최후 심판의 날이 될 것입니다.

우리는 시편 37편 기자를 통해서 말씀하신 대로 "행악자를 인하여 불평하여 하지 말며 불의를 행하는 자를 투기하지 말아야" 할 것입니다. 그들은 언젠가는 "풀과 같이 속히 베임을 당할 것"이기 때문입니다. 그들의 장래는 없고 "푸른 풀의 쇠잔해짐같이 쇠잔해질" 운명에 처하게 될 것입니다(시 37:1).

"주께서 참으로 저희를 미끄러운 곳에 두시며 파멸에 던지시니 저희가 어찌 그리 갑자기 황폐되었는가 놀랄 정도로 전멸하였나이다 주여 사람이 깬 후에는 꿈을 무시함같이 주께서 깨신 후에 그들의 형상을 멸시하시리이다."(시 73:18-20)

그러나 성도들의 복은 어디 있습니까?

"주의 교훈으로 나를 인도하시고 후에는 영광으로 나를 영접하시리니 하늘에서는 주 외에 누가 내게 있으리요 땅에서는 주밖에 내가 사모할 자 없나이다 내 육체와 마음은 쇠약하나 하나님은 내 마음의 반석이시요 영원한 분깃이시라…하나님께 가까이함이 내게 복이라 내가 주 여호와를 나의 피난처로 삼아 주의 모든 행사를 전파하리이다."(시 73:24-28)

아멘.

28
chapter

큰 음녀 바벨론
7:1-17

1또 일곱 대접을 가진 일곱 천사 중 하나가 와서 내게 말하여 이르되 이리 오라
많은 물 위에 앉은 큰 음녀의 받을 심판을 네게 보이리라 2땅의 임금들도 그로
더불어 음행하였고 땅에 사는 자들도 그 음행의 포도주에 취하였다 하고 3곧
성령으로 나를 데리고 광야로 가니라 내가 보니 여자가 붉은 빛 짐승을 탔는
데 그 짐승의 몸에 하나님을 모독하는 이름들이 가득하고 일곱 머리와 열 뿔
이 있으며 4그 여자는 자줏빛과 붉은빛 옷을 입고 금과 보석과 진주로 꾸미고
손에 금 잔을 가졌는데 가증한 물건과 그의 음행의 더러운 것들이 가득하더라
5그의 이마에 이름이 기록되었으니 비밀이라, 큰 바벨론이라, 땅의 음녀들과
가증한 것들의 어미라 하였더라 6또 내가 보매 이 여자가 성도들의 피와 예수
의 증인들의 피에 취한지라 내가 그 여자를 보고 놀랍게 여기고 크게 놀랍게
여기니 7천사가 이르되 왜 놀랍게 여기느냐 내가 여자와 그의 탄 바 일곱 머리
와 열 뿔 가진 짐승의 비밀을 네게 이르리라 8네가 본 짐승은 전에 있었다가 지
금은 없으나 장차 무저갱으로부터 올라와 멸망으로 들어갈 자니 땅에 사는 자
들로서 창세 이후로 생명책에 기록되지 못한 자들이 이전에 있었다가 지금은

없으나 장차 나올 짐승을 보고 놀랍게 여기리라 9지혜 있는 뜻이 여기 있으니
그 일곱 머리는 여자가 앉은 일곱 산이요 10또 일곱 왕이라 다섯은 망하였고 하
나는 있고 다른 이는 아직 이르지 아니하였으나 이르면 반드시 잠시 동안 머무
르리라 11전에 있었다가 지금 없어진 짐승은 여덟째 왕이니 일곱 중에 속한 자
라 그가 멸망으로 들어가리라 12네가 보던 열 뿔은 열 왕이니 아직 나라를 얻지
못하였으나 다만 짐승으로 더불어 임금처럼 한동안 권세를 받으리라 13그들이
한 뜻을 가지고 자기의 능력과 권세를 짐승에게 주더라 14저희가 어린양으로
더불어 싸우려니와 어린양은 만주의 주시요 만왕의 왕이시므로 그들을 이기실
터이요 또 그와 함께 있는 자들 곧 부르심을 받고 택하심을 받은 진실한 자들
은 이기리로다 15또 천사가 내게 말하되 네가 본 바 음녀가 앉아 있는 물은 백
성과 무리와 열국과 방언들이니라 16네가 본 바 이 열 뿔과 짐승은 음녀를 미워
하여 망하게 하고 벌거벗게 하고 그 살을 먹고 불로 아주 사르리라 17이는 하나
님이 자기 뜻대로 할 마음을 그들에게 주사 한 뜻을 이루게 하시고 그들의 나
라를 그 짐승에게 주게 하시되 하나님 말씀이 응하기까지 하심이니라 18또 네
가 본 여자는 땅의 왕들을 다스리는 큰 성이라 하더라.

17장의 의미

요한은 16장에 기록된 계시를 받은 후에 자기를 부르며 "이리오라."는 음성을 듣습니다. "많은 물 위에 앉은 큰 음녀의 받을 심판"을 요한에게 이르기 위하여 이리 오라고 한 것입니다.

17장의 의미는 "음녀 바벨론"의 악한 영성을 추억하며, 그것을 신약 시대 이후 그리스도께서 다시 오시기까지의 세상의 영적인 실상을 조명하

는 데 있습니다. 곧 세상이 어떻게 하나님의 진노의 맹렬한 대상이 될 수 밖에 없는지를 알리고자 합니다. 물론 앞에서도 바벨론과 그 악한 영성과 그 뒤에서 사주하는 사탄과 사탄의 화신으로 작용하는 "짐승"에 대하여 언급한 바 있습니다. 그러나 여기서는 그에 대하여 더욱더 자세하게 말하고 있습니다.

어쩌면 이렇게 하는 것이 성경의 방식이기도 합니다. 성경은 먼저 제목이 될 만한 것을 전면에 부상시켜 놓고 그것에 대하여 더욱더 상세하게 확장시켜 계시하는 방식을 취하기 때문입니다. 성령께서 기자들로 하여금 그러한 질서 속에서 당신의 계시를 기록하게 하시는 것입니다. 여기서도 그러한 방식이 적용됩니다. 그러니 여기 17장은 앞에서는 전혀 나오지 않은 다른 새로운 국면을 말하는 것이 아니라 이미 언급된 바를 더욱 상세히 구체적으로 알게 하시는 성령의 교훈으로 보아야 합니다. 그러니 우리가 이 장을 통해서 "바벨론"의 영성을 띤 세상이 어떻게 해서 하나님의 진노 아래 놓여져 있는지를 더욱 선명하고 구체적으로 발견하게 될 것입니다.

많은 물 위에 앉은 음녀

여기서 음녀 "바벨론"이 "많은 물 위에 앉았다."(17:1) 하는 것은 '많은 열국 위에 군림하고 있는' 모습을 일컫는 것입니다. 역사 속에서 바벨론은 실제로 많은 열국을 거느리고 있었고, 여러 열국에서 각종 사치품을 들여오곤 했던 강국이었습니다.

"땅의 큰 임금들도 그로 더불어 음행하였고 땅에 사는 자들도 그 음행의 포도주에 취하였다."(17:2) 땅의 임금들은 바벨론이 악한 우상 숭배와 미신으로 악행을 자행하면서도 강대하고 사치하고 부요한 모습을 보았습니다. 그래서 바벨론이 그렇게 하는 것이 그러한 부(富)와 존귀를 누리게 된 원인이라는 망상에 젖었습니다. 그리하여 여러 큰 나라의 왕들이 바벨론을 본받아서 그런 악행에 빠지게 되었던 것입니다. 그것이 언제나 세상의 악한 영적 성격을 특징짓습니다. 세상에 속한 이들은 지금도 하나님을 섬기지 않고 각종 미신과 우상 숭배에 젖어 있습니다. 세상에서 부귀를 누리게 되는 것이 바로 그러한 경로를 통해서 오는 것같이 믿고 있습니다. 현대도 그 점에서 변치 않았습니다. 그래서 요즘 한국의 일간 신문의 하단 광고란을 가득 메운 영매들, 무속인들의 광고를 보게 되는 것입니다. 그것이 "하나님의 진노의 포도주"에 취하게 되는 것인 줄을 알지 못하는 것입니다.

붉은 빛 짐승을 탄 여자

요한은 성령에 이끌리어 "광야로" 나갑니다. 여기서 "광야"(17:3)는 영적으로 해서 "음녀"가 판을 치고 있는 마당입니다. 광야는 메마르고 척박하여 쓸 만한 열매 맺는 나무나 좋은 생명에 속한 것이 없는 곳입니다. 영적으로 '광야'는 세상입니다. 세상은 바로 이 "음란한 여자"의 활동 무대입니다.

거기서 요한은 "여자가 붉은 빛 짐승을 탄"(17:3) 것을 목격합니다. "붉은 빛"을 띠고 있다는 것은 세상 사람들을 미혹하는 사치와 부요와 세속적 영예를 상징하고 있습니다. 그런데 그 짐승의 몸에 "참람된 이름들이 가득하고 일곱 머리와 열 뿔"이 있었습니다.(17:3) 여기 "하나님을 모독하는 이름들"은 하나님을 대적하는 우상과 미신의 각종 이름들입니다. "일곱 머리와 열 뿔"은 일곱 왕들과 열 나라의 권세를 의미하는 것입니다. 이 짐승은 바로 "전에 있었다가 지금은 없으나 장차 무저갱으로부터 올라와 멸망으로 들어갈 자니 땅에 사는 자들로서 창세 이후로 그 이름이 생명책에 기록되지 못한 자들이…놀랍게 여길"(17:8) 바로 그 자입니다. 이 짐승을 타고 있는 "음녀"는 "자줏빛과 붉은빛 옷을 입고 금과 보석과 진주로 꾸미고 손에 금 잔을 가졌는데 가증한 물건과 그의 음행의 더러운 것들이 가득하더라."(17:4) - 음녀는 세상에서 가질 수 있는 모든 사치스런 것들로 치장하여 자기를 꾸미고 있습니다.

그 "여자"의 이마에 기록된 이름은 "비밀이라, 큰 바벨론이라, 땅의 음녀들과 가증한 것들의 어미라."(17:5) - 이 "여자"는 세상의 뭇 사람들에게 "비밀"로, "신비로" 부러움을 사는 존재입니다. 세상에 속한 이들은 그 여자의 그 화려함과 찬란함을 보고는 '어떻게 저렇게까지 되었는가? 무엇이 저를 저렇게 영화롭게 하였는가?' 하면서 놀라고 기이히 여길 것입니다. 그래서 세상에 "창세 이후로 그 이름이 생명책에 기록되지 못한 이들"은 그 여자의 화려함과 영광을 보고 감탄하며 "놀랍게 여길 것"입니다.

요한도 그 외적인 찬란함과 존귀함에 일순 자기도 모르게 "놀랍게 여기고 크게 놀랍게 여겼다."(17:6)고 했습니다. 육신을 입고 땅에 사는 자들의 눈에 그 '여자의 차림새'는 너무나 찬란한 것이었기 때문입니다. 그러하나 그 여자를 보고 놀랍게 여길 것이 아님을 천사가 깨우쳐 책망하며 일러 줍니다. "왜 놀랍게 여기느냐 내가 여자와 그의 탄 바 일곱 머리와 열 뿔 가진 짐승의 비밀을 네게 이르리라."(17:7) 그 여자는 그 영성이 하나님을 대적하고 "성도의 피와 예수의 증인들의 피에 취한" 자였습니다. 요한은 이미 그 사실을 알고도 워낙 그 외모가 너무 찬란하고 위엄에 차고 아름다우니 그만 잠시 넋을 잃었던 것입니다. 그 '여자', 바벨론은 하나님의 무서운 진노의 포도주 틀에 들어가 "으깨임"을 당할 가증한 존재입니다. 그가 탄 "짐승"도 하나님의 무서운 심판으로 영원한 멸망에 처할 존재입니다.

지혜로운 자의 분변

요한은 그 여자가 탄 짐승의 일곱 머리가 무엇인지 알게 됩니다. "그 일곱 머리는 여자가 앉은 일곱 산이요 또 일곱 왕이라."(17:9,10) 그러니 사탄의 조종을 받는 나라와 왕들을 가리키고 있습니다. 그런데 그중에 "다섯"이 망하였습니다. 요한이 이 계시를 받았을 때에 이 "다섯 나라와 그 왕조"는 이미 과거에 속하여 망하였고 역사의 뒤안길로 사라져 버렸습니다. 그러나 여전히 그 여자는 "한 머리", 한 나라와 왕을 의지하여 앉아 있습니다. 그러나 아직 "다른 이는 아직 이르지 아니하였으나 이르면 반드시 잠깐 동안 머무르리라."(17:10) 그리고 "지금은 없어진 짐승"이 올 것입니다. 그것이 바로 여덟째 왕입니다. 결국은 그도 멸망으로 들어가게 될 것입니다(17:10,11).

또한 요한이 본 "여자가 탄 짐승의 열 뿔"은 열 왕입니다. 아직 나라를 얻지 못하였으나 "짐승으로 더불어 임금처럼 한동안 권세를 받으리라."(17:12) 아직 이들은 정통성을 인정받는 왕들은 아니나 장차 잠시 나왔다가 망하게 될 짐승이 잠시 동안 왕적인 권세를 부릴 것입니다. 그들은 한 뜻을 가지고 자기들에게 주어진 세력과 능력을 짐승에게 드립니다. 그래서 짐승의 사주를 받게 될 것입니다. 그러면 그 짐승은 그 열 왕들의 힘을 규합하여 "어린양으로 더불어 싸우려고"(17:14) 모의합니다. 그러나 그들의 그 모략은 바로 그들 자신의 무덤을 파는 일입니다. 승리는 오직 어린양 되신 그리스도께 있을 것이기 때문입니다.

"어린양은 만주의 주시요 만왕의 왕이시므로 그들을 이기실 터이요 또 그와 함께 있는 자들 곧 부르심을 입고 빼내심을 얻고 진실한 자들은 이기리로다."(17:14)

요한은 그 음녀가 앉아 있는 "물"이 무엇을 의미하는지 알게 됩니다. 그것은 "백성과 무리와 열국과 방언들"(17:15)이었습니다.

음녀를 미워하게 되는 짐승

어찌 음녀를 짐승이 미워하게 되었는가? 짐승이 열왕의 세력을 규합하여 그리스도와 성도들의 진(陣)인 교회에 대하여 전쟁을 일으킨 것이 결국 그들의 멸망을 자초한 셈이 되는 것입니다. 짐승은 자기의 뜻이 이루어지지 못하게 되자 자체적으로 그 책임을 그 음녀에게 돌립니다. 그리고 결국 그 음녀 바벨론을 높여 주고 사용하던 짐승의 계획은 바뀌어 바벨론을 망하게 합니다. 그래서 그 음녀 바벨론으로 하여금 "벌거벗게 하고 그 살을 먹고 불로 아주 사르라."(17:16) 합니다. 참으로 사필귀정입니다. 악한 자들끼리의 악한 모의는 처음에는 서로 친밀하게 하나님을 대적하는 것으로 나타났다가 그 실패에 대한 책임을 서로 자기들끼리 묻고 서로 물고 뜯게 되어 다 같이 망하게 되는 것입니다.

결국 이러한 것이 우연하게 일어나지 않습니다. 아무리 그 짐승이 세도를 부리고, 음녀 바벨론이 그 짐승으로 더불어 음행을 하고, 모든 열국들을 동원하여 하나님의 말씀과 성도들의 진을 멸하려 하였지만, 그러한 그들의 모든 행태가 다 하나님의 신비로운 주권적 뜻의 테두리 속에 있었던 것입니다. 17절이 바로 이 사실을 나타냅니다.

"하나님이 자기 뜻대로 할 마음을 그들에게 주사 한 뜻을 이루게 하시고 그들의 나라를 그 짐승에게 주게 하시되 하나님 말씀이 응하기까지 하심이니라."(17:17)

그래서 결국 큰 성 바벨론은 망하게 되는 것입니다.

악한 세상과, 세상에 속한 자들과, 세상을 자기의 도구로 삼아 각 사람들을 미혹하여 자기 수하에 두어 풍미하는 자들은 그 악행으로 하나님의 진노를 받게 되고 결국 망합니다.

그러나 그러한 모든 것도 하나님의 주권적인 섭리 속에서 운용이 되는 이치를 우리는 이 17장을 통해서 발견하게 됩니다. 하나님께서는 "악인도 악한 날에 적당하게" 하시기 때문입니다(잠 16:4).

우리가 역사의 무대, 세상이라는 판 속에서 어떠한 것을 목격하고 주목할 때, 그것이 우리 인간의 눈에 얼마나 찬란하고 위용차고 아름답고 대단하게 보여도 그것이 하나님께로서 나온 것이 아니면 결국 하나님의 무서운 진노로 망할 것입니다.

"이 세상이나 세상에 있는 것들을 사랑치 말라 누구든지 세상을 사랑하면 아버지의 사랑이 그 안에 있지 아니하니 이는 세상에 있는 모든 것이 육신의 정욕과 안목의 정욕과 이 생의 자랑이니 다 아버지께로부터 온 것이 아니요 세상으로부터 온 것이라 이 세상도 그 정욕도 지나가되 오직 하나님의 뜻을 행하는 이는 영원히 거하느니라."(요일 2:15-17)

그러니 우리는 언제나 그것이 하나님께로서 아름답게 나온 것인지, 악하나 허용적으로 하나님께서 주권적으로 사용하시는 것인지를 분변하여야 합니다. 바벨론은 하나님의 뜻을 이루는 도구로 사용되었습니다. 바벨론이 악행도 말입니다. 그러나 바벨론은 그 악함으로 인하여 멸망하게 되었습니다. 하나님의 뜻은 반드시 이루어집니다. 성도의 지혜와 인내가 여기에 있는 것입니다. 아멘.

29
chapter

바벨론 멸망의 교훈

18:1-24

1이 일 후에 다른 천사가 하늘에서 내려 오는 것을 보니 큰 권세를 가졌는데 그
의 영광으로 땅이 환하여지더라 2힘찬 음성으로 외쳐 이르되 무너졌도다 무너
졌도다 큰 성 바벨론이여 귀신의 처소와 각종 더러운 영이 모이는 곳과 각종
더럽고 가증한 새들이 모이는 곳이 되었도다 3그 음행의 진노의 포도주로 말미
암아 만국이 무너졌으며 또 땅의 왕들이 그와 더불어 음행하였으며 땅의 상인
들도 그 사치의 세력으로 치부하였도다 하더라 4또 내가 들으니 하늘로부터 다
른 음성이 나서 이르되 내 백성아, 거기서 나와 그의 죄에 참여하지 말고 그가
받을 재앙들을 받지 말라 5그의 죄는 하늘에 사무쳤으며 하나님은 그의 불의한
일을 기억하신지라 6그가 준 그대로 그에게 주고 그의 행위대로 갑절을 갚아
주고 그가 섞은 잔에도 갑절이나 섞어 그에게 주라 7그가 얼마나 자기를 영화
롭게 하였으며 사치하였든지 그만큼 고통과 애통함으로 갚아 주라 그가 마음
에 말하기를 나는 여왕으로 앉은 자요 과부가 아니라 결단코 애통함을 당하지
아니하리라 하니 8그러므로 하루 동안에 그 재앙들이 이르리니 곧 사망과 애통
함과 흉년이라 그가 또한 불에 살라지리니 그를 심판하시는 주 하나님은 강하

신 자이심이라 9그와 함께 음행하고 사치하던 땅의 왕들이 그가 불타는 연기를
보고 위하여 울고 가슴을 치며 10그의 고통을 무서워하여 멀리 서서 이르되 화
있도다 화 있도다 큰 성, 견고한 성 바벨론이여 한 시간에 네 심판이 이르렀다
하리로다 11땅의 상인들이 그를 위하여 울고 애통하는 것은 다시 그들의 상품
을 사는 자가 없음이라 12그 상품은 금과 은과 보석과 진주와 세마포와 자주 옷
감과 비단과 붉은 옷감이요 각종 향목과 각종 상아 그릇이요 값진 나무와 구리
와 철과 대리석으로 만든 각종 그릇이요 13계피와 향료와 향과 향유와 유향과
포도주와 감람유와 고운 밀가루와 밀이요 소와 양과 말과 수레와 종들과 사람
의 영혼들이라 14바벨론아 네 영혼이 탐하던 과일이 네게서 떠났으며 맛있는
것들과 빛난 것들이 다 없어졌으니 사람들이 결코 이것들을 다시 보지 못하리
로다 15바벨론으로 말미암아 치부한 이 상품의 상인들이 그의 고통을 무서워하
여 멀리 서서 울고 애통하여 16이르되 화 있도다 화 있도다 큰 성이여 세마포
옷과 자주 옷과 붉은 옷을 입고 금과 보석과 진주로 꾸민 것인데 17그러한 부가
한 시간에 망하였도다 모든 선장과 각처를 다니는 선객들과 선원들과 바다에
서 일하는 자들이 멀리 서서 18그가 불타는 연기를 보고 외쳐 이르되 이 큰 성
과 같은 성이 어디 있느냐 하며 19티끌을 자기 머리에 뿌리고 울며 애통하여 외
쳐 이르되 화 있도다 화 있도다 이 큰 성이여 바다에서 배 부리는 모든 자들이
너의 보배로운 상품으로 치부하였더니 한 시간에 망하였도다 20하늘과 성도들
과 사도들과 선지자들아, 그로 말미암아 즐거워하라 하나님이 너희를 위하여
그에게 심판을 행하셨음이라 하더라 21이에 한 힘 센 천사가 큰 맷돌 같은 돌을
들어 바다에 던져 이르되 큰 성 바벨론이 이같이 비참하게 던져져 결코 다시
보이지 아니하리로다 22또 거문고 타는 자와 풍류하는 자와 퉁소 부는 자와 나
팔 부는 자들의 소리가 결코 다시 네 안에서 들리지 아니하고 어떠한 세공업자

든지 결코 다시 네 안에서 보이지 아니하고 또 맷돌 소리가 결코 다시 네 안에서
들리지 아니하고 23등불 빛이 결코 다시 네 안에서 비치지 아니하고 신랑과 신부
의 음성이 결코 다시 네 안에서 들리지 아니하리로다 너의 상인들은 땅의 왕족
들이라 네 복술로 말미암아 만국이 미혹되었도다 24선지자들과 성도들과 및 땅
위에서 죽임을 당한 모든 자의 피가 그 성 중에서 발견되었느니라 하더라.

18장의 맥락적 의미

18장은 17장 메시지를 근거하여 바벨론의 멸망의 참상을 더 보게 하여 주며, 그에 더하여 적용적인 교훈을 제시하고 있습니다. 성도들로 하여금 무너진 바벨론의 비참함을 다시 한 번 상기시켜 주고, 그러한 사실에 비추어서 땅에 있는 동안 무엇을 위하여 살 것인지를 성도들에게 권면하고 있습니다. 우리가 이 장(章)을 통해서 "패역한 세대"에서 구원(행 2:40)받지 못하는 이가 얼마나 확실하게 망하게 될 것인지를 듣게 되는 것입니다.

'다른 천사'의 바벨론 멸망의 선포

요한은 17장의 계시를 받고 난 후에 "다른 천사"(18:1)가 하늘에서 내려오는 것을 봅니다. "다른 천사가 내려온다."는 말이 이 계시록에 자주 등장하는데, 어떤 때에는 앞에서 말한 것과 대조되는 것을 말하고, 어떤 때는 앞에서 말한 것을 강화시키고 적용시키는 경우도 있습니다. 이 경우에는 후자의 경우입니다. 그러니 어떤 경우에도 '다른 천사'는 성도들에게 위로와 소망의 메시지가 될 것을 전하는 임무를 띱니다.

"하늘에서 내려온다."(18:1)는 말은 하나님의 보내심을 받아 땅에 와서 땅에 속한 성도들에게 영광의 소식을 전한다는 뜻일 것입니다. "큰 권세를 가졌는데 그의 영광으로 땅이 환하여지더라."(18:1) 영화로운 소식을 전하는 천사입니다. 물론 이 천사의 선포는 땅에 속하여 회개하지 않는 자들에게는 멸망의 선포일 것입니다. 그러나 이 천사의 소리를 그들은 들을 귀를 가지고 있지 않습니다.

"힘찬 음성으로 외쳐 이르되 무너졌도다 무너졌도다 큰 성 바벨론이여"(18:2) - 구약 시대에 있어서 바벨론이 무너진 것은 세계의 큰 뉴스거리였을 것입니다. 물론 지금같이 매스컴이 발전되지 않은 때라 세계적으로 알려진 것은 아니었더라도 바벨론을 알고 있거나 직, 간접으로 관련있는 모든 이들에게 바벨론 멸망의 소식은 정말 엄청나게 의아하고 놀라운 '큰 소식' 이었을 것입니다. 그 크고 찬란하고 부요한 바벨론이 멸망한다고 생각하거나 믿은 이는 하나도 없었을 것이기 때문입니다.

그러나 그 일은 역사적 사실이었습니다. 그 바벨론이 무엇 때문에 망하였습니까? '우연하게' 그 바벨론이 크게 발전하였고, 우연에 의해서 그렇게 큰 바벨론이 망하게 되었습니까? 아닙니다. 세상에 '우연' 이란 없는 법입니다. 그들이 멸망을 당한 것은 자신들이 멸망을 심었기 때문입니다(갈 6:8).

"그 죄는 하늘에 사무쳤으며 하나님은 그의 불의한 일을 기억하신지라 그가 준 그대로 그에게 주고 그의 행위대로 갑절을 갚아 주고 그의 섞은 잔에도 갑절이나 섞어 그에게 주라 그가 어떻게 자기를 영화롭게 하였으며 사치하였든지 그만큼 고통과 애통함으로 갚아 주라 그가 마음에 말하기를 나는 여왕으로 앉은 자요 과부가 아니라 결단코 애통함을 당하지 아니하리라 하니 그러므로 하루 동안에 그 재앙들이 이르리니 곧 사망과 애통과 흉년이라 그가 또한 불에 살라지리니 그를 심판하신 주 하나님은 강하신 자이심이니라."(18:5-8)

망한 바벨론은 "귀신의 처소와 각종 더러운 영이 모이는 곳과 각종 더럽고 가증한 새들의 모이는 곳이 되었도다."(18:2) 그곳은 황폐하고 폐허가 된 땅이 되었습니다. 생명에 속한 은혜가 전혀 부어지지 않는 사망과 파멸과 가증함의 땅, 지옥을 미리 엿보게 하는 땅이 되었습니다. 망하기 전에 그 바벨론은 모든 이들의 부러움을 사고 모든 이들의 선망의 대상, 성공의 모델이 되었었습니다. 그러나 그 땅은 음행으로 하나님의 진노의 포도주를 마신 자들의 땅이었습니다. 만국이 그 바벨론으로 인하여 망하게 되었습니다. "땅의 왕들이 그로 더불어 음행하였으며 땅의 상고들도 그 사치의 세력을 인하여 치부하였기"(18:3) 때문입니다.

하나님의 백성들에게 경계하심

바벨론의 멸망은 성도들에게 정말 큰 경계의 교훈을 주는 것입니다. 그리고 그들로 하나님을 믿고 참고 인내하고 절제하는 믿음이 얼마나 정당함을 알게 하는 것입니다. 요한은 "하늘로서 내려오는 다른 음성"을 통해서 그 교훈을 듣습니다.

"내 백성아, 거기서 나와 그의 죄에 참여하지 말고 그의 받을 재앙들을 받지 말라 그의 죄는 하늘에 사무쳤으며 하나님은 그의 불의한 일을 기억하신지라."(18:4)

그 바벨론은 자기는 결코 망하지 않을 완전한 안전 지대에 있다고 장담하였었습니다. "나는 여왕으로 앉은 자요 과부가 아니라 결단코 애통함을 당하지 아니하리라."(18:7) 그러나 그들은 애통하고 망하게 되었습니다. 그들은 자기들의 악행이 하나님 앞에서 얼마나 진노에 찬 것인지를 알지 못하고 있었던 것입니다. 그러나 그들의 멸망이 일시에 이르게 된 것입니다.

"화 있도다 화 있도다 큰 성, 견고한 성 바벨론이여 한 시간에 네 심판이 이르렀다 하리로다."(18:10)

그러니 그 바벨론의 죄에 참여하는 것은 멸망의 구렁에 자신을 밀어 넣는 격입니다. 그 바벨론과 관련하여 자기들의 부(富)를 쌓으며 함께 그 즐거움에 동참한 이들도 함께 망하게 됩니다. "땅의 상인들이 그를 위하여 울고 애통하는 것은 다시 그 상품을 사는 자가 없음이라."(18:11) 이제 바벨론이 망하게 된 다음에 바벨론과 무역하며 즐겨하던 사치품과 각종 보석이 아무것도 아니게 되었습니다.

"그 상품은 금과 은과 보석과 진주와 세마포와 자주 옷감과 비단과 붉은 옷감과 각종 향목과 각종 상아 그릇이요 값진 나무와 구리와 철과 대리석으로 만든 각종 그릇이요 계피와 향료와 향과 향유와 유향과 포도주와 감람유와 고운 밀가루와 밀과 소와 양과 말과 수레와 종들과 사람의 영혼들이라." (18:12, 13)

상인들은 그런 물품으로 바벨론과 무역 거래를 하였습니다. '사람의 영혼들' 도 상품 목록에 들어 있었습니다. 그러니 그 세상적 상업정신이 예나 지금이나 인간 영혼을 파멸시키는 것임에 분명합니다.

그러나 이제 그 모든 빛나던 것이 다 무색하게 되었습니다. "바벨론을 인하여 치부한 상품의 상인들이 그의 고난을 무서워하여 멀리 서서 울고 애통하더라."(18:15) - 바벨론이 망하게 되었으니 이제 자기들이 누구하고 장사하여 그전의 그 부와 즐거움을 누리고 살까, 이제 자기들에게 닥친 가난과 궁핍의 고난을 어찌 이길까 그래서 그들은 애통합니다.

또한 바다에서 영업하는 자들이 함께 웁니다. "그러한 부가 일시에 망하여" 아무것도 아니게 되었기 때문입니다.

"화 있도다 화 있도다 큰 성이여 세마포와 자주와 붉은 옷을 입고 금과 보석과 진주로 꾸민 것인데 그러한 부가 한 시간에 망하였도다 모든 선장과 각처를 다니는 선객들과 선원들과 바다에서 일하는 자들이 멀리 서서 그 불붙는 연기를 보고 외쳐 이르되 이 큰 성과 같은 성이 어디 있느냐 하며 티끌을 자기 머리에 뿌리고 울고 애통하여 외쳐 가로되 화 있도다 화 있도다 이 큰 성이여 바다에서 배 부리는 모든 자들이 너의 보배로운 상품을 인하여 치부였더니 한 시간에 망하였도다."(18:16-19)

성도들의 웃음

바벨론 멸망의 소식이 세상에 속한 그들에게는 화와 애통의 요소였지만 성도들에게는 즐거운 소식이었습니다. 그것은 하나님께서 그들의 원통함을 풀어 주셨기 때문입니다. 그들이 바벨론의 부(富)와 찬란함에 취한 세상의 힘있는 자들로부터 얼마나 멸시를 당하였던가요! 성도들이 그 일로 얼마나 핍박을 받았고, 울었던가요! 그래서 그들이 얼마나 고통을 받게 되었는가요! 그러나 이제 성도들은 웃고, 그들 바벨론과 그와 연관되어 있어 그 죄악에 파묻혀 있던 자들은 다 망하게 되어 울게 되었습니다.

바벨론의 완전한 파멸

21절부터는 바벨론의 파멸이 완전함을 보여 줍니다. 다시 그 바벨론이 소생함을 입는 것 같은 일은 없다는 것을 강조하기 위해 "한 힘찬 천사가 큰 맷돌 같은 돌을 들어 바다에 던지며"(18:21) 말합니다.

"이같이 비참하게 떨어져 결코 다시 보이지 아니하리로다."

"또 거문고 타는 자와 풍류하는 자와 퉁수 부는 자와 나팔 부는 자들의 소리가 결코 다시 네 안에서 들리지 아니하고 무론 어떠한 세공업자든지 결코 다시 네 안에서 보이지 아니하고 또 맷돌 소리가 결코 다시 네 안에서 들리지 아니하고 등불 빛이 결코 다시 네 가운데서 비취지 아니하고 신랑과 신부의 음성이 결코 다시 네 안에서 들리지 아니하리로다 너의 상인들은 땅의 왕족들이라 네 복술을 말미암아 만국이 미혹되었도다."(18:21-23)

그 성이 다시 중건되지 못할 것은 그 성이 근본적으로 하나님을 대적하는 영성을 가지고 있었기 때문입니다. 그 모든 악의 근저에는 하나님을 대적하는 것이 서려 있었습니다. 그래서 하나님의 진노가 그렇게 무섭게 나타나는 것이 결코 지나친 것이 아닙니다.

"선지자들과 성도들과 및 땅 위에 죽임을 당한 모든 자의 피가 그 성중에서 발견되었느니라 하더라."(18:24)

바벨론 정신, 곧 세상 정신은 오늘도 하나님을 믿는 성도들과 그 사상을 멸시하고 죽이려 합니다.

바벨론의 멸망은 우리 성도들에게 소극적으로는 경계를, 적극적으로는 믿음의 강화를 재촉합니다. 세상에서 성도들이 하나님의 뜻대로 살아갈 때 많은 고난을 받는 것은 사실입니다. 그리고 그 고난이 커서 어떠한 경우에는 신실한 성도들도 흔들리기도 하며, 또 세상을 구가하는 이들의 자랑과 호화로움을 부러워하는 시험에 빠지기도 합니다.(시 73:1-14)

그러나 성도가 하나님을 믿고 세상과 짝하지 않는 것은 정말 종국적으로 바벨론처럼 망하는 세상에서 벗어난 것을 의미합니다.

우리는 이 현대인의 사고(思考) 구조가 바벨론의 정신과 같다는 것을 인식하여야 할 것입니다. 우리 성도들이 그러한 현대적인 사고 구조의 틀 속에서 말씀과 기도로 은혜 속에서 성령을 힘입어 자신을 구별시키지 않는 것은 정말 앞뒤가 맞지 않는 것입니다.

우리는 이 시대에 영적인 구조 조정을 해야 합니다. 그렇게 될 때에 우리가 영적으로 안전한 지대에서 바르게 성장한다고 할 수 있는 것입니다.

우리가 지금은 '울고 있으나' 그리스도의 날에는 '웃을' 소망을 붙잡아야 합니다. 지금은 '웃고 떠드나' 그리스도의 날에는 '울고 애통할' 세상에 속한 자들이 세상적으로 잘됨을 부러워하지 말 것입니다(약 4:9,10). 아멘.

30
chapter

하나님의 심판의 정당성과 최후 심판의 정황
19:1-21

1이 일 후에 내가 들으니 하늘에 허다한 무리의 큰 음성 같은 것이 있어 이르되
할렐루야 구원과 영광과 능력이 우리 하나님께 있도다 2그의 심판은 참되고 의
로운지라 음행으로 땅을 더럽게 한 큰 음녀를 심판하사 자기 종들의 피를 그
음녀의 손에 갚으셨도다 하고 3두 번째로 할렐루야 하니 그 연기가 세세토록
올라가더라 4또 이십사 장로와 네 생물이 엎드려 보좌에 앉으신 하나님께 경배
하여 이르되 아멘 할렐루야 하니 5보좌에서 음성이 나서 이르시되 하나님의 종
들 곧 그를 경외하는 너희들아 작은 자나 큰 자나 다 우리 하나님께 찬송하라
하더라 6또 내가 들으니 허다한 무리의 음성과도 같고 많은 물 소리와도 같고
큰 우렛소리와도 같은 소리로 이르되 할렐루야 주 우리 하나님 곧 전능하신 이
가 통치하시도다 7우리가 즐거워하고 크게 기뻐하며 그에게 영광을 돌리세 어
린 양의 혼인 기약이 이르렀고 그의 아내가 자신을 준비하였으므로 8그에게 빛
나고 깨끗한 세마포 옷을 입도록 허락하셨으니 이 세마포 옷은 성도들의 옳은
행실이로다 하더라 9천사가 내게 말하기를 기록하라 어린 양의 혼인 잔치에 청
함을 받은 자들은 복이 있도다 하고 또 내게 말하되 이것은 하나님의 참되신

말씀이라 하기로 10내가 그 발 앞에 엎드려 경배하려 하니 그가 나에게 말하기
를 나는 너와 및 예수의 증언을 받은 네 형제들과 같이 된 종이니 삼가 그리하
지 말고 오직 하나님께 경배하라 예수의 증언은 예언의 영이라 하더라 11또 내
가 하늘이 열린 것을 보니 보라 백마와 그것을 탄 자가 있으니 그 이름은 충신
과 진실이라 그가 공의로 심판하며 싸우더라 12그 눈은 불꽃 같고 그 머리에는
많은 관들이 있고 또 이름 쓴 것 하나가 있으니 자기밖에 아는 자가 없고 13또
그가 피 뿌린 옷을 입었는데 그 이름은 하나님의 말씀이라 칭하더라 14하늘에
있는 군대들이 희고 깨끗한 세마포 옷을 입고 백마를 타고 그를 따르더라 15그
의 입에서 예리한 검이 나오니 그것으로 만국을 치겠고 친히 그들을 철장으로
다스리며 또 친히 하나님 곧 전능하신 이의 맹렬한 진노의 포도주 틀을 밟겠고
16그 옷과 그 다리에 이름을 쓴 것이 있으니 만왕의 왕이요 만주의 주라 하였더
라 17또 내가 보니 한 천사가 태양 안에 서서 공중에 나는 모든 새를 향하여 큰
음성으로 외쳐 이르되 와서 하나님의 큰 잔치에 모여 18왕들의 살과 장군들의
살과 장사들의 살과 말들과 그것을 탄 자들의 살과 자유인들이나 종들이나 작
은 자나 큰 자나 모든 자의 살을 먹으라 하더라 19또 내가 보매 그 짐승과 땅의
임금들과 그들의 군대들이 모여 그 말 탄 자와 그의 군대와 더불어 전쟁을 일
으키다가 20짐승이 잡히고 그 앞에서 표적을 행하던 거짓 선지자도 함께 잡혔
으니 이는 짐승의 표를 받고 그의 우상에게 경배하던 자들을 표적으로 미혹하
던 자라 이 둘이 산 채로 유황불 붙는 못에 던져지고 21그 나머지는 말 탄 자의
입으로부터 나오는 검에 죽으매 모든 새가 그들의 살로 배불리더라

19장의 맥락적인 의미

19장은 18장에서 말한 내용, 곧 바벨론을 무너뜨리신 하나님의 행사의 정당성 여부에 대한 것을 다룹니다. 더 나아가서 그리스도로의 최후 심판의 영광과 그 정당성에 대하여 말하고 있습니다.

진정 이 문제는 생각있는 사람들의 의문거리입니다. 역사 속에서 하나님께서는 당신의 공의의 분노를 나타내셨습니다. 그런데 그 진노가 정당한 것인가? 하나님의 권세와 힘의 논리에 입각한 하나님의 과격한 행동이 아닌가? 약한 인생들이 쌓아 놓은 것을 흩어 버리시기를 좋아하시는 하나님의 심술궂은 행동이 아닌가?

이에 대해 하나님께서는 당신의 계시를 통해서 대답하십니다. 요한은 바벨론을 망하게 심판하신 하나님의 행사의 정당성을 외치는 하늘의 큰 음성 같은 것을 들었으며, 어린양 되신 하나님의 아들 예수 그리스도의 최후 심판의 정황과 그 정당성에 대해 함께 듣습니다.

하나님의 심판의 정당성

바벨론의 멸망에 대한 18장의 계시를 듣고 요한은 "하늘에 허다한 무리의 큰 음성 같은 것이" 이렇게 말하는 것을 들었습니다.

"할렐루야 구원과 영광과 능력이 우리 하나님께 있도다 그의 심판은 참되고 의로운지라 음행으로 땅을 더럽게 한 큰 음녀를 심판하사 자기 종들의 피를 그의 손에 갚으셨도다."(19:1, 2)

이 말씀은 바벨론에 대한 하나님의 심판이 정당함을 선포합니다. 그 바벨론이 하나님의 백성들의 피를 흘린 악행의 보응이라고 볼 때에 정당하다는 것입니다. 하나님의 섭리 속에서 실행되는 하나님의 보응 방식은 하나님의 종들의 의가 하나님 앞에서 기억하신 바가 되며, 그에 상응하는 상급이 주어진다는 것을 보여줍니다. 아울러 악인들의 죄가 하나님 앞에서 기억하신 바가 되어 그 악함에 대한 마땅한 보응이 주어지게 하는 쪽으로 섭리됩니다. 바벨론은 그 음행의 행위 자체만으로도 하나님의 진노를 받게 되어 있었습니다. 그런데 그것이 성도들의 피를 흘리는 것으로 자신의 극악한 정체를 드러내었습니다. 그러니 그 악에 대한 하나님의 징치와 보응, 곧 그 바벨론을 심판하여 다시 서지 못하게 하신 것이 합당한 것입니다.

"두 번째 이르되"(19:3) - 앞에서 찬미하며 하나님의 심판의 정당성을 노래하고 나서 결론짓는 것을 그리 표현한 것입니다. "할렐루야!" - 하나님의 행사들은 다 하나님 당신의 이름의 영광을 위하여 행하신 것들이고 항상 그 행사들은 영광스럽고 의로운 것입니다. "연기가 세세토록 올라가더라."(19:3) - 이는 바벨론이 하나님의 심판의 불로 항상 타고 있는 것을 상징하는 것입니다. 바벨론은 한 번 망하고 난 다음에 다시는 서지 못하였습니다.

그 큰 음성과도 같은 노래 소리에 24 장로와 네 생물이 함께 화답하지 않을 수 없습니다.

"엎드려 보좌에 앉으신 하나님께 경배하여 이르되 아멘 할렐루야."(19:4)

하나님 앞에 모셔 섰는 자들은 다 같이 하나님의 행사의 정당성을 항상 찬미하는 자들입니다. 사실 하나님께 대한 믿음과 경외심의 배경에는 하나님의 완전하심과 그 행사의 영광을 온전히 믿는 믿음이 서려 있어야 합니다. 만일 하나님의 행사의 정당성을 믿지 못하면 그것은 믿음이라고 할 수 없습니다. 시편 기자들은 항상 하나님께서 행하신 "큰 일"을 늘 자기들의 찬미와 칭송의 재료로 삼았습니다(시 118:17 ; 106:1-3). 하나님의 창조와 섭리와 통치와 구원과 심판이 다 아름답고 영화롭습니다. 하나님의 이름의 영광을 항상 존귀하게 나타내기에 족한 것입니다.

요한은 "보좌에서 음성이 나는 것"을 듣습니다. 그 "음성"이 누구의 것인지는 확실하게 밝혀지지 않았습니다. 아마 하나님의 보좌 가까이 있는 보좌들, 곧 24 장로들 중에 하나가 그 소리를 낸 것 같습니다. "하나님의 종들 곧 그를 경외하는 너희들아 작은 자나 큰 자나 다 우리 하나님께 찬송하라."(19:5) 찬송이란 잘한 일에 대한 칭송입니다. 만일 잘한 일이 아닌데도 칭송한다면 그것은 아첨입니다. 그러나 잘한 일이 있어도 입을 다물고 있으면 그것은 정당한 처사가 아닙니다. 하나님께서는 그 모든 성품과 속성과 그 행사에 있어서 완전하시고 정당하시고 영화로우십니다. 그러니 하나님께서는 찬송을 받으시기에 합당합니다.

또 다시 하나님의 행사의 정당성과 그 완전하심과 영화로우심을 찬미하는 소리가 크게 들립니다. 요한은 "허다한 무리의 음성과도 같고 많은 물소리와도 같고 큰 우렛소리와도 같은"(19:6) 소리가 노래하는 것을 듣습니다. 하나님의 영화로우심에 대해 하늘에 있는 모든 존재들이 가만히 있지 않습니다. 한쪽에서 찬미의 소리가 발해지면 하늘에 있는 모든 허다한 무리가 화답하여 그 찬미의 소리는 더욱 더 웅장하고 기운차집니다. 여기서는 하나님의 통치의 영광에 대하여 말하고 있습니다. "할렐루야 주 우리 하나님 곧 전능하신 이가 통치하시도다 우리가 즐거워하고 크게 기뻐하며 그에게 영광을 돌리세."(19:6,7) - 하나님의 백성들에게 참 기쁨과 위로는 하나님께서 통치하신다는 것입니다(시 47:1 ; 93:1,2).

이제 허다한 무리는 하나님의 통치의 영광이 절정에 이르는 어린양 예수 그리스도의 재림의 날을 바라보며 노래합니다. "어린양의 혼인 기약이 이르렀고 그 아내가 자신을 준비하였으므로 그에게 빛나고 깨끗한 세마포 옷을 입도록 허락하셨으니 이 세마포는 성도들의 옳은 행실이라."(19:7,8) 그리스도의 재림이 당도하게 되는 때에 하나님의 통치는 그의 신부된 교회를 온전히 정결하게 하는 일을 완성짓습니다.

천사는 요한에게 기록하라고 명합니다. "어린양의 혼인 잔치에 청함을 받은 자들이 복이 있도다 하고 또 내게 말하되 이것은 하나님의 참되신 말씀이라 하기로 내가 그 발 앞에 엎드려 경배하려 하니."(19:9,10) 어린양의 혼인 잔치에 청함을 입은 자들은 진정 복이 있습니다. 요한은 천사가 하는 말이 어찌나 아름답고 복되든지 그것을 전하는 천사가 존귀하게 여겨졌습니다. 그래서 그에게 경배하려 하기까지 합니다. 그러나 천사는 요한을 말립니다.

"나는 너와 및 예수의 증언을 받은 네 형제들과 같이 된 종이니 삼가 그리 하지 말고 오직 하나님께 경배하라 예수의 증언은 예언의 영이라 하더라."(19:10)

비록 땅에 있는 성도나 말씀을 증거하는 자가 땅에 있을 때에는 천사보다 조금 못하나(시 8:4,5), 사실은 하나님의 종이요 예수님을 증거하는 자라는 면에서 같은 종의 반열에 든 자입니다. 그러니 천사 숭배는 거짓된 것입니다(골 2:18,19). 오직 하나님만 경배의 대상이 되는 것입니다. 예수님을 증거하게 하시는 성령을 받아 대언하는 이들은 다 같이 하나님의 종들입니다. 요한이나 이 말씀을 전하는 천사나 하나님 앞에서 같은 대언(代言)의 영을 힘입어 예수님을 증거합니다.

열린 하늘로 보이는 백마 탄 자

이제 요한은 열려진 하늘을 봅니다. 요한계시록에서 "하늘이 열리면" 기이한 계시의 비밀이 밝혀집니다. 하늘이 열리고 요한의 눈에 가득 채우는 존재가 있으니, "백마와 탄 자" 입니다. 그는 분명 어린양 되신 그리스도가 아니시면 누구시겠습니까! "그 이름은 충신이라 진실이라."(19:11) 여기서 "그 이름"이란 그의 성품과 속성(屬性)과 행사 등 그의 인격과 관련된 모든 것을 이름입니다. 그리스도의 성품과 본질의 특성은 "충성과 진실" 이십니다. 그는 하나님 아버지의 뜻에 '죽도록 충성하였고, 하나님의 진리와 완전한 일치를 이루시는 아들' 이십니다.

그가 "공의"로 심판하시려 합니다. 그의 심판은 의로운 심판입니다. 그의 구속이 의롭고 그의 심판이 또한 의로운 것입니다. "그가 공의로 심판하며 싸우더라." - 이는 그를 대적하는 세력들과의 싸움입니다. 그리스도께서 대적하는 자들과 싸우는 싸움은 단순하게 힘만의 대결이 아닙니다. '공의와 정당성' 의 대결입니다. 만일 그리스도께 불의한 것이 한 가지라도 있다면 싸움에서 이기지 못하는 것입니다. 그러나 그는 '공의' 로 항상 싸워서 대적하는 자들을 이기십니다.

"그 눈이 불꽃 같고 그 머리에 많은 관들이 있고 또 이름 쓴 것 하나가 있으니 자기밖에 아는 자가 없고."(19:12) 그의 눈은 모든 것을 불꽃같이 감찰하시는 눈입니다. 그리고 그 머리에 있는 많은 관은 그가 왕 중 왕이심을 상징하는 것입니다. 여기서 '이름' 은 그리스도의 인격의 어느 영화로우신 국면을 나타낸 것인데 그것은 우리 피조물이 아무리 해도 다 이해하지 못하는 높고 존귀하고 영화로운 깊이를 가지고 있는 이름입니다. 우리가 예수님을 알고 믿고 있지만 누가 감히 그 이름의 권위와 영광과 존귀의 높이와 깊이와 넓이를 다 알 수 있겠습니까?

그는 재림하시어 최후의 심판을 시행하심이 마땅한 자격과 권위를 갖추신 분이십니다.

"그가 피 뿌린 옷을 입었는데"(19:13) - 그것은 세상 죄를 지고 가는 어린 양으로서 죽임당하실 때에 흘리신 보혈을 의미함이 아닙니다. 여기서는 원수들을 쳐서 죽이실 때 그 원수들의 몸에서 튀어나온 피가 묻혀진 것을 상징하는 것입니다. 그는 "하나님의 말씀"이라는 독특한 이름을 가졌습니다. 그리스도 외에 '하나님의 말씀' 이란 이름을 가진 존재가 없습니다. 그것은 그리스도께서 '하나님의 본질 자체' 이심을 드러내는 것입니다(빌 2:6).

이어 그리스도의 하늘의 군대들이 보입니다. "하늘에 있는 군대들이 희고 깨끗한 세마포를 입고 백마를 타고 그를 따르더라."(19:14) - 하늘의 군대들이 깨끗한 세마포를 입었다는 것은 그들에게도 불의가 없어 오직 공의로우신 그리스도의 명을 받들어 순종하기에 온전한 이들이라는 뜻일 것입니다. 그들도 역시 "백마"를 타고 있습니다. "백마"는 개선장군이 탑니다. 이들은 그리스도의 승리에 의존하여 이기는 자로서 그리스도를 따르는 자들입니다.

"그의 입에서 예리한 검이 나오니 그것으로 만국을 치겠고 친히 그들을 철장으로 다스리며 또 친히 하나님 곧 전능하신 이의 맹렬한 진노의 포도주 틀을 밟겠고 그 옷과 그 다리에 이름 쓴 것이 있으니 만왕의 왕이요 만주의 주라 하였더라."(19:15,16) 1장에서 처음 계시된 그리스도의 형용이 여기서도 다시 반복됩니다. 이제는 재림을 위한 완전한 위용을 갖추신 주님의 모습입니다. 이제 하나님의 진노의 심판을 시행하실 자로서 만반의 준비가 되어 있습니다. 요한은 '열린 하늘'에서 그것을 보았습니다.

그리스도의 재림 시에 행해질 무서운 심판의 정황

"한 천사가 해에 서서 공중에 나는 모든 새를 향하여 큰 음성으로 외쳐" 부릅니다. "와서 하나님의 큰 잔치에 모여 왕들의 살과 장군들의 살과 장사들의 살과 말들과 그 탄 자들의 살과 자유한 자들이나 종들이나 자은 자나 큰 자나 모든 자의 살을 먹으라."(19:17,18) 그리스도의 그 무서운 심판에 죽임을 당할 땅에 있는 자들의 참상을 그려 줍니다. 그 살육과 도륙이 극심할 것을 보여 주는 상징적인 계시입니다.

적그리스도의 마지막 발악

앞의 여섯째 천사가 대접을 가지고 유브라데 강에 부었을 때에도 적그리스도의 마지막 발악과 그리스도를 대적한 전쟁 이야기가 나왔습니다(16:11-16).

요한계시록은 그리스도의 재림 직전에 사탄과 그에 속한 적그리스도의 세력이 마지막 발악으로 그리스도를 대적하여 세상의 세력들, 곧 여러 열국의 왕들을 규합하여 그리스도와 교회를 상대로 전쟁을 일으킬 것이라는 것이 보편적으로 전제되고 있습니다.

그래서 여기 19장에서도, 그리스도의 재림의 때가 가까이 왔고 그 재림의 준비가 다 되어 막 그리스도께서 재림하실 찰나 직전에 적그리스도의 세력이 발악하는 모습이 소개됩니다. "또 내가 보매 그 짐승과 땅의 임금들과 그 군대들이 모여 그 말 탄 자와 그의 군대로 더불어 전쟁을 일으키다가 짐승이 잡히고"(19:19,20) - 그들이 모의한 전쟁을 일으켜 하나님의 진을 향하여 공격을 가하기 전에 그 짐승이 잡힙니다. 그리하여 그 세력들이 갑자기 힘을 상실하게 됩니다.

"짐승이 잡히고 그 앞에서 이적을 행하던 거짓 선지자도 함께 잡혔으니 이는 짐승의 표를 받고 그의 우상에게 경배하던 자들을 표적으로 미혹하던 자라 이 둘이 산 채로 유황불 붙는 못에 던지우고 그 나머지는 말 탄 자의 입으로 나오는 검에 죽으매 모든 새가 그들의 살로 배불리우더라."(19:20,21)

궁극적 승리를 위하여

하나님의 통치는 목적을 가지고 있습니다. 세상은 이미 하나님의 심판 아래 있습니다. 만일 하나님께서 세우신 목적이 없었다면 세상의 역사는 벌써 끝나 버리고 하나님의 심판은 벌써 시행이 되었을 것입니다. 그러나 하나님께서는 당신의 나라와 백성들을 완전하게 만들어 영구한 자기 소유로 삼아 당신과 함께 살게 하시려는 목적을 가지고 계십니다. 그래서 역사는 진행될 필요가 있는 것입니다.

하나님의 통치와 심판과 그외 모든 행사는 다 의로우며 다 영화롭고 다 찬미의 대상이 되는 것입니다.

그리스도의 재림은 바로 하나님의 통치와 심판과 구원의 정당성의 차원에서 시행될 것입니다. 그러므로 그리스도의 재림은 영화로울 것입니다. 그 주님의 재림때에 어린양 되신 그 주님의 혼인 잔치에 참여함을 입은 자들은 영화롭습니다. 주님을 믿고 소망하는 성도들은 참으로 복이 있습니다.

그리스도의 재림은 지금 다 준비되어 있습니다. 때만 기다리고 계신 것입니다. 물론 그때가 되기 바로 직전에 '불법의 사람' 이 나타나서 배도하며 그리스도를 대적하여 싸움을 벌일 것입니다(살후 2:1-12). 그리고 그 기세가 대단해 보일 것입니다. 그러나 그들이 악행을 자행하여 자기들의 뜻을 이루기 전에 그리스도께서 "그 입의 기운으로 저를 죽이실" 것입니다(살후 2:8,9). 그 악행자들이 심판받기에 합당한 자들임을 스스로 드러내었기 때문입니다. 그러니 성 삼위 하나님의 심판은 정당합니다. 그러니 우리의 그리스도께 대한 믿음과 소망과 사랑은 항상 정당합니다. 아멘.

31
chapter

그리스도로 말미암은 최종적 심판의 정경
20:1-15

1또 내가 보매 천사가 무저갱의 열쇠와 큰 쇠사슬을 그의 손에 가지고 하늘로
부터 내려와서 2용을 잡으니 곧 옛 뱀이요 마귀요 사탄이라 잡아서 천 년 동안
결박하여 3무저갱에 던져 넣어 잠그고 그 위에 인봉하여 천 년이 차도록 다시
는 만국을 미혹하지 못하게 하였는데 그 후에는 반드시 잠깐 놓이리라 4또 내
가 보좌들을 보니 거기에 앉은 자들이 있어 심판하는 권세를 받았더라 또 내
가 보니 예수를 증언함과 하나님의 말씀 때문에 목 베임을 당한 자들의 영혼
들과 또 짐승과 그의 우상에게 경배하지 아니하고 그들의 이마와 손에 그의
표를 받지 아니한 자들이 살아서 그리스도와 더불어 천 년 동안 왕 노릇 하니 5
(그 나머지 죽은 자들은 그 천 년이 차기까지 살지 못하더라) 이는 첫째 부활
이라 6이 첫째 부활에 참여하는 자들은 복이 있고 거룩하도다 둘째 사망이 그
들을 다스리는 권세가 없고 도리어 그들이 하나님과 그리스도의 제사장이 되
어 천 년 동안 그리스도와 더불어 왕 노릇 하리라 7천 년이 차매 사탄이 그 옥
에서 놓여 8나와서 땅의 사방 백성 곧 곡과 마곡을 미혹하고 모아 싸움을 붙이
리니 그 수가 바다의 모래 같으리라 9그들이 지면에 널리 퍼져 성도들의 진과

사랑하시는 성을 두르매 하늘에서 불이 내려와 그들을 태워버리고 10또 그들
을 미혹하는 마귀가 불과 유황 못에 던져지니 거기는 그 짐승과 거짓 선지자
도 있어 세세토록 밤낮 괴로움을 받으리라 11또 내가 크고 흰 보좌와 그 위에
앉으신 이를 보니 땅과 하늘이 그 앞에서 피하여 간 데 없더라 12또 내가 보니
죽은 자들이 큰 자나 작은 자나 그 보좌 앞에 서 있는데 책들이 펴 있고 또 다
른 책이 펴졌으니 곧 생명책이라 죽은 자들이 자기 행위를 따라 책들에 기록
된 대로 심판을 받으니 13바다가 그 가운데에서 죽은 자들을 내주고 또 사망과
음부도 그 가운데에서 죽은 자들을 내주매 각 사람이 자기의 행위대로 심판을
받고 14사망과 음부도 불못에 던져지니 이것은 둘째 사망 곧 불못이라 15누구든
지 생명책에 기록되지 못한 자는 불못에 던져지더라

20장의 위치와 의미

성경에서 신학적으로 가장 논란이 되는 장(章)들 중의 하나가 바로 이 계시록 20장입니다. 그것은 1-6절 사이에 나타나는 "천 년"의 문제 때문입니다. 이 "천 년"에 대한 해석으로 계시록 해석 뿐만 아니라 신학적인 근본 관점의 차이를 가져오는 것같이 논란이 많습니다.

그러나 우리는 이 20장이 우리로 논란하게 하려고 주어진 것이 아님을 알아야 합니다. 또한 이 20장이 계시록의 다른 장들보다 더 특별한 장이라고 생각하지도 말아야 할 것입니다. 20장은 여전히 19장의 내용과 상관관계를 가지고 있는 것이지 그저 갑자기 튀어나온 것이 아닙니다.

우리는 앞의 19장을 18장에서 말한 것에 비추어서 해석하고 그 메시지를 추적하였습니다. 또한 18장은 17장에서 말한 것을 확대하고 상세하게

말한다는 점을 염두에 두고 18장을 해석하였습니다.

그런데 20장에서 "천 년"이라는 말이 나온다 해서 갑자기 이 20장만을 특별한 입장에서 해석할 이유가 없는 것입니다.

20장은 19장에서 말한 것에 대한 확장 설명 내지, 일어날 일을 구체적인 시각으로 보여 주는 것으로 보아야 할 것입니다. 이 요한계시록이나 성경의 다른 책들을 보면, 보편적으로 제목식으로 먼저 주제를 던져 놓고 난 뒤에 그것을 다시 반복적으로 언급하며 구체적으로 설명하여 이해를 돕게 하는 경우가 얼마나 많습니까. 그런 경우 보편적으로 전제하여 놓은 것을 뒤집어 엎거나 논리의 흐름을 이탈하지 않습니다. 그러면 논리가 깨어지기 때문입니다.

20장은 19장에서 말한 것을 더욱 구체적으로 보충 설명하고 있습니다. 요한계시록은 앞에서 계속 그런 방식을 견지하고 있습니다.

특히 19장 끝부분에서 그리스도를 대적하여 전쟁을 벌이려다가 잡히는 "짐승"과 관련된 문제를 20장에서 더욱더 확장 설명하여 주고 있다고 보아야 할 것입니다. 20장에서 "무저갱"과 "용"이 나오고 있기 때문입니다.

"천년"에 대한 해석 문제

20장에서 "천 년"이라는 말이 나올 때에 그 "천 년"을 숫자 그대로 해석하는 것은 숫자에 대한 계시록 전체의 용법과 맞지 않습니다. 계시록 전체 중에서 숫자를 상징이 아니고 문자 그대로 해석하도록 한 부분이 한 군데도 없습니다. 그러니 이 "천 년"을 여자적(如字的)으로 실제 '천 년의 기간'으로 해석하는 것은 무리가 따를 수밖에 없습니다. 여기서 "천 년"이라고 할 때, 분명 "어떤 기간"을 상징적으로 표현하고 있습니다.

만일 그것을 실제 "천 년"으로 해석한다면 앞의 계시록 해석들을 온전하게 망가지게 할 것입니다.

여기서 전천년설(前千年設)이든, 후천년설(後千年設)이든, 천년설 논란의 자체에 관심을 갖기보다 그리스도를 대적하고 이기려고 최후까지 발악하는 마귀의 존재에 대해 부연하고 있다고 보아야 합니다. 그리스도께서 오시기까지 마귀의 지위와, 그리스도께서 오시기 직전 마귀의 마지막 발악과, 그리스도께서 재림하시어 그 마귀에게 속한 존재들을 진멸하시는 일에 대하여 상세하게 말하고 있습니다. 그러니 여기서 앞에서는 알려지지 않았던 전혀 새로운 개념을 말하고 있는 것이 아닙니다. 이미 앞에서 그리스도의 재림에 대한 메시지가 여러 번 등장했었습니다(6:12-17 ; 14:14-20 ; 16:17-21 ; 18:1-4 ; 19:11-21). 또한 그리스도의 재림에 대한 메시지가 나올 때에는 반드시 재림 직전에 최후의 발악으로 그리스도를 이겨 내려는 마귀 세력의 도전이 잠깐 있다가 최후의 심판을 받아 불못에 던져지는 마귀의 종국이 진술됩니다(16:12-16, 17:13-16 ; 19:19-21).

그러니 여기서도 여전히 그러한 구도가 그대로 유지되고 있습니다. 그러므로 여기서는 천년설에 대한 지원을 하고 있는 것이 아니라 '그리스도의 궁극적 승리'와 '마귀의 최후의 발악과 심판'이 구체적으로 그려지고 있습니다.

1-3절까지가 말하는 것이 무엇인가?

요한은 "천사가 무저갱 열쇠와 큰 쇠사슬을 그 손에 가지고 하늘로서 내려와서 용을 잡은 것"(20:1,2)을 봅니다. "무저갱 열쇠"에 대한 언급이 가장 먼저 나오는 곳은 9:1,2입니다. 거기서 보면 "하늘에서 땅에 떨어진 별 하나가 있는데 저가 무저갱의 열쇠를 받았더라."고 했습니다. 그리고 "저가 무저갱을 여니"(9:1,2)라고 하는데 그는 분명 사탄, 곧 여기서 언급되는 "용"이 분명합니다. 그가 하늘의 전쟁에서 미가엘에게 져서 자기의 사자들과 함께 있을 곳을 박탈 당하여 땅으로 쫓겨납니다(12:7-9,13).

그런데 20:1-3에서는 그 열쇠가 "천사의 손에 들려" 있습니다. 그리고 그가 하늘로서 내려와서 용을 잡습니다. 그 "용을 잡으니 곧 옛 뱀이요 마귀요 사탄이라."(20:2) 그리고 "용을 잡아 천 년 동안 결박하여 무저갱에 던져 잠그고 그 위에 인봉"합니다. 그리고 "천 년이 차도록 다시는 만국을 미혹하지 못하게" 합니다. 그리고 "천 년"이란 기간이 지난 후에 "잠깐 놓임"을 받습니다(20:3).

자, 이 정경이 무엇을 그려 주고 있습니까? 20장 이전의 모든 장(章)들 속에서 마귀는 하나님과 그리스도와 교회와 성도들을 대적하고 악행을 행하고 땅에 있는 자들을 미혹합니다. 여기 20장에서는 "천사에게 잡혀 무저갱 속에 갇히어 인봉하고 천 년이 차도록 결박당하여" 나오지 못하게 된 마귀의 모습이 보입니다. 그것이 무엇을 뜻합니까?

여기에 해석상의 난제가 등장합니다. 20장의 "사탄을 잡아 결박하여 무저갱에 던져 잠그고 인봉하여 천 년이 차도록 다시는 만국을 미혹하지 못하게 하였다."(20:2,3)는 것을 문자 그대로 해석하면 어떤 논리가 형성됩니까? 마귀가 앞의 모든 부분에서 활동하던 것을 완전하게 멈추어 지상에 아주 미혹함이 없는 '천 년의 지복(至福) 세계'가 열릴 것이라고 해석이 될만 합니다. 그런 식으로 해석하면 그 일이 그리스도의 재림 후냐, 아니면 그리스도의 재림 전이냐의 호기심어린 질문이 야기됩니다. 따라서 전천년설(前千年說), 혹은 후천년설(後千年說) 논쟁이 등장합니다.

그러나 우리가 한 가지 주목할 일이 있습니다. 여기서 "마귀를 잡아 결박한 일"이 언제 일어났느냐는 것입니다. 분명 "마귀를 잡아 결박하였다"는 것은 마귀의 활동에 중대한 제한이 주어졌다는 말입니다. 마귀를 잡아 결박한 것은 무엇과 연관되는 것인가? 분명 그리스도의 하신 일과 관련된 것입니다. 그리스도께서 십자가에 못박혀 죽으시고 부활하신 일, 곧 그리스도의 구속(球贖)의 역사가 이 마귀에게 있어서 치명적인 타격이었음에 분명합니다(창 3:15 ; 눅 10:17-20). 여기 "천사가 무저갱 열쇠와 큰 사슬을 그 손에 가지고 하늘로서 내려와 용을 잡은"(20:1, 2) 것은 천사 자신의 힘에 의해서가 아닙니다. 그리스도의 구속의 효력 때문입니다.

그러니 창세기 3:15에 예언된 대로 마귀가 "여자의 후손"으로 오신 그리스도의 초림으로 인하여 그 "머리가 상하게" 되었던 것입니다. 그래서 예수님께서는 당신이 귀신을 좇아내시는 일을 '하나님의 나라가 임한 것을 의미하는 것' 이라 말씀하셨습니다(마 12:27,28).

"사람이 먼저 강한 자를 결박하지 않고야 어떻게 그 강한 자의 집에 들어가 그 세간을 늑탈하겠느냐 결박한 후에야 그 집을 강탈하리라."(마 12:29)

그러니 이 본문에서 말하는 것이 그리스도께서 승천하시고 난 이후 교회사 시대의 어느 시점에 마귀에 대한 새로운 제한이 주어져 활동 자체가 완전하게 정지되는 때를 가리키는가? 곧 그리스도 재림 전후의 어느 시점에 그런 일이 주어짐을 말함인가? 다시 물어야 할 것입니다.

그러나 어느 대목에서 언급했듯이 요한계시록이 반드시 시간적인 연대

순으로 일어날 일들을 순차적으로 말하고 있는 것이 아닐진대 다른 각도에서 볼 필요가 있습니다. 이 대목은 마귀가 치명적인 타격을 입어 "천년"이 가리키는 모종의 기간 동안에 그 활동 영역이 제한되어 있음을 나타내는 하나의 상징적인 묘사라고 이해한다면, 해석은 다른 양상으로 전개될 수 있는 것입니다.

여기서 **"잠그고 그 위에 인봉하여 천년이 차도록 다시는 만국을 미혹하지 못하게 하였는데"**(20:3) - 이 말이 우리 인간의 개념대로 '완전한 활동 정지'를 뜻하여 땅에서 마귀의 활동이 전혀 없는 때를 가리키기보다는 그 활동이 제한되어 그 한계 이상은 나가지 못하게 하신 하나님의 행사를 나타내는 것이라고 하면, 이 대목의 난제가 자연히 풀려 나갑니다. 이미 9장에서 사탄은 천사로부터 무저갱의 열쇠를 받아 그 무저갱을 여는 자로서 묘사되었습니다(9:1). 그러나 그가 할 수 있는 일은 그 무저갱을 열어 그 속에서 나는 무서운 재난의 요소를 땅으로 불러들이는 역할만 합니다(9:2-5).

여기 20장에서 그는 천사에 의해서 그 무저갱 속에 갇힙니다. 곧 무저갱에서 사탄은 결박당하여 제한을 받습니다. 그러나 사탄이 아무런 활동을 하지 않는다는 것이 아닙니다. 무저갱에서 자기의 사주를 받는 짐승을 내보냅니다(11:7). 그리고 음녀와 더러운 영으로 말미암아 자기의 뜻을 펼치려 합니다(16:12-14).

그러니 여기 본문 20:1-3은 사탄이 그리스도로 말미암아 제한을 받고 아무런 "정당한 근거와 터"가 없는 무저갱(無底坑)이 그의 처소임을 증거합니다.

"만국을 미혹하지 못하게 하였다가"(20:3) - 이는 사탄이 구약에서 하던 식으로 택한 백성들에게 더 이상 자기의 세력을 뻗칠 수 없음을 의미할 것입니다(요일 5:18). 사탄은 그리스도의 피로 구속받아 성령으로 거듭난 이들, 곧 하나님의 택한 소유된 백성을 미혹하여 자기의 사람으로 만들 수가 없습니다. 그의 실질적인 활동 대상은 '창세 이후로 생명책에 녹명되지 못한 이들, 곧 어린양의 피로 씻김받지 못한 우상 숭배와 우상의 표를 받은 자들' 입니다(엡 2:1-3).

"그 후에 잠깐 놓이리라."(20:3) 는 것은 앞에서 여러 번 지적된 바, 그리스도께서 오시기 직전에 마귀가 그 세력을 규합하여 그리스도를 대적하는 전쟁을 벌이려는 그 잠시적인 때를 말합니다.(그렇게 해석할 때에 살후 2:1-12와 잘 조화를 이룹니다.)

"천 년" - 이 기간에 대하여 논란이 많으나 이 '천 년' 은 신약시대로부터 그리스도의 재림시까지의 전교회사 기간을 가리킨다고 해석함이 좋을 듯합니다. 곧 그리스도께서 초림하신 때부터 재림하실 때까지의 전 기간을 가리켜 '천 년' 이라 한다고 이해함이 옳을 듯 합니다.

그리스도와 함께 왕 노릇 하는 자들

이 대목은 그리스도와 함께 왕 노릇 하는 이들을 규정하고 있습니다. "또 내가 보좌들을 보니 거기 앉은 자들이 있어"(20:4) 그들이 어떤 권세를 가지고 있는가? "심판하는 권세를 받았더라." - 심판은 왕 노릇 하는 자의 소관입니다. 또 어떤 자들이 그리스도와 더불어 왕 노릇 하는가? "예수의 증언과 하나님의 말씀 때문에 목 베임을 받은 자들과 또 짐승과 그의 우상에게 경배하지도 아니하고 이마와 손에 그의 표를 받지도 아니한 자들이 살아서 그리스도로 더불어 천 년 동안 왕 노릇 하니"(20:4) - 곧 이들은 하나님의 성도들입니다. 이들이 "죽었으나 살아서"(요 11:25) 그리스도와 더불어 왕 노릇합니다. "그 나머지 죽은 자들은 천 년이 차기까지 살지 못한다."(20:5) - 불신자들은 영혼이 "죽어 있습니다." - 성경에서 영적인 죽음은 활동의 정지라기보다는 하나님과의 교통의 단절을 의미합니다. 불신자들은 그리스도의 재림 이전까지 그 영혼이 하나님과의 교통이 단절된 고통의 음부 속에서 지내게 됩니다(눅 16:21-23). 그리스도의 재림 때에 심판받기 위하여 그들이 '다시 삽니다.' 그러나 불신자들은 다시 "둘째 사망"에 들어가게 됩니다(20:12-25).

"이는 첫째 부활이라."(20:5b) - 영적인 부활을 말합니다. 골로새서 3:1에서 바울은 그리스도를 믿는 자들이 "그리스도와 함께 다시 살리심을 받았다."고 하였습니다. 영적인 부활이 첫째 부활입니다. 몸의 부활이 둘째 부활이라는 말이 되겠습니다. "이 첫째 부활에 참여하는 자들은 복이 있고"(20:6) 그것은 둘째 사망이 그들을 다스리는 권세가 없기 때문입니다. 그들이 "하나님과 그리스도의 제사장이 되어 천 년 동안 그리스도로 더불어 왕 노릇 하리라."(20:6b) - 이것은 몸을 떠난 성도들의 영혼이 그리스도 재림 시까지 하늘의 지복의 상태를 누리고 있음을 의미할 것입니다. 그리고 그 죽은 성도들의 영혼들은 바벨론의 멸망을 선포하는 경우에 하나님의 심판의 정당성을 노래하였듯이 옳고 그름을 판단하는 권세를 가지고 있습니다(19:2). 그래서 그렇게 노래할 수 있었던 것입니다.

"천 년이 차매"

그리스도의 재림의 때가 임박하였다는 것을 의미합니다. 앞에서도 지적한 바와 같이 그리스도의 재림 직전에 사탄이 그리스도를 대적하는 마지막 시도를 할 것입니다. 바울은 데살로니가후서 2장 1-11절에서 그리스도의 재림 전에 "불법의 사람"이 나타나 적그리스도적인 행세를 잠시 할 것을 말합니다. 바울은 그리스도의 재림이 금방 다가왔다고 하면서 사람들을 미혹하는 당시의 이단들을 경계시키면서 그리스도께서 오시기 직전에 "먼저 배교하는 일이 있고 저 불법의 사람 곧 멸망의 아들이 나타나기 전에는 이르지 아니하리니 그는 대적하는 자라 … 악한 자의 나타남은 사탄의 역사를 따라 모든 능력과 표적과 거짓 기적과 불의의 모든 속임으로 멸망하는 자들에게 임하리니."

여기 이 대목이 그 바울의 말과 좋은 병행을 이루고 있습니다. "천 년이 차매"(20:7) - 곧 '그리스도의 재림의 때가 이제 막 임박하매' 라는 의미입니다.

"사탄이 그 옥에서 놓여 나와서 땅의 사방 백성 곧 곡과 마곡을 미혹하고 모아 싸움을 붙이리니 그 수가 바다 모래 같으리라."(20:7,8) - 그리스도의 재림 직전에 사탄의 결박을 잠시 풀도록 하나님께서 허용하신다는 말입니다. 그러나 여전히 사탄은 주의 백성들에게 직접 역사하지 못합니다. 다만 믿지 않는 전 세계의 불신 세력들을 규합하여 "성도들의 진과 사랑하시는 성"(20:9), 곧 교회와 하나님의 나라를 쳐서 무너뜨리게 하려 합니다. 그래서 사탄의 세력이 전열을 가다듬어 공격을 가하려 할 그 찰나에 "하늘에서 불이 내려와 저희를 소멸하고 또 저희를 미혹하는 마귀가 불과 유황 못에 던지우니 거기는 그 짐승과 거짓 선지자도 있어 세세토록 밤낮 괴로움을 받으리라."(20:9,10) 사도 바울은 성령에 감동되어 이 부분과 완전한 병행을 이루는 말을 합니다.

"불법한 자가 나타나리니 주 예수께서 그 입의 기운으로 그를 죽이시고 강림하여 나타나심으로 폐하시리라."(살후 2:8).

크고 흰 보좌

그리스도의 재림 때에 배설될 최후의 심판을 위하여 좌정하신 성부의 보좌입니다. 이 보좌가 "크고 희다"(20:11)는 것은 위엄에 차고 공의와 공평의 판결 보좌라는 뜻입니다. 그러나 이 하나님의 심판을 시행하시는 이는 그 아들 그리스도십니다(요 5:22).

"땅과 하늘이 그 앞에서 피하여 간데없더라."(20:11) 그날에 대사변이 일어나 "하늘이 큰 소리로 떠나가고 체질이 뜨거운 불에 풀어지고 땅과 그중에 있는 모든 것이 드러나는" 때입니다(벧후 3:10 ; 마 24:35 ; 계 6:12,13).

이제까지 창세 이후로 사람으로 났다가 죽은 모든 자들이 "큰 자나 작은 자나 그 보좌 앞에" 섭니다. 그리고 하나님의 보좌에 있는 "책들에 기록된 대로 심판을 받습니다."(20:12).

"책들이 펴 있고 또 다른 책이 펴졌으니 곧 생명책이라."(20:12) 거기 펴 있는 책들은 "생명책"과 또 다른 책입니다. 모든 이들이 그 두 책에 의해서 판단을 받습니다. 사람이 어떠한 경로로 어디서 언제 죽었든지 다 그리스도로 인한 하나님의 심판을 받기 위해 보좌 앞에 섭니다.

"바다가 그 가운데에서 죽은 자들을 내주고 또 사망과 음부도 그 가운데에서 죽은 자들을 내주매 각 사람이 자기의 행위대로 심판을 받고 사망과 음부도 불못에 던져지니 이것은 둘째 사망 곧 불못이라 누구든지 생명책에 기록되지 못한 자는 불못에 던져지더라."(20:13-15)

궁극적 승리를 위하여

20장의 메시지는 그리스도 안에서 죽은 자들은 "죽었으나 살아있어" 그리스도의 재림 이전에도 하늘의 지복의 상태를 누리고 있음을 보여줍니다. 그들은 그리스도의 최후의 심판 때에도 둘째 사망에 들어가지 않습니다.

지금 그리스도께서 오시기 전에는 마귀가 성도를 대적하되 제한적인 범주 안에서만 그리합니다. 그것은 마귀가 그리스도로 말미암아 치명적인 타격을 입었기 때문입니다. 그는 '공중 권세'만을 잡을 뿐입니다. 땅도 하늘도 그의 권세를 마음대로 부릴 처지가 아닙니다. 그는 무저갱에서 '밑도 없고 터도 없고 근거도 정당성의 보증도 없이' 그리스도의 재림 때까지 갇혀 있을 뿐입니다. 그러나 그리스도의 재림 직전에 잠시 힘을 얻는가 해서 자신도 그 힘으로 그리스도와 교회를 대적하여 싸움을 벌여 보려고 악한 모의를 실행에 옮기려 할 것입니다. 그 때 가식적인 신자는 다 배교할 것입니다. 그러나 그 때 그리스도와 교회에 대하여 일격도 가하지 못한 채 꺾이우고 맙니다. 그리고 영원한 불못에 던져지고 맙니다. 하나님과 그리스도의 완전한 승리입니다. 마귀와 그에 속한 모든 거짓된 세력이 더 이상 악한 모의를 하지 못할 상태로 영원히 고착될 것입니다.

우리는 이 장엄한 메시지를 붙잡고, 그리스도의 사람으로서 그리스도의 하신 일을 힙입고 당당하게 사탄을 대적하고 하나님을 가까이하는 믿음과 소망의 터를 견고하게 붙잡아야 할 것입니다. 그리스도 안에 있는 자, 그를 믿는 자들은 죽어도 살고 영원히 죽지 않습니다(요 11:24,25). 그리고 그리스도와 함께 영원한 지복(至福)의 영광을 누립니다. 우리가 땅에 있을 때에 그 소망으로 늘 주의 능력을 힘입고 넉넉히 이겨야 할 것입니다. 아멘.

32

chapter

새로운 질서의 도래와 거룩한 성 새 예루살렘의 영광

21:1-22:5

1또 내가 새 하늘과 새 땅을 보니 처음 하늘과 처음 땅이 없어졌고 바다도 다시
있지 않더라 2또 내가 보매 거룩한 성 새 예루살렘이 하나님께로부터 하늘에서
내려오니 그 준비한 것이 신부가 남편을 위하여 단장한 것 같더라 3내가 들으
니 보좌에서 큰 음성이 나서 이르되 보라 하나님의 장막이 사람들과 함께 있으
매 하나님이 그들과 함께 계시리니 그들은 하나님의 백성이 되고 하나님은 친
히 그들과 함께 계셔서 4모든 눈물을 그 눈에서 닦아 주시니 다시는 사망이 없
고 애통하는 것이나 곡하는 것이나 아픈 것이 다시 있지 아니하리니 처음 것들
이 다 지나갔음이러라 5보좌에 앉으신 이가 이르시되 보라 내가 만물을 새롭게
하노라 하시고 또 이르시되 이 말은 신실하고 참되니 기록하라 하시고 6또 내
게 말씀하시되 이루었도다 나는 알파와 오메가요 처음과 마지막이라 내가 생
명수 샘물을 목마른 자에게 값없이 주리니 7이기는 자는 이것들을 상속으로 받
으리라 나는 그의 하나님이 되고 그는 내 아들이 되리라 8그러나 두려워하는
자들과 믿지 아니하는 자들과 흉악한 자들과 살인자들과 음행하는 자들과 점
술가들과 우상 숭배자들과 거짓말하는 모든 자들은 불과 유황으로 타는 못에

던져지리니 이것이 둘째 사망이라 9일곱 대접을 가지고 마지막 일곱 재앙을 담
은 일곱 천사 중 하나가 나아와서 내게 말하여 이르되 이리 오라 내가 신부 곧
어린 양의 아내를 네게 보이리라 하고 10성령으로 나를 데리고 크고 높은 산으
로 올라가 하나님께로부터 하늘에서 내려오는 거룩한 성 예루살렘을 보이니 11
하나님의 영광이 있어 그 성의 빛이 지극히 귀한 보석 같고 벽옥과 수정 같이
맑더라 12크고 높은 성곽이 있고 열두 문이 있는데 문에 열두 천사가 있고 그
문들 위에 이름을 썼으니 이스라엘 자손 열두 지파의 이름들이라 13동쪽에 세
문, 북쪽에 세 문, 남쪽에 세 문, 서쪽에 세 문이니 14그 성의 성곽에는 열두 기
초석이 있고 그 위에는 어린 양의 열두 사도의 열두 이름이 있더라 15내게 말
하는 자가 그 성과 그 문들과 성곽을 측량하려고 금 갈대 자를 가졌더라 16그
성은 네모가 반듯하여 길이와 너비가 같은지라 그 갈대 자로 그 성을 측량하
니 만 이천 스다디온이요 길이와 너비와 높이가 같더라 17그 성곽을 측량하매
백사십사 규빗이니 사람의 측량 곧 천사의 측량이라 18그 성곽은 벽옥으로 쌓
였고 그 성은 정금인데 맑은 유리 같더라 19그 성의 성곽의 기초석은 각색 보
석으로 꾸몄는데 첫째 기초석은 벽옥이요 둘째는 남보석이요 셋째는 옥수요
넷째는 녹보석이요 20다섯째는 홍마노요 여섯째는 홍보석이요 일곱째는 황옥
이요 여덟째는 녹옥이요 아홉째는 담황옥이요 열째는 비취옥이요 열한째는
청옥이요 열두째는 자수정이라 21그 열두 문은 열두 진주니 각 문마다 한 개의
진주로 되어 있고 성의 길은 맑은 유리 같은 정금이더라 22성 안에서 내가 성
전을 보지 못하였으니 이는 주 하나님 곧 전능하신 이와 및 어린 양이 그 성전
이심이라 23그 성은 해나 달의 비침이 쓸 데 없으니 이는 하나님의 영광이 비치
고 어린 양이 그 등불이 되심이라 24만국이 그 빛 가운데로 다니고 땅의 왕들이
자기 영광을 가지고 그리로 들어가리라 25낮에 성문들을 도무지 닫지 아니하리

니 거기에는 밤이 없음이라 26사람들이 만국의 영광과 존귀를 가지고 그리로 들
어가겠고 27무엇이든지 속된 것이나 가증한 일 또는 거짓말하는 자는 결코 그리
로 들어가지 못하되 오직 어린 양의 생명책에 기록된 자들만 들어가리라
1또 그가 수정 같이 맑은 생명수의 강을 내게 보이니 하나님과 및 어린 양의 보
좌로부터 나와서 2길 가운데로 흐르더라 강 좌우에 생명나무가 있어 열두 가지
열매를 맺되 달마다 그 열매를 맺고 그 나무 잎사귀들은 만국을 치료하기 위하
여 있더라 3다시 저주가 없으며 하나님과 그 어린 양의 보좌가 그 가운데에 있
으리니 그의 종들이 그를 섬기며 4그의 얼굴을 볼 터이요 그의 이름도 그들의
이마에 있으리라 5다시 밤이 없겠고 등불과 햇빛이 쓸 데 없으니 이는 주 하나
님이 그들에게 비치심이라 그들이 세세토록 왕 노릇 하리로다

21장 이후의 계시의 초점

20장까지는 하나님의 영화로운 뜻이 완성되기까지의 역사의 무대 속에서 펼쳐지는 영적인 싸움과 갈등의 파고가 끊임없이 제시되었습니다. 그러나 그리스도의 재림과 최후의 심판과 최후 승리 때문에 그 모든 싸움과 갈등은 종식이 되었습니다.

이제 요한은 계시의 최절정인 그 이후에 존재하게 될 세계와 영광에 대한 계시를 접하게 됩니다. 당연한 순서입니다. 성도들을 대표한 요한이 이 계시를 받으면서 가장 기다리고 기다린 부분이 바로 그 부분이었을 것입니다. 요한의 심정은 어떠했을까요? 마치 웅대하고 아름답고 영광스러운 집의 공정이 끝나고 더 이상 손을 댈 필요가 없는 '낙성(落成)'의 때를 기다리던 그 집 주인의 아들과 같은 심정이었을 것입니다. 아버지의 완전하

신 뜻이 완성되면 그 영광이 어떠한지에 대하여 알고자 하는 것은 아들된 자들의 마땅한 바입니다. 요한은 아마 그러한 심정을 가지고 있었을 것입니다.

21장 이후의 계시의 초점은 그리스도의 재림 이후의 영화로운 상태의 정경과 그 본질에 대해 모아질 수밖에 없습니다. 실로 이 부분은 정말 우리의 믿음과 소망이 결코 헛되지 않음을 확고하게 못박아 주시는 하나님의 보증의 말씀입니다.

새 하늘과 새 땅

"또 내가 새 하늘과 새 땅을 보니 처음 하늘과 처음 땅이 없어졌고 바다도 다시 있지 않더라."(21:1) - 베드로후서 3:10-13과 여기 계시록 6:12-14와 20:11의 말씀들은 기존의 우주와 질서가 완전하게 무너지고 없어질 것을 말하고 있습니다. "체질이 뜨거운 불속에 녹아지리니" - "해가 총담같이 검어지고 온 달이 피같이 되며 하늘의 별들이 무화과나무가 대풍에 흔들려 설익은 열매가 떨어지는 것같이 땅에 떨어지며 하늘은 두루마리가 말리는 것같이 떠나가고 각 산과 섬이 제자리에서 옮기우매"(계 6:12-14) - "땅과 하늘이 그 앞에 피하여 간데없더라." 이 모든 말씀들은 기존의 우주의 전 체계와 질서가 완전하게 폐하여질 것을 증거합니다.

그러니 여기 요한이 보게 된 "새 하늘과 새 땅"은 새로운 질서가 도래하게 될 것을 보여 주는 것입니다. 그것이 어떠할지에 대하여 더 이상 이 대목이 침묵하고 있으니 그 새로운 질서가 어떠할 것인지에 대하여 호기심 어린 생각을 하거나 유추하여 보거나 하는 것은 무리일 수 있습니다. 다만 여기서는 지금 우리가 보고 있는 하늘과 우주와 땅의 모든 질서 체계가 더 이상 존재하지 않고 새로운 세계가 열리게 될 것을 말하고 있습니다. 그러나 그 신세계는 완전한 세계일 것입니다. 처음 하나님께서 창조한 세계도 완전한 세계였었으나 사탄의 배역과 인간의 죄로 말미암아 그 세계가 여러 가지 국면에서 창조의 원상태의 영광과 완전함에서 추락하였었습니다. 사실 하나님의 거룩하신 뜻이 없었다면 우리가 보는 세계는 벌써 끝나 버렸을 것입니다. 하나님께서는 당신의 이름과 나라와 우리를 향하신 자비와 긍휼하심의 목적 때문에 이 세계의 존재를 지속시키는 것뿐입니다. 그러나 그 모든 하나님의 정하신 의로운 뜻이 완전하게 이룩된 마당에야 무엇 때문에 현존의 여러 가지의 문제점을 안고 있는 세계의 체계를 더 이상 두시겠습니까?

그래서 "새 하늘과 새 땅"은 "의의 거하는 바 새 하늘과 새 땅"입니다(벧후 3:13). 그야말로 이 세계가 완전한 지복(至福)의 세계일 것임에 분명합니다.

거룩한 성 새 예루살렘

요한은 그 "새 하늘과 새 땅"의 환경과 조건 속에서 "거룩한 성 새 예루살렘이 하나님께로부터 하늘에서 내려오는 것"(21:2)을 봅니다. 참으로 영화로운 모습입니다. "거룩한 성 새 예루살렘"은 그리스도의 피로써 구속받고 성령으로 말미암아 완전히 영화롭게 된 성도들의 연합체인 영광스러운 교회의 모습입니다. 그것이 "하나님께로부터 하늘에서" 내려옵니다. 이것은 거듭남에서 영화(榮華)롭게 되기까지의 성도의 구원의 전 과정이 다 성 삼위 하나님의 은혜와 진리와 능력에 의해서 된 것임을 연상하게 하는 모습입니다.

다시 말하면 "거룩한 성 새 예루살렘"은 오로지 성 삼위 하나님의 행사의 결과입니다. 하나님께서는 창세 전에 그리스도 안에서 당신의 주권으로 택하신 백성들이 "그 앞에 거룩하고 흠이 없게 하시려는" 뜻을 세우셨었습니다(엡 1:3,4). 곧 당신 앞에 "티나 주름잡힌 것이나 그러한 것이 없는 영광스러운 교회"로 세우려 하시는 뜻을 세우셨었습니다(엡 5:26,27). 이제 요한은 그 뜻이 '완성된 교회'와 그 교회의 지체들인 일단(一團)의 '성도들'을 보고 있습니다. 그래서 "거룩한"이라는 말이 쓰여진 것입니다. "그 준비한 것이 신부가 남편을 위하여 단장한 것 같더라."(21:2) - 가장 아름다운 모습, 더 이상은 아름다울 수 없는 모습입니다.

그것은 인간 자신의 어떤 공력이나 애씀의 결과가 아닙니다. 오직 하나님의 은혜로 말미암은 것입니다. 그래서 그것이 위로부터, 즉 "하나님께로부터 하늘에서" 내려온 것입니다. 그 교회는 이전에 있었던 온 땅과 하늘이 대사변으로 뜨거운 불에 녹아지게 될 때에도 여전히 하나님의 보호하심의 은밀한 품에서 안전하고 영화롭게 안식하고 있었습니다. 이제 새로운 세계가 열리게 되니 그 "거룩한 성 새 예루살렘" 성이 하나님께로서 내려와 "의의 거하는 바" 새로운 세계에서 새롭고 영광스러운 존재의 양식을 띠기 위하여 내려온 것입니다.

사람들과 함께 있는 하나님의 장막

에덴 동산에서 아담이 범죄하여 하나님의 낯을 피하여 달아난 이후, 하나님께서는 사람들과 거처를 같이할 수 없었습니다.

"나의 신(神)이 사람과 함께하지 아니하리니 이는 그들이 육체가 됨이라."(창 6:3)

죄 때문이었습니다. 다만 하나님께서는 그리스도를 통한 당신의 은혜로 말미암아서만 당신의 백성들과 교통하고 당신의 임재의 영광을 나타내실 수 있었습니다.

그러나 이제 그리스도의 구속과 성령의 완전하게 하시는 역사로 인하여 성도들의 죄의 문제가 완전하게 가시게 되었고, 그리스도의 재림으로 말미암아 죄로 오염된 옛 질서가 완전하게 폐하여졌습니다. 그리고 새로운 질서, '의(義)의 거하는 바 새 하늘과 새 땅'이 되었습니다. 이제 하나님께서는 당신의 거처를 당신의 완전하고 의로운 백성들 중에서 정하십니다.

"보좌에서 큰 음성이 나서 가로되 보라 하나님의 장막이 사람들과 함께 있으매 하나님이 저희와 함께 거하시리니"(21:3)

이것이 바로 그리스도 안에서 하나님께서 당신의 백성들을 위한 목적이었습니다. 참으로 이 계시야말로 계시의 절정입니다. 임마누엘 하나님으로 오신 그리스도로 말미암아 구속받아 영원히 살며, 하나님께 영광 돌리며, 교통할 수 있는 법적인 보장을 이룩하게 하시고 때가 되어 이제 명실공히 그것이 실현되었습니다.

"저희는 하나님의 백성이 되고 하나님은 친히 저희와 함께 계셔서 모든 눈물을 그 눈에서 씻기시매 다시 사망이 없고 애통하는 것이나 곡하는 것이나 아픈 것이 다시 있지 아니하리니 처음 것들이 다 지나갔음이러라."(21:3, 4) 죄로 인하여 인간에게 주어졌던 모든 수고한 멍에와 고통과 불행이 완전하게 가시게 하십니다. 그 이상 바랄 게 없는 완전한 하나님과의 복락과 희락과 평강의 교통입니다.

"하나님의 나라는…성령 안에서 의와 평강과 희락이라."(롬 14:17)

그것은 완전하고 충일한 하나님과의 교통을 의미합니다.

"이루었도다"

요한은 보좌에 앉으신 우리의 하늘 아버지께서 하시는 복된 말씀을 듣습니다.

"보라 내가 만물을 새롭게 하노라 하시고 또 가라사대 이 말은 신실하고 참되니 기록하라 하시고 또 내게 말씀하시되 이루었도다 나는 알파와 오메가요 처음이요 마지막이라."(21:5, 6)

하나님께서는 새 하늘과 새 땅의 새로운 세계의 창조주 되심을 다시 인식케 합니다. 그것이 우연에 의한 것이 아니라 하나님께서 정하신 뜻에 따라서 행하신 것입니다. "이 말은 참되고 신실한" 말씀입니다. 하나님께서는 창세 전에 정하신 뜻대로 모든 것을 이루시어 당신의 신실하심과 진리되심을 드러내신 것입니다.

하나님께서 약속시고, 정하시고, 계획하신 대로, 모든 것이 한치의 오차도 없이 이루신 것입니다. "이루었도다."(21:6) - 이 말씀은 예수님께서 십자가상에서 구속의 역사를 마치시면서 "다 이루었다."(요 19:30) 하신 말씀과 하나를 이루는 말씀입니다. 성 삼위 하나님께서는 항상 '신실하고 참되게' 모든 것을 계획하시고, 그 정하신 뜻을 조금의 착오도 없이 이루시는 분이십니다. 완전하신 분이십니다. 그 성품과 그 속성과 그 행하시는 모든 방식이 완전하십니다.

"나는 알파와 오메가요 처음과 마지막이라." - 이는 당신 자신의 하신 일의 완전하심에 대하여 말씀하심과 동시에, 모든 만물이 다 하나님의 수하에 있음과, 하나님의 미쁘심은 처음과 나중이 항상 여일함을 증거하시는 것입니다. 그 하나님을 떠나서, 혹은 그 하나님을 계산에 넣지 않는 모든 생각과 활동이 전부 다 모자랍니다. 하나님 없이는 거짓에 치우칠 수밖에 없는 이유가 여기에 있습니다.

생명수 샘물

요한은 지복의 마지막 완전한 세계와 그러한 조건 속에서 당신의 백성 중에 계시는 하나님의 영화에 대하여 듣고 난 뒤에, 예수님께서 공생애 기간 중에 늘 강조하셨던 약속의 말씀을 다시 듣습니다(요 4:14 ; 6:35 ; 7:37,38). 여기서 말하는 "생명수 샘물"은 어떤 신비한 물질이 아니라 하나님과의 완전한 교통으로 말미암아 주어지는 부단하고 풍성한 생명에 속한 모든 은혜를 표현하는 상징입니다. 그래서 "내가 생명수 샘물로 목마른 자에게 값없이 주리니 이기는 자는 이것들을 상속으로 얻으리라 나는 저의 하나님이 되고 그는 내 아들이 되리라."(21:6, 7)고 말씀하시는 것입니다. 그 지복의 새로운 세계 속에서 완전하게 하나님 아버지와의 교통에 들어간 자가 누리는 생명과 그에 속한 영화의 충만함을 묘사하는 꿀과 같은 말씀입니다.

그러나 그러한 지복의 영광이 하나님을 부인하고 모르는 자들, 곧 하나님과의 교통이 끊겨진 자들에게는 결코 허락되지 않습니다. "그러나 두려워하는 자들과 믿지 아니하는 자들과 흉악한 자들과 살인자들과 음행자들과 점술가들과 우상 숭배자들과 모든 거짓말하는 자들은 불과 유황으로 타는 못에 참여하리니 이것이 둘째 사망이라."(21:8) 다시 말하면 주님을 믿지 않고 죽어서 심판의 두려움에 처하게 되어 영원한 불못에 던져지게 되는 이들은 그 지복의 영광을 알지도 꿈꾸지도 생각하지도 못합니다. 오직 믿음으로 이기는 자들에게만 그것이 주어집니다.

영화롭게 된 교회, 곧 거룩한 새 예루살렘의 영광에 대한 구체적인 계시

앞에서 언급된 "거룩한 성 새 예루살렘"에 대한 구체적인 설명이 9절 이후에 따릅니다. 거듭 말하였거니와 성경의 방식 중 하나는 먼저 주제를 말하고 난 뒤에 그것을 더욱 상세하게 설명하고 구체화시키는 것입니다. 요한계시록에서 그 점이 자주 엿보였습니다. 여기서도 마찬가집니다.

요한을 인도하여 그 영광을 보게 하는 천사는 "일곱 대접을 가지고 마지막 일곱 재앙을 담은 일곱 천사 중 하나"입니다. 바벨론으로 상징화된, 하나님을 모독하는 세상에 대한 심판과 무섭고 불행한 재앙을 시행하던 천사가 이제 구속받은 요한에게 있어서는 그 영광을 알려 주는 전령이 되었습니다. 참으로 영화로운 모습입니다. 주 안에 있는 자는 어떤 국면으로 보든지 복됩니다. 하나님의 자녀인 주님의 사람들은 하나님을 섬기는 어느 천사를 통해서도 무서움의 소식이나 불손한 대우를 받지 않습니다. 항상 그 천사들은 성도들에게 복되고 기쁜 소식의 전달자들입니다(눅 2:8-14).

"이리 오라 내가 신부 곧 어린양의 아내를 네게 보이리라."(21:9b)

"성령으로 나를 데리고 크고 높은 산으로 올라가"(21:10) - 요한은 지금 육신의 생각을 가지고 이 계시의 영광을 접할 수는 없습니다. 오직 성령으로 말미암아서만 그 일이 가능합니다. "크고 높은 산으로 올라가" - 바벨론의 멸망을 위하여는 '광야'로 나갔습니다. 그러나 이 경우에는 "크고 높은 산"으로 올라갑니다. 높은 산으로 올라가는 것은 그 영광의 정경을 보기에 합당한 전망을 요한에게 주기 때문일 것입니다. 하나님께로서 오는 것은 정말 '높은 관점'의 신령한 안목이 있어야만 볼 수 있습니다. 땅에 속한 관점에서는 볼 수 없습니다.

그가 "**하나님께로부터 하늘에서 내려오는 거룩한 성 예루살렘**"을 주목합니다. 그가 그 성을 보고 가장 먼저 받는 인상은 "**하나님의 영광이 그 성에 있다.**"는 것입니다. 성령에 감동받은 영적인 시각은 정말 보아야 할 것, 가장 우선적으로 보아야 할 '가장 가치있는 것'을 보게 됩니다. 요한은 성령에 감동되어 천사를 따라서 그 성을 보되, 가장 먼저 그 '성 자체의 찬란함'이나 그 성 자체의 위용이나 호화로움이 아니었습니다. "**하나님의 영광이 있음**"을 보았습니다. 영적인 사람의 관점을 항상 그 점을 중심으로 형성되어 있습니다. 바로 '하나님의 영광이 있다.'는 사실이 그 성의 그 다음의 모든 것을 결정하는 것입니다. "**하나님의 영광이 있으매 그 성의 빛이 지극히 귀한 보석 같고 벽옥과 수정같이 맑더라.**"(21:11) - 하나님의 영광이 있으매 그 성이 그렇게 아름답고 복되고 찬연한 것입니다. 만일 하나님의 영광이 없으면 그 성은 지금은 아무리 아름답고 호화로운 치장을 한 채 견고하다 할지라도 무너져 버려 황폐하게 될 때가 오는 것입니다. 바로 바벨론이 그러하였습니다.

뒤이어 그 성의 여러 부분에 대한 묘사가 따릅니다. "**크고 높은 성곽이 있고**"(21:12) - 영광스럽고 견고하고 강성한 성, 무너짐이나 다른 그 어떤 침공에도(물론 침공할 자도 없겠지만) 무너지지 않을 성입니다. "**열두 문**" - 하나님의 택하신 모든 백성들이 들어오게 되어 있는 문입니다. "**그 문들 위**

에 이름을 썼으니 이스라엘 자손 열두 지파의 이름들이라." - 이것을 보고 유대 민족들로만 이루어지는 어떤 특수한 성을 지칭한다고 해서는 안 될 것입니다. 이 계시록에서는 구약의 여러 제도나 구약 시대의 역사 속에 등장하였던 것들이 상징적으로 쓰여지고 있기 때문입니다. 이 '열두 문'은 창세 이후의 모든 택한 백성들이 들어갈 문입니다.

"그 성에 성곽은 열두 기초석이 있고 그 위에 어린양의 열두 사도의 열두 이름이 있더라."(21:4) - 그 성은 사도의 전하는 복음과 사도적인 신앙 고백을 기초로 형성된 성입니다. 교회의 본질이 여기서 강하게 비추어지고 있습니다. 사도의 복음을 듣고 그 복음적인 신앙을 가지고 있는 자들만으로 이루어지는 완전한 교회의 모습이 여기에 보입니다(마 16:13-20).

"그 성이 네모가 반듯하여" 공의와 공평이 있고 규칙이 살아 있어 균형 잡힌 견고한 성이라는 말입니다.

"갈대자로 그 성을 측량하니 1만 2천 스다디온이요 길이와 높이와 너비가 같더라."(21:16) 하나님의 택한 백성들의 완전한 총수를 나타내는 상징수입니다. - {(3×4)×100=12,000} 그 성은 완전하여, 택한 백성들을 한 사람도 잃어버리지 않고 받아들일 충분한 도성임을 보여 줍니다(요 6:37-40).

"그 성곽은 벽옥으로 쌓였고 그 성은 정금인데 맑은 유리 같더라 그 성의 성곽의 기초석은 각색 보석으로 꾸몄는데."(21:18, 19) 그리고 그 "열두 문은 열두 진주" 같은 것으로 되어 있습니다(21:21). 그 성은 정말 "썩지 않고 더럽지 않고 쇠하지 아니하는"(벧전 1:4) 것으로 쌓아졌습니다.

그리고 그 "성안에 성전(聖殿)이 보이지 않았습니다."(21:22) 그것은 "주 하나님 곧 전능하신 이와 어린양이 그 성전이시기" 때문입니다. 구약에 성전은 하나님께서 당신의 영광을 나타내시고 당신의 백성들에게 긍휼을 베푸시기 위하여 거룩하게 구별해 놓으신 처소였습니다. 이제는 하나님과 어린양 되신 그리스도와 성령께서 백성들 중에 함께 거하시고, 그 교통에 있어서 어떠한 장애나 장벽도 없이 완전합니다. 그러니 별도로 성전이 있을 필요가 없을 것입니다. 백성들은 항상 그 '성 안에서' 하나님의 영광의 빛 아래 있으니 별다른 성전이 필요 없습니다.

그래서 '별도의 등(燈)'도 필요 없게 됩니다.

"해나 달의 비췸이 쓸데없으니 이는 하나님의 영광이 비치고 어린양이 그 등이 되심이라."

"만국이 그 빛 가운데로 다니고 땅의 왕들이 자기 영광을 가지고 그리로 들어오리라 성문들을 낮에 도무지 닫지 아니하리니 거기는 밤이 없음이라 사람들이 만국의 영광과 존귀를 가지고 그리로 들어가겠고."(21:24-26) 이 부분의 해석이 분분할 수 있습니다. 그러나 여기서 이것을 문자 그대로 해석하는 것은 이 대목의 상징적 해석법에 어울리지 않습니다. 오히려 여기서는 '거룩한 새 예루살렘 성의 본질과 정결함과 그 본질의 영광'을 표현하기 위하여 요한이 알기 좋은 방식으로 묘사한 것뿐입니다. 세상 영광의 가장 큰 분량은 왕이 가지고 있습니다. 그러나 새 예루살렘의 영광에 비하면 그것은 아무것도 아닙니다. 그래서 만일 왕들과 만국이 있다고 하면 자기들의 영광보다 더 크고 영화로운 그 도성에 와서 모든 영광을 다 하나님과 어린양에게 돌릴 것이라고 해석해야 앞의 해석법과 조화를 이룰 것입니다. 만일 문자 그대로 해석한다면 이전 있던 땅과 하늘이 없어졌는데 만국은 어디서 생겨났다는 말인가고 반문해야 할 것이고, 그 질문에 대한 답이 궁색해집니다.

거기 **"그 거룩한 성 예루살렘"**은 **"속된 것, 가증한 일, 거짓말 하는 자들"**

은 들어올 수 없는 도성입니다. 거기에는 누추한 것이나 더러운 것이나 죄악적인 것이나 부패의 요소를 안고 있는 것은 전혀 존재하지 않습니다. 오직 영광과 존귀함만이 존재하는 도성입니다.

그 도성에 들어갈 자들은 "오직 어린양의 생명책에 기록된 자들뿐이라." (21:27b) 예수 그리스도를 믿는 자들만이 들어가는 도성입니다.

거룩한 새 예루살렘의 생명 양식

요한은 22:1 이후에서는 그 도성 사람들이 먹고 마시게 될 '양식'을 봅니다. 물론 여기서도 요한의 지식과 경험의 분량 안에서 그 영광과 본질을 이해시키시려는 성령의 배려가 보입니다. 곧 여기서 말하는 것이 글자 그대로 물리적인 것을 지시하기보다는 그 도성의 양식의 본질과 영광이 어디에 있음을 알게 하려는 것입니다.

"저가 수정같이 맑은 생명수 강을 내게 보이니"(22:1) - 더러움과 오염이 전혀 없고 영원히 목마르지 않게 하는 생명수가 강을 이루어 풍성하게 철철 넘치고 있음을 보여 줍니다. 거기 있는 백성들은 결코 목마름이 없습니다. 그 생명수의 근원은 "하나님과 및 어린양의 보좌"입니다. 참으로 의미심장한 상징입니다. 그들이 먹고 마시는 양식은 바로 하나님과 어린양 되신 그리스도께로부터 주어지는 것입니다.

"길 가운데로"(22:2) 그 강이 흐릅니다. 이는 그 도성에 있는 신민들이 항상 마실 수 있게 해 놓았다는 말입니다. 에덴에 있던 생명나무는 화염검으로 지키어 접근이 금지가 되어 있었습니다(창 3:24). 그러나 이제 그 생명수 강가에 "좌우로" 서 있는 열두 가지 과실을 맺는 생명나무가 있습니다. 하나님의 백성들은 언제라도 자원하는 마음으로 쉽게 접근하여 먹을 수 있습니다. 그 실과는 철이 없습니다. "달마다 그 과실이" 맺히기 때문입니다. 그 나무 잎사귀들은 항상 청청하여 "만국을 소성키(치료시키기) 위해" 있습니다.

다시 저주와 고통이 없습니다. 그리고 거기에 하나님과 어린양의 보좌가 있습니다. 그래서 그 도성의 신민들이 항상 그 보좌를 향해 경배와 찬미를 드리며 생명수 강물과 생명나무의 실과를 먹을 수 있습니다. 그러니 영생하기에 아무런 부족함이 없게 되어 있습니다. 곧 영생을 보장한다는 말입니다.

궁극적 승리를 위하여

그리스도 안에서 택한 백성들을 향하신 하나님의 영화로운 뜻이 완성된 모습을 계시한 이 대목은 정말 우리의 상상과 유추의 분량을 넘어섭니다. 그 영광을 다 인간의 필설로 담아 내거나 묘사해 내지 못할 지경입니다.

그리스도를 믿는다는 것이 얼마나 놀라운 일인가를 이 부분을 통해서 더욱더 확실하게 발견합니다. 물론 이 세상에 있을 동안에는 예수님을 믿는 자들이 가진 심령상의 기쁨은 있어도 여전히 밖으로는 고난이요 속으로는 우리 자신의 연약 때문에 항상 걱정하고 근심하지 않을 수 없습니다. 세상 사람들이 누리는 행복에 대하여 성도들은 외인일 경우들이 많습니다. 그러나 이 세상에서 누리는 영광이 아무리 크다손 치더라도 앞으로 그리스도 안에 있는 자들에게 주어질 그 완성된 영광에 비하면 정말 아무것도 아닙니다.

사도 바울이 말한 것같이 우리는 그 영광의 소망의 중한 것을 항상 염두에 두어 현재의 고난의 무게를 가볍게 하는 법을 배워야 할 것입니다.

"생각건대 현재의 고난은 장차 우리에게 나타날 영광과 족히 비교할 수 없도다."(롬 8:18)

"그러므로 우리가 낙심하지 아니하노니 겉 사람은 낡아지나 우리의 속은 날로 새롭도다 우리의 잠시 받는 환난의 경한 것이 지극히 크고 영원한 영광의 중한 것을 우리에게 이루게 함이니 우리의 주목하는 것은 보이는 것이 아니요 보이지 않는 것이니 보이는 것은 잠깐이요 보이지 않는 것은 영원함이라."(고후 4:16-18)

33
chapter

결론적인 권면과 확약

22:6-21

6또 그가 내게 말하기를 이 말은 신실하고 참된지라 주 곧 선지자들의 영의 하
나님이 그의 종들에게 반드시 속히 되어질 일을 보이시려고 그의 천사를 보내
셨도다 7보라 내가 속히 오리니 이 두루마리의 예언의 말씀을 지키는 자는 복
이 있으리라 하더라 8이것들을 보고 들은 자는 나 요한이니 내가 듣고 볼 때에
이 일을 내게 보이던 천사의 발 앞에 경배하려고 엎드렸더니 9그가 내게 말하
기를 나는 너와 네 형제 선지자들과 또 이 두루마리의 말을 지키는 자들과 함
께 된 종이니 그리하지 말고 하나님께 경배하라 하더라 10또 내게 말하되 이 두
루마리의 예언의 말씀을 인봉하지 말라 때가 가까우니라 11불의를 행하는 자는
그대로 불의를 행하고 더러운 자는 그대로 더럽고 의로운 자는 그대로 의를 행
하고 거룩한 자는 그대로 거룩하게 하라 12보라 내가 속히 오리니 내가 줄 상이
내게 있어 각 사람에게 그가 행한 대로 갚아 주리라 13나는 알파와 오메가요 처
음과 마지막이요 시작과 마침이라 14자기 두루마기를 빠는 자들은 복이 있으니
이는 그들이 생명나무에 나아가며 문들을 통하여 성에 들어갈 권세를 받으려
함이로다 15개들과 점술가들과 음행하는 자들과 살인자들과 우상 숭배자들과

및 거짓말을 좋아하며 지어내는 자는 다 성 밖에 있으리라 16나 예수는 교회들
을 위하여 내 사자를 보내어 이것들을 너희에게 증언하게 하였노라 나는 다윗
의 뿌리요 자손이니 곧 광명한 새벽 별이라 하시더라 17성령과 신부가 말씀하
시기를 오라 하시는도다 듣는 자도 오라 할 것이요 목마른 자도 올 것이요 또
원하는 자는 값없이 생명수를 받으라 하시더라 18내가 이 두루마리의 예언의
말씀을 듣는 모든 사람에게 증언하노니 만일 누구든지 이것들 외에 더하면 하
나님이 이 두루마리에 기록된 재앙들을 그에게 더하실 것이요 19만일 누구든지
이 두루마리의 예언의 말씀에서 제하여 버리면 하나님이 이 두루마리에 기록
된 생명나무와 및 거룩한 성에 참여함을 제하여 버리시리라 20이것들을 증언하
신 이가 이르시되 내가 진실로 속히 오리라 하시거늘 아멘 주 예수여 오시옵소
서 21주 예수의 은혜가 모든 자들에게 있을지어다 아멘

계시를 받은 자에 대한 마지막 당부

22:6 이후에는 이제까지 주어진 계시를 받은 요한에 대한 권면과 확약이 기록되어 있습니다. 그러므로 이 부분은 어떤 의미에서 요한계시록의 '적용 부분' 이라고 할 수 있습니다.

요한은 주의 날에 성령에 감동되어 하늘이 열리고 하나님의 비밀스러운 뜻을 계시받았습니다. 그 계시는 하나님께로서 온 것입니다. 그러니 그 계시를 받은 자로서 마땅하게 명심할 것이 없을 수 없습니다. 이 요한을 통해서 기록하게 하시고 오늘도 이 기록된 계시로 말씀하시는 하나님의 이름을 위하여 바른 믿음과 소망과 사랑을 견지해야 합니다. 이 계시를 알고 있는 자답게 해야 한다는 말입니다.

속히 될 일

요한이 받은 것은 "신실하고 참된지라."(22:6) 신실하고 참된 것은 하나님의 성품의 본질입니다. 예수님을 가리켜 "충신이라 진실이라."(19:11)고 한 것과 같습니다. 그러니 이 말씀이 선지자들의 영, 곧 성령으로 말미암아 주어진 하나님의 말씀입니다. "보라 내가 속히 오리니 이 두루마리의 예언의 말씀을 지키는 자가 복이 있으리라."(22:7) - 하나님과 어린양의 명을 전달하는 천사를 통해서 성 삼위께서 말씀하십니다.

요한은 다시 이 영광스러운 하나님의 계시의 말씀을 전하는 천사에게 경배하려 합니다. 그러나 그 천사는 다시 자기의 위치가 성도들과 요한과 같다고 합니다.

천사는 요한이 하나님의 말씀의 참됨과 신실성에 대하여만 주목하기를 바랍니다. 자기는 경배의 대상이 아니고 하나님을 섬기는 종의 자리에 함께 있음을 말합니다. 그리하여 그 말씀이 하나님의 말씀임을 더욱 확인시키며, 그 말씀에 대한 경외심을 더욱 강화합니다. 이 요점은 하나님의 말씀을 증거할 책임을 맡은 자들이 명심할 바입니다.

천사는 이어서 요한에게 "이 두루마리의 예언의 말씀을 인봉하지 말라."(22:10)고 합니다. 그것은 이 말씀이 이루어질 때가 "가깝기" 때문입니다. '인봉하지 말라.' 함은 또한 전파하고 알리라는 적극적인 당부가 담겨 있습니다.

'가까운 것' 은 '긴박성' 을 경고하는 것입니다. 그래서 회개할 기회가 많지 않다는 것입니다. 곧 '은혜받을 만한 구원의 날' (고후 6:2)로 하나님께서 허락하시는 때가 얼마 남지 않았다는 말입니다. 그래서 "불의를 하는 자는 그대로 불의를 하고 더러운 자는 그대로 더럽고 의로운 자는 그대로 의를 행하고 거룩한 자는 그대로 거룩하게 하라."(22:11)고 하십니다.

주께서 "속히 오실" 것을 말씀하십니다. 그것은 불의한 자에게는 진노가 임박하였음을 시사하는 무서운 경고이고, 의를 행하며 거룩하게 행하는 자는 상급 받을 날이 얼마 남지 않았다는 기쁨의 좋은 소식입니다. 그날에는 "각 사람의 행한 대로 갚아 줄 것이기" 때문입니다. 하나님께서는 시작도 되시고 마침도 되시니, 우리의 존재의 기원과 우리 존재의 최후 심판자도 되시는 것입니다.

그러므로 "두루마기를 빠는 자들은 복이 있으니."(22:14) 곧 자기 행실의 더러운 것을 회개하고 그리스도의 구속의 피에 그 더러운 죄를 씻어 오실 예수님을 고대하며 정결함을 지키는 자들이 복이 있습니다.

"사랑하는 자들아 우리가 지금은 하나님의 자녀라 장래에 어떻게 될 것은 아직 나타나지 아니하였으나 그가 나타내심이 되면 우리가 그와 같을 줄을 아는 것은 그의 참모습 그대로 볼 것을 인함이니 주를 향하여 이 소망을 가진 자마다 그의 깨끗하심과 같이 자기를 깨끗하게 하느니라."(요일 3:2)

그러한 자들만이 "생명나무에 나아가며 문들을 통하여 성에 들어갈 권세를 얻으려 함이로다."(22:14)

그러나 자기들의 악행을 회개하지 않는 자들, "개들과 점술가들과 음행자들과 살인자들과 우상 숭배자들과 및 거짓말을 좋아하며 지어내는 자는"(22:15) 그 성에 들어가지 못하고 밖으로 쫓겨나 이를 갊이 있을 것입니다.

교회와 예수님

계시록 1장부터 3장까지의 내용은 계속 예수님과 교회에 대하여 집중합니다. 4장 이후에는 그 초점이 넓어져서 하늘의 보좌와 우주를 통치하시는 하나님의 행사로 나아갑니다. 그 이후부터는 하늘과 우주와 역사의 무대 위에서 펼쳐지는 하나님의 각종 행사들과 세상과 교회의 갈등에 대하여 계시하였습니다.

그러나 이 계시록의 마지막에서 이 계시를 주신 가장 중요한 의도가 어디에 있는지를 다시 밝혀 주십니다.

"나 예수는 교회들을 위하여 내 사자를 보내어 이것들을 너희에게 증언하게 하였노라 나는 다윗의 뿌리요 자손이니 곧 광명한 새벽별이라."(22:16)

이 계시록의 초점이 교회에 대한 예수님의 각별한 배려에 있음을 다시 말씀하신 것입니다.

이로써 우리는 땅에 있는 교회의 존귀함이 어떠함을 미루어 짐작할 수 있습니다. 비록 역사의 무대 위에서 그 교회의 모습이 아주 가녀리게 보이지만, 사실 그 교회의 의미는 가장 큽니다. 성 삼위 하나님께서 그 교회를 사랑하시고, 어린양 되신 예수님의 피로써 그들을 사셨기 때문입니다.

"교회는 그의 몸이니 만물 안에서 만물을 충만케 하시는 자의 충만이니라."(엡 1:23)

성령과 신부의 말

교회와 성령께서 예수님의 교회를 향한 각별하신 말씀과, "속히 오실 것"에 대한 예수님의 말씀에 대해 화답합니다.

"성령과 신부가 말씀하시기를 오라 하시는도다 듣는 자도 오라 할 것이요 목마른 자도 올 것이요 또 원하는 자는 값 없이 생명수를 받으라 하시더라." (22:17)

예수님이 오시기를 바라는 성령과 신부의 화답은 어느새 그 오심을 기다리는 자들에 대한 초청의 말로 바뀝니다. 이것은 교회, 곧 세상에 있는 하나님의 백성들에 대한 메시지이기도 합니다. 교회는 이 예수님의 구속의 복음, 예수님의 재림의 복음, 예수님의 심판과 완전하심의 복음을 사람들에게 항상 들려 주어야 합니다.

주님의 마지막 당부

주님께서는 마지막으로 당부하십니다.

"내가 이 책의 예언의 말씀을 듣는 각인에게 증언하노니 만일 누구든지 이것들 외에 더하면 하나님이 이 두루마리에 기록된 재앙들을 그에게 더하실 터이요. 만일 누구든지 이 두루마리의 예언의 말씀에서 제하여 버리면 하나님이 이 책에 기록된 생명나무와 및 거룩한 성에 참여함을 제하여 버리시리라."(22:19)

이 예언의 말씀은 인간에게서 나온 것이 아닙니다. 완전하신 하나님, 신실하고 참되신 성 삼위 하나님께서 주신 것입니다. 만일 책에 기록된 예언의 말씀 중 그 어느 것도 소홀히 하거나 없는 것을 더하여 본래의 의도를 삭감하는 행동은 하나님의 뜻을 거스르는 거짓을 행함입니다. 그러니 하나님을 경외하고 예수님을 구주로 믿는 이들에게는 결코 합당하지 못한 처사입니다.

"내가 진실로 속히 오리라"

예수님께서는 아버지의 손에 들린 책을 계시한 계시의 주체십니다. 그가 또한 이 계시를 이루실 장본인이십니다. "내가 진실로 속히 오리라." (22:20) - 주님의 이름의 권위를 두고 하신 말씀입니다. 주님께서는 이 영광의 목적을 이루시기 위해 조금도 지체하시거나 딴전을 피우지 않으십니다. 열심으로 일하고 계시어 정하신 때에 반드시 오십니다(합 2:3,4).

요한의 응답은 오직 하나 "아멘 주 예수여 오시옵소서"(22:20)였습니다. - 이것이 바로 예수님을 믿는 모든 성도들이 가져야 할 가장 합당한 자세입니다.

궁극적 승리를 위하여

적용을 더 할 필요가 없을 정도로 이 마지막 대목은 우리의 옛 사람(골 3:9)에게서 나올 수 있는 모든 악한 것을(골 3:9) 경계시키고 있습니다.
우리는 요한이 "내가 진실로 속히 오리라." 하신 말씀에 대하여 "아멘 주 예수여 오시옵소서" 한 것 같은 자세를 우리의 삶 전반에 견지하여야 할 것입니다.
그것이 바로 우리 믿음의 사표인 사도들의 신앙이었고 소망의 본질이었기 때문입니다. 하나님께서 우리에게 주신 인생의 순례 길이 다하였음을 바라보면서 사도 바울같이 나는 할 수 있다면 얼마나 복되겠습니까!
"전제와 같이 벌써 내가 부음이 되고 나의 떠날 기약이 가까웠도다 내가 선한 싸움을 싸우고 나의 달려갈 길을 마치고 믿음을 지켰으니 이제 후로는 나를 위하여 의의 면류관이 예비되었으므로 주 곧 의로우신 재판장이 그날에 내게 주실 것이며 내게만 아니라 주의 나타나심을 사모하는 모든 자에게니라."(딤후 4:6-8)

사랑하심을 받은 우리를 위해 성 삼위 하나님께서는 당신의 이름을 걸고 성경의 다른 책들과 함께 이 요한계시록으로 '궁극적 승리의 넉넉한 보장'의 선물을 주신 것입니다.

오, 요한계시록의 말씀, 그 넉넉한 궁극적 승리의 보장이여! 아멘.

은혜의 방식 *The Method of Grace in Gospel Redemption*

이 책은 존 플라벨의 저작들 중에 가장 유명하고 가장 많이 읽혀진 책으로 19세기 프린스톤 신학대의 거장 아취벌드 알렉산더(Archibald Alexander)가 회심하는데 이 책이 결정적 역할을 하였다. 목양적인 저자의 영적 지각과 충정으로 성도들의 마음속을 들여다보며, 그들의 마음을 움직여 구원하시는 하나님의 방식으로 데리고 가서 죄의 각성과 구원의 은혜와 그 확신에 이르게 한다.

영의 생각, 육신의 생각 *On Spiritual Mindedness*

원제(原題)는 On Spiritual Mindedness로서 로마서 8장 6절의 "육신의 생각은 사망이요 영의 생각은 생명과 평안이니라."를 기초 본문으로 저자가 당시 목양하던 회중들에게 진정한 '영적 생각의 방식'을 연속 강론한 것이다. 저자는 '마음의 생각과 그 방식'이 구원받은 이후 그리스도인의 성화(聖化) 생활을 지로하는 결정적 방향타(方向舵)임을 역설한다. 이 책을 다 읽고 나서 독자마다 성령께서 마태로 하여금 예수님의 산상설교를 마무리하게 하던 그 진술의 능력을 반드시 음미하게 될 것이다.

고린도전서 13장 사랑 *Charity and Its Fruits*

존 칼빈이 그랬던 것 같이 조나단 에드워즈도 자신의 정체성을 진정한 설교자로서 헌신하는 데서 보여주었는데, 본서가 바로 그에 대한 가장 좋은 예증일 것이다. 성령님께 사로잡힌 사도 바울이 고린도전서 13장에 진술해 놓은 '사랑'의 진면모를 그가 가진 모든 신적 은사와 은혜의 촉수로 더듬어내어 자기 회중들에게 연속 강론한 것을 묶어 이 책을 펴냈다. 이 책은 한번만 읽으면 단맛이 다 빠지는 종류의 책이 아니고 여러 차례 반복하여 읽을수록 그 영적 진미를 더 느끼게 하며, 하나님의 복음의 은혜의 풍성함에 겨워 더욱 더 만족을 주기에 충분하다.

사망의 잠 깨워 거듭나게 하는 말씀 *Sermons in the Natural man*

예수 그리스도께서는 "사람이 거듭나지 아니하면 하나님 나라를 볼 수 없느니라…물과 성령으로 나지 아니하면 들어갈 수 없느니라"(요 3:3)고 하셨다. 그 말씀은 예수 그리스도를 믿음으로 말미암아 구원에 이르는 복음의 이치에 눈을 뜨는 일은 거듭난 사람에게만 가능하다는 의미이다. 아직 거듭나지 못한 상태에 있는 자연인(natural man)들은 영적으로 죽은 자들로서 깊은 사망의 잠을 자는 자들이다. 교회를 다니거나 교회 밖에 있거나 자연인의 상태에 있으면 그 이치를 모른 채 사망의 잠에 빠져 있게 된다.

간절목회 *An Earnest Ministry*

이 책은 분명 '진정한 목회'를 지로하는 불후의 고전(古典)이다. 저자는 "하나님의 열심을 품어 사람들을 정결한 처녀로 그리스도께 중매하려 하던"(고후 11:2) 모든 사도들이 견지하던 사역의 본질과 실천을 '간절한 열심'(earnestness)이라는 개념 속에 응집시키고 있다. 그것을 분석하고 종합하고 적용하여 모든 사역자들에게 도전하고 격려한다. 실로 이 책은 리처드 백스터의 '참 목자상'(Reformed Pastor), 찰스 브릿지스(Charles Bridges)의 '참된 목회'(Chriatian Ministry)와 함께 나란히 '목회학'의 3대 고전이라 불려지기에 충분하다.

구원을 열망하는 자들을 위하여 *The Anxious Inquirer*

영국에서 19세기 후엽 첫 출간 당시 50만부가 팔린 고전으로, 영적 각성을 받아 자신의 죄인됨과 구원에 대한 '절박한 근심'을 하는 이들을 위한 책이다. 빌립보 감옥의 간수가 바울과 실라에게 "선생들아 내가 어떻게 하여야 구원을 얻으리이까?"(행 16:30)라고 간절하게 물은 것과 같은 단계에 있는 이들을 가리켜 'Anxious Inquirer'(염려하여 묻는 자)라고 하는데, 이 책은 이 상태에 있는 이들을 구원으로 인도하시는 하나님의 성령님의 말씀이 담겨 있다. 이미 그리스도 안에 있다 여기는 이들도 이 책을 통해 자신의 믿음의 신적 기원 여부를 가늠할 수 있을 것이다.

고통 속에 감추인 은혜의 경륜 *The Crook in the Lot*

본서의 기초 본문은, "하나님께서 행하시는 일을 보라 하나님께서 굽게 하신 것을 누가 능히 곧게 하겠느냐?"(전 7:13)이다. 이 책은 본문의 요점을 주제로 지상 성도들의 단골 메뉴인 '고통'의 문제를 하나님의 은혜와 그 능하신 손 아래서 어떻게 접근해야 하는지를 가르치고 있다. 원제는 'The Crook in the Lot'로 직역하면 '몫 속에 들어 있는 굽은 것'이다. 하나님께서는 지상의 자녀들 각자에게 분정(粉定)된 몫을 주시되, 그 속에 반드시 '굽은 것'을 넣어 주시어 그로 인해 '고통'을 느끼게 하신다. 지상의 성도들 중 여기서 면제된 사람은 하나도 없다. 그러나 그리하시는 하나님의 목적은 그들로 '고통당하게 하는 것 자체'가 아니다. 도리어 그것을 방편 삼아 사랑하시는 자녀를 향하여 그리스도 안에서 예정하신 그 하늘에 속한 신령한 '은혜의 경륜'을 이루고자 하심이다. 따라서 그리스도인이 하나님께서 주권적으로 자기의 몫에 넣어주신 '고통의 가시인 굽은 것' 자체만 주목하는 것은 그릇되다. 오히려 그 고통을 방편으로 깊고 긍휼어린 '은혜의 경륜'을 이루어 나가시는 하나님의 손을 믿음으로 주목해야 해야 한다. 이 책은 '고통 속에 감추인 하나님의 은혜의 경륜'에 대한 교리적이고, 체험적이고, 실천적인 걸작임에 분명하다.

청교도신앙사

요한계시록, 그 궁극적 승리의 보장

초판 1쇄 펴낸날 2013년 6월 10일

지은이 서문강
펴낸이 전수빈
펴낸곳 청교도신앙사

주소 서울시 은평구 녹번로3길 2(녹번동)
전화 02-354-6985(Fax겸용)
전자우편 smkline@naver.com
등록 제 8-75(2012.8.21)

출력,인쇄 예원프린팅
총판 도서출판 솔로몬(02-599-1482)

ISBN 978-89-87472-29-4 93230
값 16,000원